차이나는
클라스

불통^{不通}의 시대, 교양을 넘어 생존을 위한 질문을 던져라

차이나는 클라스

국가·법·리더·역사 편

JTBC 〈차이나는 클라스〉 제작팀 지음

중앙books

단순한 지식이 아닌
진심을 나누는 프로그램,
〈차이나는 클라스〉

〈차이나는 클라스〉는 정말 차이가 날까? 볼 때마다 떠올리는 질문이다. 프로그램 제목이 주는 힘은 그렇게 크다. 그렇게 느끼면서 계속 속으로 질문한다. 정말 차이가 날까? 부여된 이름이 가져다주는 오류는 우리가 학교에서 배우는 이른바 '논증의 오류'에서도 빼놓지 않고 다루는 부분이다. 예를 들면 '우리은행'이 정말 우리의 은행일까를 떠올리는 것처럼….

나는 왜 우리가 만드는 프로그램에 대해 이렇게 처음부터 짐짓 까칠하게 시작하는가? 옛날 고릿적에 배운 '논증의 오류'까지 들먹이면서 말이다. 이미 눈치채셨겠지만, 자신이 있어서.

〈차이나는 클라스〉의 전신은 〈차이나는 도올〉이었다. 도올 김용옥이 강의한 중국 역사라고 보면 된다. 여기서 '차이나'는 물론 설명이 필요 없는 두 가지 의미를 담고 있었다. 특집으로 몇 번 방송했는데 도올의 인사이트가 깊었으므로 당연히 반응도 좋았다. 그 프로그램을 접으면서 모두들 아쉬운 마음에 '이런 강의 프로그램을 이어갈 수는 없을까'를 고민했다. 그래서 탄생한 것이 〈차이나는 클라스〉다. 내용은 어느 한 분야에 국한시키지 않기로 했다. 여기서의 '차이나'는 역시 설명이 필요 없는 한 가지 의미의 '차이나'다.

그리고 신예리 보도제작국장(겸 이 프로그램의 메인 프로듀서 격으로 온 힘을 다했다)을 비롯한 우리의 '차이나'는 제작진들은 처음에 말한 '부여된 이름이 가져다주는' 논증의 오류를 범하지 않기 위해 정말 최선을 다해 왔다.

여기에 등장한 강사들은 누가 봐도 자신의 분야에서 '차이나'는 사람들이었다고 자부한다. 그리고 단지 가지고 있는 지식을 전달한다는 차원에서가 아니라 진심을 나눴다고 생각한다. 그것은 말 잘해서 청중을 끌어들이는 강의의 기술이 아니라 강의 속에 담고 있는 영혼의 문제다.

클라스의 학생들도 마찬가지다. 그들은 이 프로그램을 그저 일주일에 한 번씩 참여해서 녹화하고 떠나는 프로그램이라고 생각하지 않는다. 진심으로 배우기를 즐겨 하는 것이 마음으로 전해진다. 감동하고, 슬퍼하고, 행복해 하며, 그리고 질문한다.

대체 이렇게 확실하게 〈차이나는 클라스〉가 또 어디에 있을까.

손석희 JTBC 보도부문 사장

질문과 대답이
자유롭게 오고 가는 시대를 꿈꾸며

JTBC 〈차이나는 클라스-질문 있습니다〉가 세상에 태어난 건 탄핵 심판 끝에 사상 최초로 대통령이 파면되던 바로 그즈음이다. 유례없이 비극적인 상황을 지켜보면서 "어쩌다 나라가 이 지경까지 됐을까"라는 물음을 우리 모두가 품게 됐던 무렵, 이 프로그램의 아이디어가 문득 머릿속에 떠오른 것이다. 언젠가부터 학교 교실에서 질문이 사라지고, 질문이 사라진 교실이 질문을 꺼리는 사회를 만들었고, 질문을 꺼리는 사회가 결국 불통의 정치까지 초래했다고 느꼈기 때문이다.

〈차이나는 클라스-질문 있습니다〉가 일방통행식 강연이 아닌 쌍방향 토론식 수업의 형식을 채택한 건 그래서다. TV 화면 속에서나마 질문과 대답이 자유롭게 오가는 모습을 보여줌으로써 소통이 꽉 막힌 우리 교실과 사회에 넌지시 변화의 메시지를 던지고 싶었다. 제작진의 부푼 기대와 달리 막상 초반엔 강연자 섭외 과정에서 애를 먹기도 했다. 입 다물고 조용히 앉아 있는 학생들만 내내 접해본 입장에선 시도 때도 없이 질문이 치고 들어오는 낯선 수업 방식이 적잖이 부담된다며 고사하는 분들도 계셨다. 하지만 프로그램의 취지를 진심을 다해 설명해드리자 "지금 이 시점에 우리 사회에 꼭 필요한 프로그램"이라며 호응해 주신 분들이 더 많았다. 이 자리를 빌려 마음을 활짝 열고 익숙지 않은 새로운 방식의 강연에 열정을 쏟아 주신 모든 강연자들께 깊은 감사의 마음을 전한다.

〈차이나는 클라스-질문 있습니다〉는 형식뿐 아니라 내용 면에서도 도전적인 질문을 던지고자 했다. 누구나 궁금해 하지만 어디서도 속 시원한 답변을 듣지 못했던 문제들을 강연의 주제로 우선적으로 다루기로 한 거다. 1·2회를 장식한 '민주주의란 무엇인가'를 비롯해서 연이어진 '국가란 무엇인가' '정의란 무엇인가' 등의 주제는 그해 겨울 광장을 꽉 채웠던 시민 모두가 간절히 묻고 싶었던 질문이었다고 믿는다. 단 하나의 정답이 존재하는 질문들이 아닌 만큼 우리 프로그램의 취지에 걸맞게 강연자와 패널들이 서로의 의견을 툭 터놓고 얘기하며 시청자들께 나름의 생각할 거리를 던지는 방식으로 풀어가려 애썼다.

이런 주제들이 TV 강연 프로그램에서 소화하기엔 너무 딱딱하고 무거운 게 아니냐는 안팎의 우려도 적지 않았다. 하지만 방송 당시 시청자 게시판과 SNS에 올라온 숱한 글들을 보며 제작진은 비로소 안도할 수 있었다. '왜 우리는 학교에서 진작 이런 사실들을 배우지 못했을까?' '일상생활에서도 다른 사람과 부딪힐까 봐 정치 얘기를 잘 안 하는데 방송에서 저렇게 민감한 주제를 격의 없이 토론하는 걸 보니 너무 신기하다'….

이렇듯 기존 강연 프로그램과는 여러모로 차이가 나는 〈차이나는 클라스-질문 있습니다〉에 많은 분들이 공감해 주신 덕분에 어느새 1년 넘게 방송을 이어가고 있다. 시청

률의 작은 등락에도 울고 웃는 방송업계의 생리를 고려할 때 이른바 '대박'을 치지 못했음에도 이만큼 장수(?)하게 된 건 오로지 응원해 주신 시청자들 덕분이라고 믿고 있다. 이번에 방송 1년을 기념해 책을 펴낼 생각을 한 것도 이렇듯 고마운 분들과 좀 더 교감하기 위해서다. 그간 60분이라는 방송 편성 시간의 한계 때문에 아깝게 편집됐던 내용까지 모두 되살려서 전체 강연을 오롯이 전해드리고 싶었다. 이 책을 통해 훌륭한 강연자들, 그리고 재기 넘치는 패널들 간의 질문과 대답을 보다 생생하게 만나실 수 있길 바란다.

이번에 발간되는 1권엔 총 아홉 분의 강연을 담아냈다. 1장 '국가' 편에선 문정인 연세대 명예특임교수가 G2로 자리매김한 미국과 중국 양대 강국 사이에 끼인 한국의 생존 전략을, 조한혜정 연세대 명예교수가 '빨리빨리 증후군' 탓에 먼저 망해가는 한국이 모두가 '선망'하는 나라로 거듭날 수 있는 방법론을, 조영태 서울대 교수가 저출산 고령화로 소멸 위기에 처한 한국의 위기 타개책을 짚어봤다. 2장 '법' 편에선 '재심 전문'으로 유명한 박준영 변호사가 약자에 강하고 강자에 약한 법체계의 모순을, 이국운 한동대 교수가 우리 헌법의 요체를 알기 쉽게 설명한다. 3장 '리더' 편에선 김준혁 한신대 교수가 '매력 군주' 정조가 보여준 시대를 앞서나간 개혁적 리더십을, 김종대 전 헌법재판관이 성웅 이순신의 애민 리더십을 얘기하고 마지막으로 4장 '역사' 편에선 한명기 명지대 교수가 역사의 격변기마다 요동쳤던 한·중·일 삼국지를 들려준다. 또

한《죽음을 넘어 시대의 어둠을 넘어》로 엄혹한 시기에 광주항쟁을 세상에 알렸던 소설가 황석영이 그날의 아픈 역사를 직접 증언한다.

부디 이 책을 통해 방송에서 느꼈던 공감과 감동을 두 배로 얻어 가신다면 더 바랄 나위가 없겠다. 〈차이나는 클라스-질문 있습니다〉의 제작진을 대표해 앞으로도 처음의 마음가짐을 잊지 않고 최선을 다해서 매회 프로그램을 만들어나가겠다는 약속을 드린다. 우리 교실에서, 일터에서, 그리고 정치의 현장에서 질문과 대답이 자유롭게 오고 가는 시대를 꿈꾸며 있는 힘껏 외쳐본다. "질문 있습니다!"

2018년 초여름,
신예리 JTBC 보도제작국장

차
례

1장 국가

차이나는
클라스

2장 법

차이나는
클라스

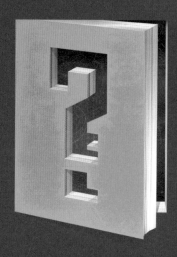

1장

국가

한국의
생존 전략은
무엇인가

문정인

명실상부 국제정치학 분야의 최고 권위자이자
문재인 정부의 비상임 외교안보 특별보좌관.
연세대학교 철학과를 졸업하고 미국 메릴랜드대학교에서 정치학 석박사 학위를 취득,
참여정부 시절부터 대통령들의 외교안보 멘토였으며
두 번의 남북 정상회담을 지켜본 국내 유일의 정치학자이자
외교 전문가 문정인 선생님을 소개합니다.

세계는 왜 중국을 두려워하는가

" 중국은 가장 먼저 미국과의 관계를 개선시킴으로써 안보 환경을 개선시켰습니다. 다음으로 개혁 개방 정책을 추진하고, 매우 공세적으로 외자를 유치했습니다. 또 지속적인 시장 계획을 통해 세계의 공장 역할을 하면서 제조업의 기반을 구축했습니다. 과학기술에 대한 투자도 게을리하지 않았죠. 이러한 것들이 기반이 되어 오늘의 중국을 이룬 것이라고 할 수 있습니다."

차클	몇 년 전만 해도 미국과 일본에 한참 뒤처졌다고 생각했던 중국이 최근 들어 급부상하고 있습니다. 도대체 중국이 얼마나 성장을 한 것인가요?
문	중국은 2000년을 기점으로 국제 무대에서 급격히 부상하기 시작했습니다. 이후 경제가 급속도로 발전했고, 2009년 들어 많은 지표에서 미국을 앞지르기 시작했어요. 2000년 이후 10년 만에 중국은 세계에서 수출을 가장 많이 하는 국가, 세계에서 외화를 가장 많이 보유한 국가가 된 것이죠.
차클	중국의 급부상으로 미국과의 관계에도 변화가 생긴 거겠죠?
문	중국은 경제력과 함께 군사 분야에도 많은 투자를 했습니다. 그러자 많은 국제정치 학자들이 미국과 중국의 큰 충돌을 우려하기 시작했

죠. 현재 미국과 중국이 부상하는 패턴을 1914년 1차 세계대전 이전의 영국과 독일의 사례에 견주는 학자들이 많습니다. 1차 세계대전 발발 당시 영국은 국력 신장의 속도가 매우 완만한 패권국이었고, 독일은 1870년에 비스마르크가 독일을 통일하면서 엄청난 속도로 국력이 신장되고 있던 국가였어요. 그런데, 패권국인 영국의 꼬리를 독일이 밟는 형상, 즉 호랑이의 꼬리를 밟는 형상이 나타날 때 큰 전쟁의 발발 가능성이 높아진다고 합니다. 자신들의 국력이 크게 신장되는 데 비해 국제적 지위가 따라가지 못하는 것에 대한 불만족도가 높아지면 전쟁의 유혹에 빠지기 쉽다는 거지요. 국제정치 이론에서는 이러한 현상을 세력 전이(Power Transition) 현상이라고 합니다.

차클 중국과 미국 간의 싸움이 한반도에서 벌어질 가능성이 있다고 보시나요?

문 미국의 국력 신장 속도가 완만해지고, 중국의 국력 신장의 속도가 빨라지면 한반도의 평화에도 영향을 줍니다. 미국·중국·북한·한국은 휴전 협정의 당사국들인데, 만약 미국과 중국 사이에 큰 전쟁이 일어나면 한반도도 피해나가기 어렵겠지요. 바로 이러한 지정학적 변수 때문에 미국과 중국 간의 패권 경쟁에 우리가 관심을 가질 수밖에 없는 겁니다. 더불어 미국과 중국 사이의 협력과 경쟁의 패턴에 따라서 국제 질서, 지역 질서가 결정됩니다. 그리고 그 질서 위에서 움직이는 것이 한국과 같은 나라들이기 때문에 신경을 쓰지 않을 수 없죠.

차클 중국의 국력이 빠르게 커졌다고 하셨는데요. 한 국가의 힘을 판단하는 기준이 있나요?

문 하버드 대학의 조지프 나이 교수는 국력이라는 개념을 상당히 흥미롭게 정의하고 있습니다. 하나는 하드 파워, 소위 경성 국력이라고 부르는 개념입니다. 영토·인구·경제력·군사력·과학기술력 등이 하드 파워

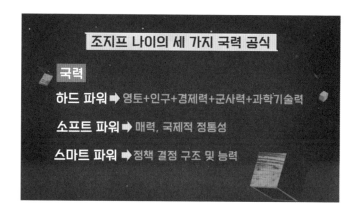

에 해당합니다. 다른 하나는 소프트 파워라고 하는 거예요. 소프트 파워란 무형의 힘을 말합니다. 특히 국제사회에서 해당 국가가 얼마나 매력적인 국가인가, 그 국가의 정통성이 얼마나 되는가, 그리고 그 국가의 행동에 대해 국제사회가 얼마나 지지하는가를 보면 해당 국가의 소프트 파워를 알 수 있어요. 주로 이러한 소프트 파워를 판단할 때 외국인 유학생 수가 얼마나 되는지를 보면 그 국가의 문화가 국제적으로 얼마나 많이 수용되는지를 알 수 있습니다.

차클   하드 파워 측면에서 중국의 국력은 얼마나 향상됐나요?

문   중국은 미국과 맞먹을 정도의 영토를 갖고 있고, 인구는 대략 14억 명정도이므로 미국보다 훨씬 하드 파워가 강력하다고 할 수 있습니다. 도전국이라 할 수 있는 중국의 국력 중 하나인 경제력 신장의 속도는 가파르게 올라가고 있고, 패권국인 미국의 신장 속도는 상당히 완만한 상태입니다.

다음으로 수출량을 살펴보죠. 현재 중국은 수출 분야에서 세계 1위를 차지하고 있습니다. 수출을 많이 하면 외화를 많이 빌어들이고, 외화

보유고는 늘어나고, 그럼 자연스럽게 국가에 여유가 생기겠죠. 성장·수출·외화보유고라는 세 개의 지표를 놓고 보면 중국이 미국을 따라잡았거나 곧 따라잡을 것으로 예측할 수 있습니다.

차클 이렇듯 중국이 급성장한 이유는 무엇인가요?

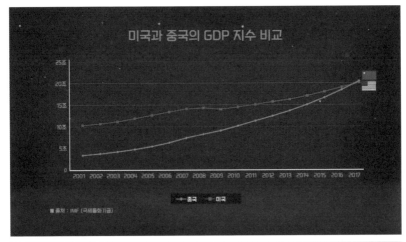

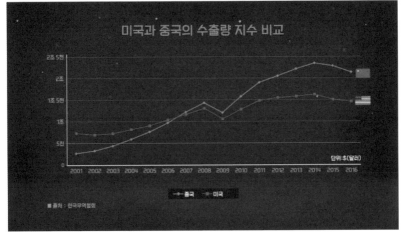

차이나는
클라스

문   중국이 전략적 선택을 잘했기 때문입니다. 가장 먼저 미국과의 관계를 개선시킴으로써 안보 환경을 개선했습니다. 다음으로 개혁 개방 정책을 추진하고, 매우 공세적으로 외자를 유치했습니다. 또 지속적인 시장 개혁을 통해 세계의 공장 역할을 하면서 제조업의 기반을 구축했습니다. 과학기술에 대한 투자도 게을리하지 않았죠. 이러한 것들이 기반이 되어 오늘의 중국을 이룬 것이라고 할 수 있습니다. 한편으로 생각해보면 운이 좋았다고 볼 수도 있습니다. 만약 냉전 구도가 지속됐더라면 중국은 지금처럼 될 수 없었을 겁니다.

차클   현재 중국의 군사력은 미국을 위협할 정도라고 말할 수 있을까요?

문   하드 파워, 소위 경성 국력의 또 다른 지표가 바로 군사력이죠. 군사력은 군사비 지출, 즉 국방예산이 얼마나 되는지를 보면 됩니다. 다음으로 어떤 종류의 무기들을 갖고 있는지를 보는 겁니다. 경제력에서는 중국이 분명히 앞서가고 있다고 했죠. 그런데 군사력에서는 아직 미국이 압도적으로 우세합니다.

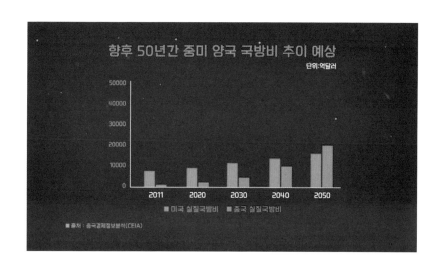

향후 50년간 중국과 미국의 국방비 추이를 예상해보면 2050년에 중국이 미국을 앞지를 것이라고 보고 있습니다. 그런데 이 통계는 중국의 경제성장률이 8퍼센트가 된다는 조건 아래에서 산출한 것이기 때문에 중국의 경제 성장 속도가 둔화되고, 미국의 경제 성장 속도가 빨라지면 바뀔 수 있습니다.

차클　미국의 군사력이 중국보다 압도적이라니 좀 더 구체적으로 말씀해주시죠.

문　세계의 패권을 좌우하는 것은 결국 해군력입니다. 그리고 해군력의 핵심은 항공모함 전투력입니다. 항공모함은 바다 위를 떠다니는 공군기지와도 같기 때문에 항공모함 한 대를 호위하기 위해 구축함·순양함·호위함·잠수함·병원선·수송선 등이 따라다닙니다.

미국은 대서양과 태평양에 둘러싸여 있으므로 군사력을 적국 가까이 전진 배치할 수 있도록 항공모함을 만든 것입니다. 미국이 보유하고 있는 11척의 항공모함 중에서 지금 움직이는 것은 9척 정도인데, 이미 오대양 육대주에 전개를 시켜놨습니다. 그에 비해 중국은 우크라이나로부터 들여온 구 러시아제 항공모함을 개조한 랴오닝 호 1척밖에 없습니다. 그리고 지금 두 번째 항공모함을 건조하고 있어요. (편집자 주: 중국의 두 번째 항공모함이 2018년 5월 13일 시험 운항에 돌입했다고 관영 신화사가 보도)

결국 미국은 세계적인 패권국가로서의 군사력을 보유하고 있고 그 군사력을 전 세계에 전개하고 있습니다. 따라서 아직까지는 군사력 분야에서 미국이 압도적으로 우월한 것이죠. 중국이 따라잡는 데는 시간이 걸릴 겁니다.

차클 중국의 소프트 파워는 어느 정도라고 볼 수 있을까요?

문 소프트 파워, 즉 매력 국가를 만드는 핵심은 결국 민주주의를 하는 국가, 인권이 잘 지켜지는 국가, 문화가 융성한 국가인지를 보면 됩니다. 시진핑 주석이나 리커창 총리가 자녀들을 미국에서 공부시키는 것을 보면 알 수 있듯이 중국의 엘리트들은 대개 자녀들을 미국으로 보냅니다. 그런데 미국의 엘리트들이 중국으로 자녀를 보내는 경우는 많지 않지요. 오늘날 미국에 가장 많은 유학생을 보내는 국가가 중국이에요. 다음으로 인도·한국의 순이죠. 그런 점에서 보면 중국은 아마 소프트 파워에서 미국을 따라잡긴 힘들다고 봅니다. 물론 중국도 노력을 많이 하고 있죠. 전 세계 180여 개 국가에 공자학원이라는 것을 설립해서 중국의 문화와 언어를 가르치고 있지만 여전히 미국이 중국을 훨씬 앞서고 있기 때문에 차이가 나죠.

차클 마지막 개념인 스마트 파워의 측면에서는 어떠한가요?

문 스마트 파워라면 조금 달라집니다. 얼마나 능률적으로 일관성 있게 지속적인 정책을 만들고 이를 효과적으로 이행하는지를 봐야 합니다. 중국의 외교안보 정책은 아주 일사불란하게 이루어지고 있죠. 중국은 집

단지도체제를 통해서 모든 정책 결정을 하니까요. 중국 공산당에는 정치국 상무위원회라는 조직이 있습니다. 기존에는 9명으로 구성되었지만, 시진핑 체제하에 들어오면서 7명으로 줄었어요. 점점 시진핑 1인 지도체제가 굳어지고 있다고 볼 수 있습니다. 이렇게 되면 훨씬 더 효율적으로 일관성 있게 지속적인 정책을 만들 수 있죠. 물론 정책을 집행하는 것도 일사불란해질 수 있습니다.

차클   미국 역시 스마트 파워가 강력하지 않나요?

문   트럼프 대통령의 미국을 한번 볼까요? 의회와 행정부 사이에 갈등과 대립이 끊이질 않고, 국방성과 국무부 사이에도 관료적 대립이 존재하지요. 미국의 외교정책 과정을 보면 콩가루 집안 같아요. 그런데 미국은 민주주의 국가 아니겠어요? 민주주의 국가는 기본적으로 피플 파워, 즉 국민의 힘으로 움직이는 국가죠. 국민이 힘을 갖고 있으니, 모두 국민 눈치를 볼 수밖에 없습니다. 상원과 하원 의원들도 모두 지역구 주민들의 눈치를 봐야 해요. 게다가 로비스트들도 큰 역할을 하고 있어요. 이런 상황이니 능률적이고 일관성 있고 지속적인 외교정책을 수립하고 집행하기가 쉽지 않죠.

차클   민주주의가 기민한 외교적 대응에 저해요소가 된다는 것인가요?

문   그게 민주주의 체제하에서 큰 논쟁거리입니다. 결국 민주주의가 경제

성장이나 국가 안보에 도움이 되는지 되지 않는지, 또 순기능을 하는지 역기능을 하는지에 대해 학계에서 상당히 많은 논쟁을 벌이고 있어요. 그런데 민주주의 체제에서도 리더가 훌륭하면 일사불란하게 움직일 수 있습니다. 가령 프랭클린 루스벨트, 존 F. 케네디, 로널드 레이건 같은 사람들이 미국의 대통령으로 있을 때 민주주의 체제하에서도 국민의 합의를 이루고 국민의 지지를 받으면서 아주 일사불란하게 외교정책을 편 경우도 있죠. 그러나 일반적인 정책 결정 양상을 보면 중국이 미국보다는 훨씬 효율적이고 일관성 있고 보다 유연성 있게 대응하는 것 같다는 결론을 내릴 수 있습니다.

중국의 대전략은 무엇인가

"미국의 전략은 동북아의 한국, 일본과 동맹을 강화하고 중국의 영향력이 남중국해, 말라카해까지 미치는 것을 막기 위해 필리핀·베트남·말레이시아·인도네시아와 같은 국가들과 협력을 강화시켜 중국을 둘러싸는 것이죠. 이에 대응해 중국은 일대일로, 즉 육상 실크로드와 해상 실크로드를 만들겠다는 것이에요. 새로운 지정학적 생존과 번영의 전략이 일대일로 전략이라고 할 수 있습니다."

차클   중국이 펼치고 있는 국가적 전략에 대해서도 말씀해주시죠.

문   지금까지 중국이라는 국가의 국력을 살펴봤다면, 이제는 중국이 어떻게 원하는 걸 얻을 것인가를 알아야 합니다. 중국의 전략을 보려면 지도자들이 갖고 있는 전략적 의도를 알아야 합니다. 작년에 중국 저장대학에서 미국 프린스턴대학의 아이켄버리 교수, 하버드대학의 베스타드 교수, 런던 정경대학의 부잔 교수, 중국 공산당의 전 간부들, 베이징대·런민대·칭화대의 교수들이 모여 중국의 대전략에 대해 비공개 회의를 했습니다. 향후 50년, 100년을 내다보는 중국의 전략이 무엇인지에 대해서 3박 4일에 걸쳐 난상토론을 했죠. 그때 얻은 결론은 '중국에는 지금 대전략이 없다'는 것이었습니다.

차클   전략이 없다면 어떻게 나라를 이끌어간다는 말인가요?

차이나는
클라스

중국의 세 가지 전략

화평발전론 : 평화로운 경제 발전을 목표

책임대국론 : 도덕적 리더십으로 국제적 지위 상승 목표

대국굴기론 : 경제력과 군사력으로 강국을 목표

문 정확히 말하자면 중국은 지금 대전략을 만드는 과정에 있다는 겁니다. 중국의 국력이 너무나 짧은 시간에 급격히 성장하다 보니 중국 지도부에서 체계적인 준비를 하지 못한 것 같아요. 제가 볼 때 중국의 대전략은 세 가지 갈래로 나뉘는 것 같습니다. 그중 하나가 화평발전, 화평굴기입니다.

차클 화평발전이란 무슨 뜻인가요?

문 중국 공산당의 궁극적 목표는 공산당이 100주년이 되는 2021년까지 소강(小康)사회를 건설하자는 겁니다. 소강사회란, 쉽게 말해서 중국 인민의 약 80퍼센트 정도가 유족하게 살 수 있는 사회를 만들자는 거예요. 그게 중국 공산당의 제1 목표입니다.

차클 중산층을 많이 만들어내자는 건가요?

문 네, 그렇습니다. 시진핑 주석이 '중국몽'이라는 말을 내세운 건 국가부강, 민족중흥, 그리고 인민행복이란 큰 목표를 실현하겠다는 의도입니다. 즉 중국의 전략적 목표는 내부 지향적입니다. 그러기 위해서는 대외적으로 평화관계가 유지되어야 하고 대내적으로는 조화사회가 이루

어져야만 중국 공산당이 국내적 목표를 향해서 갈 수 있다고 보는 겁니다. 이걸 바로 화평발전론이라고 하는 것이죠. 이게 얼마 전까지만 해도 중국의 공식적 입장이었어요.

차클　또 다른 전략인 책임대국론이란 어떤 것인가요?

문　중국의 자유주의적 경향의 학자들은 중국이 이제 대국이 됐으니 국제 사회의 책임을 다해야 한다고 주장하고 있습니다. 그래서 원조도 많이 해야 하고, 환경 문제에도 적극적으로 나서고, 인권 문제에도 전향적으로 나서야 한다는 거지요. 중국 외교부도 이런 노선을 선호합니다.

차클　그럼 마지막으로 대국굴기론이란 무엇인가요?

문　가장 논쟁이 되고 있는 전략입니다. 칭화대학의 옌쉐퉁 교수를 비롯해 인민해방군 쪽 인사들이 많이 주장하고 있는 개념입니다. 2009년 후 10년을 기점으로 해서 중국의 경제력이 엄청나게 부상을 했으니 이제 그에 걸맞은 군사력을 가져야 한다는 거지요. 경제적 이익만 추구하는 경제적 동물국가로 남을 수는 없으니 군사적 지도력도 갖춰야 한다는 주장이 바로 대국굴기입니다. 여기서 굴기란 바다나 평지에서 산이 급작스럽게 우뚝 솟는 형상을 의미합니다. 중국의 역사에서 지난 150년간은 치욕의 역사, 수모의 역사였잖아요. 그동안 중국 사람들 스스로 자기 비하를 했다면, 이제는 거기에서 벗어나겠다는 것입니다. 바로 대국굴기를 해야 된다는 말이죠.

차클　화평발전, 책임대국, 대국굴기를 주장하는 주체가 모두 다른 것인가요?

문　문화혁명을 겪은 사람들, 즉 나이가 많은 사람들은 대체로 화평발전론을 이야기합니다. 젊은 세대들은 대체로 대국굴기론을 선호하고, 국제적으로 활동을 많이 하고 미국에서 공부 좀 하고 온 엘리트들은 책임대국론을 옹호하는 것 같습니다.

차클	화평발전론과 대국굴기론은 상충되는 것 같은데, 세 가지 이론이 모두 공존할 수 있을까요?
문	물론 상충이 되죠. 하지만 화평발전을 주장하는 쪽에서도 책임대국론을 이야기합니다. 또 대국굴기론의 핵심은 결국 국제사회에서 지도적 국가가 된다는 것입니다. 그럼 결국 도덕적 지도력을 행사해야겠죠. 도덕적 지도력을 행사하려면 베풀며 사는 국가가 되어야 하니까 책임대국론과 대국굴기론이 같이 갈 수도 있는 거예요.
차클	이들 전략을 시진핑이 언급한 일대일로와는 어떻게 연관 지을 수 있나요?
문	일대일로(一帶一路)에는 두 가지 의미가 있어요. 하나는 대전략 부재론에 대한 시진핑의 적극적 대응, 다른 하나는 오바마 행정부가 전개했던 피봇 투 아시아(pivot to Asia), 즉 아시아 회귀 전략에 대한 대응입니다. 피봇 투 아시아는 중국의 부상을 견제하는 전략입니다. 동북아의 한국·일본과 동맹을 강화하고 중국의 영향력이 남중국해·말라카해까지 미치는 것을 막기 위해 필리핀·베트남·말레이시아·인도네시아와

같은 국가들과 협력을 강화시켜 중국을 둘러싸는 것이죠. 이에 대응해 중국은 일대일로, 즉 육상 실크로드와 해상 실크로드를 만들겠다는 것이에요. 새로운 지정학적 생존과 번영의 전략이 일대일로 전략이라고 할 수 있습니다. 이것이 바로 대국굴기의 하나가 되는 겁니다. 그래서 지금 일대일로가 중국의 대전략으로 자리 잡고 있다고 해도 무리는 아닐 것입니다.

차클   시진핑은 대국굴기에 무게를 두고 있다는 말인가요?

문   이에 대해서는 논쟁이 많았습니다. 시진핑이 대국굴기에 대한 정치적 능력과 의지가 있느냐가 중요하거든요. 최근 중국의 행태를 살펴보기 전에 먼저 알아둘 것이 있습니다. 고대 중국에는 공자와 맹자 외에 순자라는 철학자가 있었습니다. 순자는 일반적으로 나라를 통치하는 데 법이 제일 중요하다는 법가를 내세운 분입니다. 순자가 아주 재미난 이야기를 했어요. 천하를 다스리는 방법에는 세 가지가 있다고 합니다. 첫째 왕도의 길. 둘째 패도의 길. 셋째 강권의 길입니다. 왕도라는 것은 천하를 모두 얻는 지도력을 말합니다. 이러한 왕도는 덕치, 즉 도

차이나는
클라스

덕적 통치를 했을 때 가능하다고 보는 겁니다. 덕으로 천하를 다스리면 국가의 힘, 군사력이 작아도 모든 제후국들이 존중을 하면서 따른다는 말입니다.

차클 그럼 패도의 길은 무엇인가요?

문 패도 또는 패권이라고 하는 것은 천하의 절반을 얻는 것입니다. 천하의 절반을 얻으려면 결국 도덕적 지도력도 있고 군사력도 강하고 주변 제후국들로부터 최소한 신뢰성을 얻어야 합니다. 그러나 힘에 역점을 둔다는것이 가장 중요합니다. 도덕적 지도력보다도 무력을 통해 천하의 절반을 얻는 것이 패권 또는 패도이지요.

차클 마지막으로 강권의 길은 무엇인가요?

문 주변 국가들을 힘으로 침탈하고 강탈하는 국가를 바로 강권이라고 얘기해요. 흥미롭게도 중국은 표면적으로는 왕도의 길을 가고 싶어 합니다. 군사력이 없더라도 천하의 모든 국가들이 자신들을 우러러볼 바라죠. 그래서 일대일로 전략, 즉 해양 실크로드와 육상 실크로드를 통해 전 세계 국가들과 연결되어 자기들이 많이 베풀면, 존경을 받게 될 것이라고 생각하는 겁니다. 시작은 경제적인 것이지만 결국 중국의 정통성을 높이려는 거예요.

차클 중국이 왕도를 가려 한다고 볼 수 있는 근거가 있나요?

문 가령 아시아 인프라 투자 은행(AIIB)도 기본적으로는 왕도의 길로 가는 거라고 볼 수 있어요. 근데 다른 한편에서 보면 중국은 패권의 욕망도 강해요. 중국이 동북아를 놓고 경합하고, 동중국해를 놓고 일본과 다투는 것을 보면 중국이 세력권을 확대해 천하의 반을 얻으려고 노력하는 것이 분명히 보여요. 그런데 남중국해 문제나 사드 문제에 대한 중국의 행농을 보면 완전히 강권직인 행동이거든요. 지금 중국이 확고한 대전략을 갖고 있지 않은 상태에서 왕도와 패권과 강권의 길을 왔다 갔다 하는 거예요. 그러니까 주변국들은 모두 헷갈릴 수밖에 없죠. 우리는 중국이 왕도의 길로 가면서 덕을 베풀고, 힘을 쓰지 않고도 존경받는 나라가 되길 원하는데 실제로는 패권과 강권의 모습을 띠고 있기 때문에 중국에 대한 우려가 나오는 것입니다.

차이나는
클라스

미국은 중국을 어떻게 바라보는가

"미국이 키신저와 같은 상해학파적 시각을 갖고, 중국이 화평발전 전략을 추구하게 되면, 즉 미국과 중국이 협력하면 우리로서는 상당히 다행한 일이지요. 반대로 미국이 강성 크로우학파적 시각에서 대중 견제전략을 강화시켜 나가고, 중국이 그에 맞서 대국굴기로 대항해 나가면 강대강의 충돌이 벌어지면서 우리를 곤궁에 빠뜨리겠지요."

차클   미국은 중국에 대해 어떤 태도를 취하고 있나요?

문   중국의 전략적 의도와 중국의 행태를 해석하는 데 있어서 미국의 태도는 두 갈래로 나뉩니다. 헨리 키신저 전 국무장관 같은 사람들은 미국이 패권적 지위를 차지한 것은 고작 100년에 불과하지만, 중국은 5000년 역사 대부분의 시기 동안 가장 부유한 나라였다는 것을 강조하죠. 따라서 역사의 긴 흐름에서 보면 중국이 부상하는 것은 다시 제자리로 오는 것일 뿐, 새로운 것이 아니라고 봅니다. 그래서 키신저는 중국과 협력하면서 중국의 부상을 그대로 받아들이자고 주장해요. 이러한 주장을 하는 사람들을 상해학파라고 부릅니다.

차클   왜 상해학파라고 부르나요?

문   1971년 12월에 기신지기 중국에 디녀오고, 1972년 2월에 리처드 닉

슨 당시 대통령이 중국을 방문해 상해 공동합의문을 채택하면서 미국과 중국이 수교를 맺는 기본적인 역할을 했습니다. 이런 이유로 중국과 유화 정책을 펴면서 같이 나아가자는 주장을 하는 학파를 상해학파라고 부릅니다.

차클 　상해학파에 반대되는 목소리도 있겠죠?

문 　물론 반대의 시각도 있습니다. 그들은 어떻게든 중국을 견제해야 된다고 말하죠. 미국이 더 많은 국가들과 협력을 하고 동맹을 맺어서 중국의 부상에 맞서야 한다는 대중 견제론을 내세운 크로우학파입니다. 크로우학파는 1907년 영국 외무성 관료였던 에어 크로우라는 사람의 이름을 딴 것입니다. 크로우는 당시 독일의 철강생산량과 조선생산량이 영국을 능가하기 시작하자 독일 황제 빌헬름 2세의 전략적 의도가 무엇인지를 조사하기 위해 영국 외무성이 파견했던 인물입니다.

크로우 보고서에 따르면 빌헬름 2세의 의도와 관계없이 독일 국력이 현저하게 상승함에 따라 독일은 1차적으로는 유럽을 제패하고, 결국 대영제국에 맞서 세계를 제패하려는 목표를 갖게 될 것이라 내다보았죠. 그러자 영국은 대독 견제정책을 펴기 시작했어요. 독일을 견제하기 위해 러시아·프랑스·영국이 3자 동맹을 맺은 겁니다. 그렇게 견제를 받게 된 독일은 오스트리아·헝가리와 동맹을 맺고, 결국 영국에 대항해 싸우다 1914년에 1차 세계대전이 일어났던 것입니다. 그러니까 지금 미국에서는 상해학파와 크로우학파가 서로 대립관계를 이루고 있지만 불행하게도 크로우학파가 주류를 이루고 있고, 상해학파는 소수에 지나지 않습니다.

차클 　그렇다면 트럼프는 어떤 학파에 가까운 사람인가요?

문 　아주 좋은 질문이에요. 트럼프 같은 경우는 키신저의 얼굴과 크로우의

차이나는 클라스

얼굴을 동시에 가진 사람이에요. 키신저는 본질적으로 현실주의자예요. 현실주의자는 인권이나 민주주의와 같은 가치를 그렇게 중요시하지 않아요. 미국의 정치적·외교안보적 이익과 경제적 이익들을 더 중요하게 고려하기 때문이지요. 트럼프도 처음에는 키신저적 시각이 강했지요. 그래서 중국의 인권 문제, 민주주의 문제를 거의 거론하지 않았어요. 그러나 중국의 부상과 미국의 상대적 쇠퇴를 수용할 순 없다는 생각을 갖고 있습니다. "미국 넘버 원" 시각이 강하죠. 이렇게 보면 트럼프는 키신저와 크로우의 두 얼굴을 동시에 가지고 있다고 평가할 수 있습니다.

차클   '미국을 다시 위대하게(Make America Great Again)'라는 구호대로겠죠.

문   미국을 다시 위대하게 만들려면 결국 군사비 지출을 많이 해야겠죠. 그래서 기본적으로 오대양 육대주에 걸쳐 미국의 군사적 패권주의를 유지하겠다는 겁니다. 그런데 트럼프는 두 개의 이미지에서 왔다 갔다 하는 과정에 있다고 봅니다. 전략적으로나 개념적으로 체계화하지는 않았다고 봐야 해요. 오바마 같은 대통령도 중국과 좋은 관계를 유지하겠다고 했다가 결국 크로우학파, 즉 피봇 투 아시아(아시아 회귀 전략)를 택했으니까요.

차클   미국과 중국의 미래는 앞으로 어떻게 될까요?

문   미국이 키신저와 같은 상해학파적 시각을 갖고, 중국이 화평발전 전략을 추구하게 되면, 즉 미국과 중국이 협력하면 우리로서는 상당히 다행한 일이지요. 반대로 미국이 강성 크로우학파적 시각에서 대중 견제 전략을 강화시켜 나가고, 중국이 그에 맞서 대국굴기로 대항해 나가면 강대강의 충돌이 벌어지면서 우리를 곤궁에 빠뜨리겠지요.

차클   미국과 중국이 경제적으로 밀접한 관계인데 왜 양측은 서로 갈등을 조장하는 행보를 걷는 걸까요?

문   양국의 상황을 영어로 뮤추얼 호스티지(mutual hostage)라고 할 수 있어요. 즉 상호 인질적 상황이라는 것이죠. 만약 미국이 중국의 물건을 사오지 않으면 결국 중국 경제가 엄청난 타격을 입어요. 그런데 미국은 적자국가이기도 합니다. 중국이 미국 국공채를 거의 1조 5000억 달러에서 1조 6000억 달러 정도를 갖고 있어요. 만약 중국이 그것을 빼오면 미국 경제는 곧 무너질 겁니다. 서로가 서로를 필요로 하는 상황인 것이죠. 그런데 트럼프가 대선에서 승리하려면 중서부의 노동자 표를 많이 얻어야 했고, 노동자들의 지지를 받기 위해서 보호무역을 내세울 수밖에 없었던 것입니다.

차클   취임 후 미중 정상회담을 가진 뒤 트럼프가 시진핑을 '좋은 사람'이라고 했는데, 어떤 의미로 받아들여야 할까요?

문   트럼프 대통령은 상당히 외향적이고 제스처가 큰 사람이잖아요. 그런 사람일수록 성실하고 진지한 사람을 좋아하거든요. 그런데 시진핑 주석은 상당히 진지한 사람이죠. 극과 극은 통한다고 하잖아요. 그런 점

에서 상당히 진정성 있게 얘기했기 때문에 트럼프가 시진핑 주석을 좋은 사람이라고 얘기한 것이라고 봅니다. 게다가 트럼프 대통령은 사업가 출신 아닙니까. 사업가들은 항상 다른 사람에게 좋은 말을 해줘야 되니까 그랬을 겁니다.

미국과 중국은
전쟁의 덫에 빠질 것인가

"미국과 중국이 서로 도사리고 있는 상태에서 휘발성 있는 사건이 하나 일어나게 되면 미국과 중국이 개입하게 되고, 그러면 세계대전으로 전개될 가능성도 배제하진 못한다고 봅니다. 그러니까 남북한이 잘해서 미중이 개입할 근거가 없어지면 전쟁 가능성이 줄어드는 거예요."

차클   투키디데스는 누구고, '투키디데스의 덫'이란 무엇인가요?

문   고대 그리스의 유명한 역사학자예요. BC 433년부터 403년까지 거의 30년 동안 그리스에서 벌어졌던 펠로폰네소스 전쟁의 역사를 썼죠. 당시 그리스는 도시국가로 구성되어 있었습니다. 그중 패권적 지위를 가진 국가가 스파르타였어요. 그런데 갑자기 아테네가 뜨기 시작합니

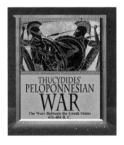

다. 스파르타는 대륙의 큰 영토를 가진 반면, 아테네는 해양을 통해서 많은 무역을 하는 신흥 민주주의 도시국가였어요. 스파르타는 아테네가 결국 자신들을 능가할 것이라고 걱정했습니다. 투키디데스는 스파르타가 느꼈던 바로 그 공포가 결국 펠로폰네소스 전쟁을 불러왔다고 말합니다. 스파르타는 펠로폰네소스 동맹을, 아테네는 델로스 동맹을 만들어서 거의 29년 가까이 싸움을 하는데 결국 스파르타가 이겼어요. 여기서 중요한 것은 기존 강대국 또는 패권국이 신흥국의 부상을 선의로 받아들여서 함께 공동의 리더십을 행사하면 문제가 없는데 신흥국의 부상을 위협으로 받아들여서 민감하게 대응했을 때 전쟁이 일어날 가능성이 있다는 거예요.

차클   미국과 중국 사이에도 적용할 수 있는 개념이겠네요.

문   시진핑 주석이 '투키디데스의 덫'이란 용어를 사용하면서 유명해졌죠. 많은 사람들이 미중관계가 '투키디데스의 덫'에 빠질 거라고 보지만, 시진핑은 그렇게 보지 않는다고 말했습니다. 미국과 중국 사이에는 상당히 많은 대화의 채널도 있고, 공동의 이익도 있으니 싸울 일이 없다고 말했죠. 그런데 미국의 크로우학파 사람들은 결국 그 덫에 빠질 가능성이 있다고 얘기해요. 저는 '투키디데스의 덫'이 상당히 인위적인 이론이라고 생각합니다. 당시 스파르타와 아테네의 사례를 지금의 미중 관계에 적용할 수는 없기 때문이죠.

'투키디데스의 덫'이라는 용어를 유명하게 만든 하버드대학의 그레이엄 앨리슨 교수는 패권국과 도전국 사이의 세력 전이가 평화적으로 이루어진 경우도 있다고 말합니다. 대표적으로 19세기 말에서 20세기 초에 영국에서 미국으로 패권이 넘어간 때가 있습니다. 또는 더 나아기서 15세기 말에 포르투길이 패권을 가졌다가 스페인으로 넘어가는 과정도 상당히 평화롭게 이루어졌습니다. 그러나 앨리슨 교수는 대부분 분쟁적 요소가 많다는 점을 강조합니다. 가령 1894년의 청일전쟁, 1905년의 러일전쟁도 결국 스파르타가 아테네를 견제하면서 전쟁을 일으켰던 것처럼 패권국이 도전국의 부상에서 느끼는 공포 때문에 벌어졌다는 것입니다.

앨리슨 교수는 미국과 중국이 '투키디데스의 덫'에 빠질 가능성을 배제하기 어렵다고 말합니다. 미국과 중국이 전쟁을 피하기 위해서는 남중국해 문제를 두고 다투지 말고 핵전쟁과 같은 사활적 국익이 걸린 문제에 집중해야 한다고 제언하고 있지요. 그리고 미국은 중국의 의도를 객관적으로 잘 파악할 필요가 있을 뿐 아니라 즉흥적 대응이 아니라 전략적 마인드를 가지고 중국을 대해야 한다고 합니다. 또한 미국과 중국 모두 산적해 있는 국내 문제에 집중할 때 커다란 전쟁을 피할 수 있다고 지적합니다.

차클 중국과 미국 사이에 전쟁이 벌어질 가능성이 있다고 보세요?

문 재미있는 데이터가 하나 있습니다. 리차드 네드 레보우라는 교수가 근대 국가 체제가 시작된 해인 1648년 이후의 주요 전쟁 94개를 추적했습니다. 놀랍게도 94개 전쟁의 원인 중 58퍼센트가 명예·지위·정체성과 관련된 것들이었습니다. '투키디데스의 덫' 이론에서는 안보·공포 때문에 전쟁이 발발한다고 보지만, 그건 18퍼센트밖에 되지 않았습니다. 기존의 학설들을 보면 대부분 국가 이익이라든가 안보 공포 때문에 전쟁이 일어난다고 보는데 오히려 무형의 원인인 명예나 지위, 또는 정체성 때문에 전쟁이 더 많이 일어난다는 것이죠.

차클 결국 자존심 싸움 때문에 전쟁이 일어났다는 것인가요?

문 레보우 교수는 1차 세계대전에 대한 해석도 다르게 합니다. 강대국

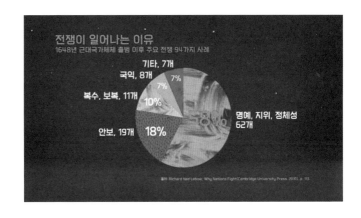

간의 세력전이 아니고, 독일의 참모총장이었던 헬무트 폰 몰트케 장
군이 프랑스를 너무나 싫어했기 때문에 전쟁이 일어났다고 말해요.

차클　한 사람의 감정 때문에 많은 사람들이 죽어야 했다는 말인가요?

문　전쟁을 결정하는 데 핵심적인 역할을 한 몰트케 장군이 프랑스에 대해
경쟁적인 인식을 갖고 있었기 때문이란 것이죠.

차클　상대의 명예만 잘 지켜주면 전쟁이 나지 않을 수도 있겠네요.

문　상당히 중요한 포인트예요. 1945년부터 1994년까지 제3세계 국가에
서 일어난 분쟁의 원인을 분석한 연구가 있습니다. 그런데 거의 92퍼
센트가 종파와 종족 갈등 때문에 발생했다는 겁니다. 가령 레바논 같은
나라에는 수니파·시아파·두르즈파로 나뉘는 이슬람, 메론파라고 하는
기독교, 희랍 정교까지 다섯 개의 종파들이 모여서 살고 있어요. 이들
사이에 균형과 조화가 깨지면서 내전이 일어났고 1974년 이후 지금까
지도 해결되지 않았거든요. 결국 종파 또는 종족 간 갈등이 전쟁의 원
인이라는 겁니다. 상대를 인정해주지 않았을 때 큰 문제가 발생하는 겁
니다. 종교와 같은 것들을 인정해주고, 조금 받들어주면 큰 문제될 게

없어요. 상대방을 인정해주는 것, 상대방의 명예를 존중해주는 것, 새로 지위가 바뀌었을 때 그 지위를 인정해주면서 공존의 지혜를 찾는 것들이 중요합니다.

차클   미국과 중국의 관계가 좀 더 명확해지는 게 우리에게 이득일까요?

문   현실은 칼로 자르듯 나뉘지 않아요. 중국과 미국은 경쟁과 대립도 하지만 또 협력도 많이 하거든요. 가령 중국과 미국 사이에 양국 군 관계자들의 대화 채널이 120개가 넘는다고 합니다. 결국 모든 것의 핵심은 국내 정치예요. 국내정치 흐름에 따라서 대중 강경정책, 대미 강경정책이 나오기도 하고, 유화정책이 나오기도 하죠. 한일 위안부 문제도 마찬가지예요. 북한의 핵에 한국과 일본이 공동으로 대처하는 전략적 이익을 생각하면 일본과 위안부 문제를 어떤 식으로든 해결할 수 있겠죠. 그러나 국민 정서를 생각하면 도저히 수용할 수 없는 거예요. 그렇게 본다면 미국이나 중국의 지도자들이나 한국·유럽 할 것 없이 모두 국내정치에 포로로 잡힌 것은 아닌가 하는 생각을 하게 돼요.

미국과 중국이 서로 도사리고 있는 상태에서 휘발성 있는 사건이 하나 일어나게 되면 미국과 중국이 개입하게 되고, 그러면 세계대전으로 전개될 가능성도 배제하진 못한다고 봅니다. 그러니까 남북한이 잘해서 미중이 개입할 근거가 없어지면 전쟁 가능성이 줄어드는 거예요. 제 결론은 그겁니다. 미국과 중국의 패권 경쟁은 현실이지만 그것이 세계대전으로 확대되지는 않을 것이다, 그러나 주변국들이 그런 것을 악용하거나 오용함으로써 두 강대국을 끌어들이는 형상으로 전쟁이 일어날 가능성이 있다, 세계대전은 아니지만 국지전 성격을 띠면서 해당 지역을 상당히 불안하게 만들 것이다, 이런 가능성을 생각하게 됩니다.

미국과 중국 중 누구를 선택할 것인가

"결국 선택의 문제입니다. 편가름의 문제이고요. 일부 사람들은 홀로서기 전략을 주장하기도 합니다. 그럼 또다시 공세적인 홀로서기와 방어적인 평화적 홀로서기로 나눠서 생각할 수 있겠죠. 역시나 어떤 선택을 하는지는 우리에게 달린 문제입니다."

문　자, 미국과 중국이 패권적 경합에 들어간다고 합시다. 한반도라는 지정학적 입장에서 보면 우리는 가운데 끼인 것이죠. 이때 우리가 어떤 선택을 해야 되느냐. 이러한 고민이 있을 수밖에 없죠.

차클　미국과 동맹국이니 미국을 선택하면 되는 것 아닌가요?

문　지금은 우리가 미국과 함께하고 있지만, 계속 그렇게 갈 것인가, 아니면 뜨는 중국에 편승할 것인가, 아니면 우리만의 홀로서기를 할 것인가, 아니면 미국과 중국 사이에서 아주 현명하게 외교를 하면서 줄타기를 잘 할 것인가를 선택할 수 있겠죠.

차클　많은 국민들이 원하는 방향으로 가는 게 방법이 될까요?

문　우리는 외교정치를 엘리트한테 전부 다 맡기는 경향이 있거든요. 근데 엘리트가 항상 잘한다는 법은 없잖아요. 이떤 사람들은 민주주의를 우민정치라고 얘기하죠. 앞서 얘기했던 스파르타와 아테네가 싸워서 아테네가 망하는 과정을 보면 민주주의의 허점들이 많이 드러나요. 소크라테스가 독배를 마시게 된 것도 민주주의의 허점을 보여주는 한 대목이라 하겠죠. 그럼에도 불구하고 민주주의와 국민적 합의에 기초하는 외교정책과 안보정책이 항상 옳고 좋은 것이라고 사람들은 생각해요.

차클 그럼 미국과 중국 사이에서 우리가 취해야 할 현명한 선택은 무엇인가요?

문 자, 생각해봐요. 많은 분들은 우리가 미국과 함께 가는 것을 바랄 거예요. 친미 노선을 계속 유지하고 한미동맹을 굳건히 유지하면서 북한의 위협과 중국이나 러시아에서 오는 위협을 막는 선택을 할 수 있습니다. 작가 복거일 선생의 저작 중에 《한반도에 드리운 중국의 그림자》라는 책이 있어요. 이 책에서 '한반도가 핀란드화될 가능성이 많다'는 우려를 표하지요. 핀란드화(finlandization)라는 것은 강대국 옆에 있는 작은 국가가 강대국에 의해서 좌지우지되는 현상을 말해요. 중국의 고사성어 중에도 원교근공(遠交近攻)이라는 말이 있어요. 멀리 있는 국가

와 좋은 친교를 맺으면서 가까운 국가에 대해선 공격적으로 대한다는 것이죠. 우리로 치면 멀리 있는 미국과 돈독하게 지내는 것이 좋다는 뜻이 되겠네요.

차클   핀란드화는 속국을 의미하는 것일까요?

문   제가 얼마 전에 핀란드에 가서 그곳 학자 및 전직 대통령과 논쟁을 한 적이 있습니다. 핀란드는 결국 스스로를 낮추는 핀란드화라는 자조적인 정책을 취하지 않았냐고 물었더니, 그들이 막 화를 내는 거예요. 핀란다이제이션, 즉 핀란드화라는 개념은 서독 사람들이 만들었다는 겁니다. 그러면서 핀란드는 과거 소련의 속국이 된 적이 한 번도 없다고 주장해요.

차클   핀란드가 아닌 서독 사람들이 핀란드화라는 말을 만든 이유는 뭔가요?

문   1971년 서독 기독사회당의 당수인 프란츠 요제프 스트라우스라는 사람이 핀란드가 소련 정책에 찬동하고, 중립파 노선을 택하는 것에 대해 이야기하면서 나온 개념이에요. 핀란드는 왜 서방에 참여하지 않고 소련에 붙느냐고 불만을 가진 것이죠. 핀란드의 외교정책이 소련에 예속된 정책이므로 다른 유럽 국가들은 핀란드의 전철을 밟지 말자는 의미에서 핀란드화라는 개념이 시작된 것입니다.

차클   핀란드가 잘 사는 나라가 됐으니 핀란드화가 좋은 선택이었다고 볼 수 있지 않은가요?

문   맞아요. 핀란드 사람들은 그게 뭐가 잘못이냐, 우리 생존과 번영을 위해서 좋은 외교정책을 펴고 또 우리와 맞는 외교정책으로 같이 간 것이 뭐가 잘못된 것이냐, 이런 얘기를 하면서 반론을 펴더군요. 이렇게 핀란드화는 두 개의 얼굴을 갖고 있어요. 하나는 약소국이 강대국에 예속돼서 강대국의 주변부로 전락하고, 그것을 가속화시키는 전략이라고 볼 수 있어요. 다른 하나는 강대국 옆에 있는 약소국이 자기의 생존전략을 찾는 방법 중 하나라는 겁니다. 기본적으로는 현 상황에서 미국이 한반도에서 철수하게 되면 남북한 모두 중국이라는 강대국에 예속되는 핀란드화 현상을 피하기 어렵다는 거예요. 때문에 우리는 미국과 함께 가는 것이 가장 좋다는 주장이 나오는 것이죠.

차클　그렇다면 우리의 선택은 오직 미국뿐인가요?

문　현재 정세는 미국이 패권국이고 중국이 도전국이죠. 이론적으로는 이럴 때 항상 패권국에 붙으면서 도전국의 부상을 완만하게 만드는 게 우리의 국익에 더 좋으니 동맹을 유지해야 한다고 합니다. 특히 우리가 미국과 공동의 가치를 공유하는 국가이기 때문에 결국 한미동맹의 틀 안에서 민주주의와 시장경제를 수호하는 미국과 같이 가야 된다고 강조합니다.

차클　미국과의 동맹관계는 영원할까요?

문　영국-포르투갈 동맹이 600년, 영미동맹이 100년 동안 유지됐다는 점을 감안할 때 한미동맹도 오래갈 수 있지요. 그러나 동맹이라고 하는 것은 항상 공동의 적과 위협이 있어야 돼요. 그래야 동맹의 존재 이유가 있는 거 아니겠어요? 그러면 우리는 한미동맹을 유지하기 위해서 계속 공동의 적과의 위협을 만들어야 되겠죠. 항상 북한이 위협으로 남아야 되고 중국도 위협이 되고 러시아도 위협이 되고… 문제는 동맹은 계속되지만 영구적인 안보 딜레마에서 벗어나기 힘들겠지요.

차클　한미동맹에 대해 찬성과 반대 목소리가 모두 나오는 이유군요.

문　이걸 반대하는 사람들은 동맹은 도구이자 수단이라고 하죠. 우리의 생존과 번영을 위한 하나의 수단일 뿐인데, 동맹 절대 지상주의로 가다 보면 동맹이 목적 자체가 되어버리는 결과가 나오겠죠. 그러나 한국의 보수적인 분들은 그래도 동맹이 있어 안전하다고 말합니다.

차클 　동맹이기 때문에 미국 정부의 외교정책에 따라 우리의 외교정책이 달라지기도 하잖아요?

문 　미국의 클린턴 정부와 김대중 정부 때는 상당히 잘 맞았어요. 당시 남북한 관계도 어려워지고 북미관계도 어려워졌을 때 윌리엄 페리 전 국방장관이 고위급 대북정책조정관으로 임명되어서 북한을 두 번씩 방문했고 대화와 협상을 통해서 풀자고 얘기했죠. 이에 북한은 남북 정상회담 수용으로 화답했습니다. 그 결과 김대중 대통령이 평양을 갔던 것입니다. 그때 김정일 위원장이 김대중 대통령을 통해서 클린턴 대통령한테 메시지를 전했습니다. 미북 간에 교류하자는 것이었죠. 그래서 2000년 10월에 조명록 차수가 백악관을 방문했고 또 미국은 그에 대한 화답으로 10월 25일에 매들린 올브라이트 국무장관을 평양에 보냈고요. 그때가 한미 간에 가장 조율이 잘 되었을 때죠. 그러나 노무현 대통령 때는 미국과 여러 정책에서 각을 세웠고요. 반면에 이명박·박근혜 대통령 시기에는 미국 정책에 우리 정책을 맞추어 나갔지요.

차클 　2000년 남북 정상회담 때 정말 통일이 되는 줄 알았어요.

문 　그해 11월에 조지 W. 부시가 대통령이 되면서 클린턴 정부에서 했던 일들을 모두 무효화하겠다고 했습니다. 당시에 김대중 대통령이 부시 행정부의 입장을 바꾸려고 엄청 노력했어요. 그래서 푸대접도 받고 했던 거예요. 미국이 북한을 '악의 축'으로 규정해버리니 전부 멈춰버릴 수밖에 없었습니다. 만약 2000년 11월에 앨 고어 부통령이 대통령이 됐다면, 북핵 문제는 완전히 달라졌을 거예요. 그땐 북한이 핵무기를 갖지도 않았고 탄도미사일도 팔 용의가 있다고 했었죠. 지금의 북한은 완전히 다른 북한이 된 것이죠.

차클 한미동맹 외에 우리에게 다른 선택지가 있을까요?

문 우리에겐 두 번째 선택지도 있어요. 패권국으로서의 미국은 지고 있고, 중국은 뜨고 있으니 중국에 베팅을 하자는 것이 바로 친중 편승전략입니다. 특정 약소국들이 도전국에 편승해서 기존의 패권국을 바꾸려고 하는 전략을 편승전략이라고 해요. 보수 쪽에서는 대체로 한미동맹론을 강조하지만, 일부 역사학자들은 사실상 친중 편승전략을 강조하죠.

차클 대표적으로 친중 편승전략을 주장하는 사람은 누구인가요?

문 한명기 명지대 교수가 쓴 《병자호란》이라는 책을 꼭 한번 보세요. 그 책을 보면 우리가 미국하고 같이 가는 게 잘된 선택인지 의문을 품게 돼요.

차클 당시 조선의 외교에서 교훈을 얻을 수 있는 모양이죠?

문 1630년대에 명은 지고 있었고, 한때 후금이었던 청나라는 뜨고 있었단 말이에요. 근데 그때 조선의 조정에서는 논쟁이 많았어요. 뜨는 후금, 청과 좋은 관계를 맺어야 된다는 쪽과 명나라를 숭배하고 청나라를 배척해야 한다는 쪽이 맞선 것이죠. 당시 인조는 결국 사대부 주류의 의견을 따라서 청을 배척하고 명나라에 계속 지원을 보냈던 거예요. 청에 베팅을 하지 않고, 명에 베팅하다 보니 결국 청 태종이 12만 병력을 끌고 심양에서 서울까지 열흘 만에 내려와서 서울을 함락시킨 거예요. 인조는 강화도로 피난을 갔다가 남한산성으로 피신해 버티다 청 태종 홍타이지에게 세 번 큰절을 하고 아홉 번 머리를 땅에 박는다는 삼배구고두례를 올리게 되죠. 우리 역사에 있어서 가장 처절한 패배의 경험이 아마 병자호란일 거예요.

차클 명에 충성하고 청의 부상을 등한시한 조선과 지금의 한국이 닮았다는 말인가요?

문 한명기 교수나 재야 역사가 김기석 교수 같은 분들은 역사를 직시하자고 주장합니다. 미국은 멀리 떨어져 있고 그 힘이 기울고 있지 않느냐, 중국은 우리와 가까이 있고 그 힘이 뜨고 있지 않느냐, 우리는 중국과 가까이 가는 것이 순리이자 상식 아니냐, 그러니 중국과 잘 지내자는 겁니다. 또 칭화대학의 옌쉐퉁 교수 같은 경우에는 한중동맹까지 주장합니다.

차클 그럼 우리가 중국에 종속되지 않을까요?

문 우리가 중국과 함께하면 아마 중국은 다시 대국론을 들고 나오면서 중국은 대국이고 한국은 소국이라고 말할 겁니다. 그럼 과거 같은 위계질서적 관계를 내세울 텐데, 우리가 중국을 믿을 수 있느냐는 반론도 만만치 않아요. 결국 선택의 문제입니다. 편가름의 문제이고요. 일부 사람들은 홀로서기 전략을 주장하기도 합니다. 그럼 또다시 공세적인 홀로서기와 방어적인 평화적 홀로서기로 나눠서 생각할 수 있겠죠. 역시나 어떤 선택을 하는지는 우리에게 달린 문제입니다.

우리만의 힘을 키울 수는 없는가

"미국의 입장에서는 한국이 핵을 가지면 자기들의 말을 듣지 않을 거라고 생각하는 거죠. 만약 일본이 핵무기를 가지면 일본이 미국 말 듣겠어요?"

차클 홀로서기 전략에 대해 설명을 부탁드립니다.

문 소위 소극적 홀로서기는 중립국임을 선포하는 것입니다. 우리는 앞으로 특정 블록에 가담하는 외교정책을 펴지 않고 중립의 길로 가겠다는 것이죠. 대표적인 국가가 오스트리아와 스위스입니다. 오스트리아 같은 경우 1955년에 미국과 소련이 경합할 때 국회에서 중립화 헌법을 통과시켰어요. 헌법 속에 우리는 중립화의 길을 가면서 소련 쪽 편도 서방 쪽 편도 들지 않겠다고 했거든요. 그게 중립화 방안이에요. 스위스는 나폴레옹 전쟁 후인 1805년 비엔나 회의에서 영세중립국 지위를 부여 받은 바 있지요.

차클 한국이 중립화를 선포하는 것이 가능한가요?

문 중립화도 그럴듯해 보이지만, 중립화하는 국가는 인구가 적은 편이에

요. 스위스는 500만 명, 오스트리아는 700만~800만 명에 불과하죠. 만약 우리가 통일된다면 한반도의 인구가 8000만~9000만 명이 되겠죠. 독일보다 인구가 많고 엄청난 경제력을 갖게 되는데, 그럼 중립화하는 것이 쉽지 않아요. 그리고 스스로 중립화한다고 했다가 나중에 어느 한쪽의 편을 들게 되면 바로 상대방의 타깃이 될 수 있기 때문에 중립화보다는 훨씬 더 현실적인 대안을 찾아야 한다고 반대론자들이 주장합니다.

차클　그럼 공세적 홀로서기는 힘을 키워야 한다는 것인가요?

문　한국도 핵무기 가져야 된다, 강력한 중간 세력 국가가 돼서 미국과 중국과 일본이 함부로 넘볼 수 없는 힘을 키워 우리만의 길을 가야 한다는 주장이 공세적 홀로서기입니다. 중국이나 미국도 우리에게 함부로 할 수 없는 우리만의 길, 강력한 국가를 만들자는 것이죠.

차클　핵을 가지면 된다는 말인가요?

문　물론 핵을 가진 중간 세력 국가가 되기는 쉽지 않을 거예요. 우리가 핵무기를 몰래 개발하려고 해도 북한이 당하는 깃처럼 똑같이 당해요.

만약 한국이 핵을 개발하면 한미 원자력 협정이 완전 폐기되겠죠. 그럼 미국이 우리에게 줬던 핵물질, 핵기술을 전부 다 회수할 겁니다. 그리고 핵연료를 UN 국제원자력기구(IAEA) 산하에 있는 핵공급그룹으로부터 공급받아야 하는데 그 공급이 차단돼요. 그 뒤 UN 안보리가 소집되고, 한국에 대해서 제재결의안을 채택하겠죠. 그러면 미국과 일본을 포함해서 많은 국가들이 한국에 대해서 양자 제재를 가하게 돼요. 사실상 수출을 할 수 없게 되고 경제가 파탄지경에 이르게 되겠지요.

차클 미국이 북한은 물론 우리가 핵을 갖는 것도 용납하지 않는다는 얘기죠?

문 미국의 입장에서는 한국이 핵을 가지면 자기들의 말을 듣지 않을 거라고 생각하는 거죠. 만약 일본이 핵무기를 가지면 일본이 미국 말 듣겠어요? 또 일본이 제일 무서워하는 것은 남북한이 통일을 하고 민족주의로 무장을 해서 역사의 원한을 갚겠다고 나오는 것이겠죠. 그래서 일본에는 중국보다도 오히려 통일된 한반도의 등장이 일본에 더 위협적이라고 생각하는 사람들이 많아요. 핵을 보유한다는 것이 그만큼 민감한 문제입니다. 또 지난 대선에서도 미국 전술핵을 들여오고 우리가 미국과 공동관리하면 어떻겠냐는 얘기가 나왔는데, 그것도 현실적으로 어려워요. 전략핵과 전술핵이 다르다는 점부터 이해해야 하고요.

차클 전략핵과 전술핵은 어떻게 다른가요?

문 전략핵은 기본적으로 군사 목표와 민간 목표를 구분하지 않고 무차별적으로 핵을 사용하는 거예요. 반면 전술핵은 타깃이 군사적 목표들이죠. 특히 전쟁 중에 적의 지휘부, 교량, 군 시설, 지하 벙커, 참호 같은 것을 대상으로 사용하는 것이 전술핵이죠. 근데 재미있는 것은 남북한 간에서는 전략핵과 전술핵을 구분하기가 상당히 어려워요.

차클 왜 그럴죠?

차이나는 클라스

문	유럽 같은 곳은 벌판이 상당히 크잖아요. 그런 곳에 전장이 있으면 군사 목표와 민간 목표를 구분할 수가 있겠죠. 근데 우린 도심이 서로 다 붙어 있잖아요. 만약 미군이 북한에 핵을 쏜다, 평양에 핵을 쏜다고 해도 방사능 낙진이 남쪽으로 바로 와버릴 거예요.
차클	그런 피해 예상에도 불구하고 핵을 이야기하는 것은 정치적으로 인기를 끌기 위한 의도로 봐야겠죠?
문	그들이 말하는 것은 이런 것들이에요. 북한이 핵을 가졌으니 우리도 핵을 가져서 핵 테러 균형을 만들자, 핵 억제력을 만들자, 미국을 어떻게 믿느냐, 미국이 제공한다는 핵우산이라는 확대 억제 전략은 찢어진 우산과 같으니 우리가 독자적으로 개발해야 한다, 핵 개발을 못하게 하니 미군의 전술핵이라도 갖다 놓아야 한다는 것이죠. 그런데, 미국과 공동으로 전술핵을 관리한다는 것은 사실 어려워요. 현재 나토에서 200~300개 정도의 전술핵을 가지고 있는데, 모두 미군 거예요. 나토 사령부에서 결정을 내리더라도 최종적으로 전술핵을 사용하려면 미합중국 대통령이자 국군 통수권자인 미국의 대통령에게서 코드를 받아야 해요. 그러니까 한미가 합동으로 전술핵을 공동 관리한다는 것은 허상에 가깝다는 얘기죠. 하여간 중요한 건 당위론의 문제예요. 그런 전쟁은 어떤 일이 있어도 막아야 된다는 것이죠. 우리가 대통령을 뽑는 가장 큰 이유가 뭐겠어요? 전쟁을 막고 평화를 가져오고 국민의 생명과 재산을 지키는 대통령, 그게 진짜 대통령이죠.

미국과 중국 사이에서
우리의 위치는 어디인가

"핵무장을 한 중간 세력 국가가 되든, 한반도 중립화론을 택하든, 현실적으로 홀로서기라고 하는 것도 쉽지 않은 거 같아요. 그래서 대부분 우리나라 사람들은 줄타기 외교를 잘하자고 하죠."

차클   우리가 힘을 키우는 것도 이렇게 방해를 받는데 우린 어떤 선택을 해야 할까요?

문   우리가 핵무장을 한 중간 세력 국가가 되든, 한반도 중립화론을 택하든, 현실적으로 홀로서기라고 하는 것도 쉽지 않은 거 같아요. 그래서 대부분 우리나라 사람들은 줄타기 외교를 잘하자고 하죠. 미국과는 안보에 대해, 중국과는 경제에 대해 외교를 하면서 현상유지를 할 수 있지 않느냐는 겁니다. 한미동맹도 좋지만, 중국이라는 카드를 버릴 수 없다는 것이죠. 미국과 중국이 갈등 국면에 있을 때 결국 좋은 지도자를 뽑아 외교를 잘해서 슬기롭게 헤쳐 나가는 전략을 취하자는 거예요. 근데 대부분의 사람들은 왜 그걸 못하느냐고 얘기하는 것이고요.

차클   줄타기하다가 이도저도 안 될 수도 있기 때문 아닐까요?

차이나는 클라스

문	2013년 12월에 조셉 바이든 미국 부통령이 한국에 왔었습니다. 연세대에서 강연을 할 때 한국을 향해 바른 베팅, 바른 선택을 하라고 요구했어요. 사드 문제에 대해 중국도 똑같은 얘기를 했죠. 한국에 사드를 배치하면 한국은 완전 미국에 붙는 것이니, 자신들과의 관계는 끝난 것이고 앞으로 엄청난 비용이 따를 것이라고 포고한 것이죠.
차클	대체 사드가 왜 문제가 되는 것이죠?
문	우선 사드는 고고도미사일방어체계(Terminal High Altitude Area Defense)예요. 사드 한 포대에는 여섯 개의 발사대가 있고, 적의 미사일 동향을 탐지하기 위한 엑스밴드 레이더가 있어요. 발사대 하나마다 사드라는 요격미사일을 8발씩 장전하게 되어 있고요. 가령 중국이나 북한이 대륙간 탄도미사일을 쏘게 되면 대기권을 통과해서 대략 고도 1500킬로미터까지 올라갔다가 재진입해서 들어오게 돼요. 마지막에 고도 40~150킬로미터 사이에 들어왔을 때 조준해서 격추시키는 것이 사드 미사일이에요.
차클	사드는 한국보다는 미군을 보호하기 위한 미군의 장비라는 이야기들도 있고, 또 한국도 보호할 수 있다는 식의 여러 이야기들이 있는데 도대체 무엇이 맞는 얘기인가요?
문	사드는 미국의 무기 체계예요. 우리는 땅만 빌려주는 거죠. 원래 한국

과 미국은 주둔군 지위 협정, 즉 SOFA(Status of Forces Agreement)를 맺었어요. 이 협정에 따르면 주한미군이 무기 체계를 반입하고 반출하는 데 한국 정부의 동의를 필요로 하지 않아요. 사드의 역할은 1차적으로는 주한미군과 시설을 보호하는 것이고, 부차적으로 한반도 유사시에 미군이 보급 증원군을 가지고 오는 항만인 부산항·진해항 같은 쪽을 보호하는 것이라고 할 수 있어요.

차클   그런 무기를 설치하는 것이 외교적으로 큰 영향이 있나요?

문   미국이 북한과 싸우는 거니까 우리로서는 우회적으로 도움이 된다고 볼 수가 있겠죠. 근데 무기 체계 하나 갖고 왜 중국이 그렇게 민감한 반응을 보이는지에 대해서 작년 11월에 중국의 지도부 인사들과 많은 얘기를 나눴습니다. 중국에서는 세 가지 이유를 들더군요. 군부에서 얘기하는 것은 중국의 경우 노 퍼스트 유즈(No First Use) 정책, 즉 핵을 선제 사용하지 않겠다는 정책을 공식 표명했지만 미국은 그 정책을 채택하지 않았다는 것이죠. 중국 사람들은 만약 미국이 전략핵 무기로 공격할 때를 대비해 자신들이 보복 타격 능력을 갖춰야 하는데 사드의 엑스밴드 레이더로 중국 동북 3성에 있는 전략핵 기지를 탐지할 수 있으니 자신들의 능력이 현저하게 약화된다고 주장하는 겁니다. 또 외교부 사람들은 북한과 대화와 협상을 하지 않겠다는 것이냐면서 자신들은 그런 것을 원치 않는다고 주장합니다. 또 공산당에 있는 사람들은 동북아에 새로운 냉전구도가 생기는 것을 원하지 않는다고 말하죠. 또 한국이 사드를 배치하게 되면 결국 한국이 자동적으로 한미일 지역 미사일 방어 시스템에 속하게 되는 것이니, 자신들은 한국을 적대적으로 볼 수밖에 없다고 주장합니다. 그러면 한국·미국·일본과 중국·러시아·북한 사이에 새로운 냉전구도가 형성된다는 것이죠. 그러기 때문

에 중국에서는 반대한다고 해요.

차클 그럼 미국에게 사드를 철회해달라고 하면 안 되나요?

문 사드 배치에 대해서 미국은 조금 가볍게 생각하고, 중국은 너무 과도하게 생각하는 경향이 있어요. 그러니까 이해와 관심의 비대칭 문제 때문에 그런 현상이 생기는 거예요. 분명 쉽게 풀 수 있는 문제는 아니죠. 그래서 사드 문제가 우리 줄타기 외교의 현안 과제로 등장한 거예요.

차클 트럼프 대통령이 사드 비용을 한국에서 부담해야 한다고 말한 적 있는데 어떤 목적이 있는 것인가요?

문 우선 트럼프 대통령은 사드 배치에 대한 구체적인 정보를 갖고 있지 않았다고 볼 수 있겠죠. 미군의 무기인 사드를 한국에 공여해주는 것으로 생각했을 거예요. 사실 미국 무기를 한국에 가져와서 미군이 전부 다 운영하고 작동하는 것이기 때문에 우리가 돈 낼 이유는 없죠. 다음으로 4년마다 방위비 분담 협상을 하게 되어 있는데, 트럼프 대통령이 사업가 출신이다 보니까 문제 제기를 한 것이라고 봐요. 방위비 총액 2조 원 중에서 우리가 9400억 원 정도를 내고, 나머지를 미군이

냅니다. 우리가 거의 45~46퍼센트 정도를 내는 것이죠. 그냥 우리에게 주한미군 방위 분담 비용 전액을 내라고 할 수도 있겠죠. 그런데 그것도 쉬운 문제는 아닙니다. 트럼프 대통령은 아마 그런 맥락에서 말한 것 같아요.

차클 그럼 사드 판매로 이익을 보는 측도 있겠죠?

문 사드는 요격 미사일, 발사대와 지휘통제 센터를 록히드 마틴이라는 회사에서 만들고, 엑스밴드 레이더를 레이시온이라는 회사에서 만들어요. 당연히 록히드 마틴에서 관심이 많겠죠. 지금 미국이 가진 사드는 한국에 배치한 것까지 합쳐서 7포대밖에 없어요. 카타르에서 1포대, 아랍에미리트(UAE)에서 2포대를 주문한 것까지 해도 총 10포대밖에 안 되니까 록히드 마틴 입장에선 규모의 경제를 이룰 수 없죠. 그러니까 더 많은 국가들이 사주길 원할 거예요.

차클 그럼 우리나라에서 벌어지는 사드 논쟁은 마케팅이라고 할 수 있나요?

문 트럼프처럼 계산이 밝군요. 록히드 마틴의 노이즈 마케팅이라고 볼 수도 있겠죠. 손해볼 것은 없으니까요.

우리가 주도할 수 있는
전략은 무엇인가

"한국이 창의적인 외교를 통해서 미국과 중국 사이에서 일종의 교량 국가가 되고, 동맹뿐만 아니라 중국·북한·러시아를 포함하는 다자안보 협력체제를 맺으면 군사적 신뢰 구축이 생길 것이고 그만큼 군사적 긴장과 대립도 완화될 것이라고 봐요."

문　이제 마지막 선택을 볼까요? 우리가 미국과 중국 사이에서 자꾸 한쪽을 선택하는 선택의 외교, 편가름의 외교를 펴서는 우리의 미래가 없을 것 같으니 이것을 극복하는 방법이 무엇일까를 생각해봐야겠죠. 그래서 나온 것이 한미동맹을 유지하는 틀 내에서 다자안보 협력체제를 만들어보자는 선택이에요.

차클　다자안보 협력체제가 구체적으로 무엇인가요?

문　안보공동체는 두 가지 형태로 나뉘어요. 하나는 집단 방위 공동체(Collective Defense System), 즉 동맹을 말하죠. 나토 같은 경우 공동의 위협과 적을 상대로 뜻이 맞는 국가끼리 동맹을 만들어서 대치해 나가는 방식을 취했어요. 이는 상당히 배타적 성격을 가집니다. 다른 하나는 집단안전 보장체제라는 게 있어요. 집단안전 보장체제(Collective

Security System)라고 하는 건 UN헌장에 있는 거예요. 모든 국가는 하나의 안보 공동체에 들어있습니다. 만약 공동체의 회원국 중 한 국가가 침략행위를 했을 때는 모든 다른 회원국들이 도발국에 대해서 응징하게 되어 있습니다. 1950년 북한이 남침했었을 때 UN에서 결의를 통해서 16개 국가가 참전한 게 처음이자 마지막이었어요. 집단안전 보장체제의 아주 초보적 형태가 다자안보 협력체제라고 할 수 있지요.

차클   다자안보 협력체제는 익숙지 않은 개념인 것 같아요.

문   대표적으로 1975년에 체결된 헬싱키 협약이라는 것이 있어요. 기본적으로 3개의 행동영역을 만드는 거예요. 첫째, 군사 분야에서 신뢰구축을 하는 것이에요. 당시에 나토와 바르샤바동맹군이 대치하고 있었는데 군사훈련을 상호 통보하고 참관하기로 했어요. 또 상호 직통 전화와 분쟁 발생 예상 지역에 대해 위기 관리 센터를 만들자고 했어요. 그리고 공세적 무기들을 후방 배치하자는 것도 포함했어요. 이런 것들이 신뢰 구축 조치입니다. 둘째, 경제·사회·과학기술 등의 교류협력을 통한 신뢰 구축. 셋째, 휴먼 컨택, 인적 교류를 통해 신뢰를 구축하는 것이죠. 그런데 유럽에는 나토라고 하는 동맹체제도 있고, 헬싱키 프로세스에 기초를 둔 유럽 안보 협력기구도 있어요.

차클   한미동맹을 유지하면서도 주변 국가와 다자안보 협력체제를 맺을 수 있을까요?

문   유럽에서처럼 다자안보 협력체제와 동맹이 함께 갈 수 있어요. 한국이 창의적인 외교를 통해서 미국과 중국 사이에서 일종의 교량 국가가 되고, 동맹뿐만 아니라 중국·북한·러시아를 포함하는 다자 안보 협력 체제를 맺으면 군사적 신뢰 구축이 생길 것이고 그만큼 군사적 긴장과 대립도 완화될 것이라고 봐요. 그리고 경제 공동체 구축을 통해 긴장과 대립을 완화시킬 수 있다는 거예요. 가령 예를 들어서 한중일 삼국 경제 공동체를 만들어서 북한·몽골·러시아까지 포함하는 동북아 지역의 소위 FTA 자유무역 지대를 만들고 공동 시장을 만들면 서로 싸울 가능성이 적어지지 않겠어요?

남북관계에 봄은 오는가

"과거의 관성에 젖은 위계질서적 생각은 버리고 변화하고 있는 정세를 그대로 볼 필요가 있어요. 그리고 이들 국가를 도구적으로 생각하지 말고 목적적으로 생각하고 좋은 선린 관계를 유지하는 게 중요한 게 아닌가 생각해요."

차클   우린 북한과 여전히 대치 중이잖아요. 북한을 협력체제에 포함시키는 게 가능할까요?

문   역시나 남북 문제가 해결이 돼야 해요. 그러니까 가령 문재인 대통령 같은 경우도 남북한 경제 공동체를 만들겠다는 공약을 냈었죠. 경제 공동체를 만들어서 새로운 생존과 번영의 공간을 만들겠다는 게 문재인 대통령의 기본 핵심 공약인데 이를 위해서는 남북한 간 협력이 돼야 해요.

차클   결국 우리가 북한을 달래야 한다는 말인가요?

문   남북한이 대치국면, 대립국면에 있는 한, 우린 한미동맹을 유지할 수밖에 없어요. 남북한 관계가 개선되어서 걱정할 것이 없어지면 우리가 동맹에 그렇게 목을 맬 필요도 없잖아요? 중국과도 그렇게 각을 세울 필요도 없고요. 그러면 북한과 미국의 관계도 좋아질 것이고, 중국과 북한도 관계가 좋아질 것이고, 그럼 미북·한미·남북·한중·북중의 양자관계들이 선순환 관계를 가져올 수 있는 거죠. 그렇게 되면 우리가 외교적으로 활동할 수 있는 범위가 상당히 넓어질 거예요.

차클 과연 북한과 평화적인 관계가 만들어질까요?

문 그게 바로 외교죠. 북한이 핵을 포기할까요? 어차피 포기하지 않을 거니까 대화하지 말고 북한이 하는 대로 그냥 놔두어도 될까요? 포기하게 만드는 게 외교고, 국가가 존재하는 이유죠.

차클 마지막으로 우리는 미국과 중국을 앞으로 어떻게 상대해야 할지 말씀해주시죠.

문 저는 미국을 바라보는 두 가지 시각이 있다고 생각합니다. 하나는 미국도 하나의 국가이니 미국을 포괄적인 양자 관계에서 보자는 것, 다른 하나는 특별한 나라이자 한미동맹의 차원으로 보는 것. 대부분의 한국사람들은 한미 관계를 동맹의 시각에서만 봅니다. 이제는 동맹이 전부가 아니라는 인식을 가질 필요가 있어요. 중국을 바라보는 경우는 또 달라요. 인지부조화 현상이 우리에게 있는 것 같습니다. 1991년 수교 당시의 중국은 굉장히 못사는 나라였습니다. 그러다 보니 오늘날 급부상하고 있는 중국에 대해 적응을 못하는 겁니다. 여기서 많은 마찰이 생기죠. 과거의 관성에 젖은 위계질서적 생각을 버리고 변화하고 있는 정세를 그대로 볼 필요가 있어요. 그리고 이들 국가를 도구적으로 생각하지 말고 목적적으로 생각하고 좋은 선린 관계를 유지하는 게 중요한 게 아닌가 생각해요. 우리의 과오와 시행착오도 한번 돌아볼 필요가 있지 않을까요? 그래야 우리가 중국·미국·일본과의 관계도 더 쉽게 개선할 수 있을 겁니다. 우리 중심의 고정관념으로 주변국을 보지 말아야 한다는 것이 저의 마지막 메시지입니다.

선망하는
국가가 되기 위한
조건은 무엇인가

조한혜정

문화인류학자이자 연세대 명예교수.
끊임없이 청춘들과 소통하며 고민을 함께 해결하는 친구 같은 선생님.
청소년들의 미래를 위해 설립한 '하자센터'를 비롯해
다양한 사회문제에 대안을 제시해온 문화운동의 대모.
탁상공론에 그치지 않고 이론과 현실을 일치시키는 실천하는 현장 연구가,
조한혜정 교수님을 소개합니다.

지금 대한민국은 위기의 국가인가

"요즘 시대를 보면 우울해져요. 대부분의 학생들이 알바 하느라 굉장히 바쁘고 학자금 빌려서 대학 다니면서 아주 젊은 나이에 빚쟁이가 돼요. 그리고 집 살 때도 그렇고요. 결국 모두를 빚쟁이로 만드는 세상이죠. 그렇게 빚을 지고는 자율적이고 즐겁게 살기 힘들지요."

차클	성함을 말씀드릴 때 조한혜정이 아니라 조한 혜정, 이렇게 불러드려야 하나요?
조	부모성 함께 쓰기를 하는 것이니까 조한 혜정, 이렇게 되지요. 법적으로 바꾼 것은 아니고 필명으로 쓰고 있어요. 부모가 모두 중요하다는 사실을 환기시키려는 상징적 행위입니다. 1990년대에 태아 감별이 가능해지면서 여자 아기, 특히 세 번째 아기들이 태어나기도 전에 여자라는 이유만으로 죽어가야 했어요. 그렇게 자연의 섭리를 깨뜨리고 남아 선호 사상을 고집하는 일은 그만하자는 의미에서 '부모성 함께 쓰기 운동'을 시작했고요. 1997년 '3·8 세계 여성의 날 기념식'에서 이이효재 교수, 고은광순, 이유명호 한의사 등 170인이 선언을 했습니다. 이 운동을 설명하면 이레 세대로 내려가면서 위세대 부모의 성을 모두 열

거해서 쓰는 걸로 아는 분들이 있는데 그건 아니에요. 각자가 아버지의 성에선 부계 쪽 성('김이'라면 '김')을, 어머니의 성에선 모계 쪽의 성('박 최'라면 '최')을 따라서 잇는 거죠. 멕시코·파나마·코스타리카·베네수엘라 등 스페인어권에서는 양성을 쓰는 사회가 꽤 있고 산업화 이전의 부족사회에서는 밭이나 집 등 재산은 모계 상속, 축복을 주는 신이나 종교적 자산은 부계 상속을 하는 등 양쪽 계통을 모두 존중하는 사회가 적지 않아요. 부계중심주의는 농경사회의 유습인데 그 원리가 근대에 와서도 계속 재생산이 되면서 많은 문제를 일으키고 있어요.

차클   교수님의 글을 보면 위기라는 단어를 많이 쓰시는데, 오늘 강연에서도 위기에 대해 말씀해주실 건가요?

조   사회과학이라는 학문은 원래 사회문제를 풀기 위한 학문입니다. 그동안 제가 우리 사회의 위기를 얘기해왔기 때문에 이 자리에 초대된 것일 테지요. 특히 '탈식민'을 강조하면서 나와 우리의 언어로 나와 우리 문제를 스스로 풀자는 식의 주장을 많이 해왔어요. 제가 1990년대 초반에 쓴 《탈식민지 시대 지식인의 글읽기와 삶읽기》 시리즈는 민주화 항쟁 이후 1990년대 대학생들이 아주 많이 읽고 토론을 한 책이에요. 위기를 자신의 언어로 자신의 일상을 통해 파악하고 해결해가자는 얘기를 줄기차게 해왔고 지금도 하고 있지요.

차클   선생님이 만드신 '하자센터'도 우리 사회의 위기와 관련된 곳인가요?

조   종종 '하자보수센터'라고 놀리는 사람들도 있는데 1997년, 그야말로 국가적 위기라 할 IMF 금융위기 때 만든 거예요. 기존의 대량생산적인 입시를 위한 학교는 도저히 자신의 몸에 맞지 않는다면서 학교를 나온 탈학교 아이들, 그리고 홍대 앞 등에서 문화적 작업을 활발하게 하는 청년들이 모여서 문화의 시대, 시민의 시대에 걸맞은 학습 공간을 만들어낸 것이 하자센터입니다. 풍성한 문화를 가지고 창의적으로 살던 청년들이 작업장·스튜디오를 차리고, 입시 공부로 인생 망치고 싶지 않다는 창의적 청소년들이 선배 격인 청년들이 차린 스튜디오에서 배우는 식으로 세팅을 했었어요. 자발성과 장인 도제식 학습, 협동적 학습이 가능한 공간이자 문화산업의 산실이랄까요? 초기에 하자센터를 거쳐 간 친구들은 이제 거의 마흔 살이 되었고 영화계, 디자인과 인문학과 대중음악 분야에서 활약 중이지요.

차클   오늘 주제가 '선망하는 대한민국'인데 여기서 선망의 뜻은 뭔가요? 여러 가지로 해석할 수 있을 것 같은데요.

조   지금 각자 다른 식으로 해석하고 있을 테지요? 그 이야기부터 시작을 해볼까요?

차클   혹시 선망이 '먼저 망한다'는 뜻이기도 한가요?

조   그런 뜻도 담고 있죠.

차클   아, 두 가지 의미가 있는 것이군요. '선망하는 대한민국'이라고 했을 때 가장 먼저 떠오르는 건 김연아 선수가 금메달을 땄던 순간이에요. 한국인이라는 사실이 굉장히 기쁘게 느껴졌죠.

해외에서 많은 외국인들이 소녀시대나 싸이의 노래를 따라 할 때도 대

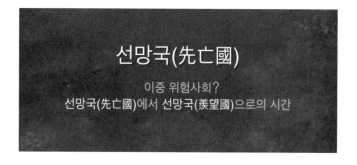

선망국(先亡國)

이중 위험사회?
선망국(先亡國)에서 선망국(羨望國)으로의 시간

중문화 외교가 대단하다는 것도 느꼈어요. 물론 그런 순간 한국인으로서 자랑스럽다는 느낌을 받았느냐고 묻는다면 대답하긴 어려울 듯해요.

조   저도 좀 그런 편이에요. 2002년 월드컵이나 촛불시위를 보면서 내가 사는 이 땅의 사람들의 뜻이 다 모아지는 순간이구나, 라고 감탄할 때도 있지만 양극화, 갑질 문화에 미세먼지 등을 보면 참 걱정이 돼요. 한국인들이 그간 매우 열심히 노력했고 죽을 고생도 많이 한 것은 사실이고 그래서 자랑스럽기도 하지만 좀 불안불안해요.

차클   맞아요.

조   우리는 좀 제대로 살고 싶은데, 말도 안 되는 것들이 우리를 계속 괴롭히고 있지 않나요? 그런 일상을 제대로 들여다봐야 합니다. 주요 악성 지표들을 살펴볼까요? 예를 들어 뉴질랜드에서는 자신이 건강하다는 느낌을 받는 사람들이 90퍼센트나 돼요. 반면에 한국은 32퍼센트죠.

차클   취업도 문제인 것 같아요. 예전엔 경제적으로 힘들어도 열심히 공부를 해서 돈을 벌면 잘될 것이라는 희망이 있었거든요. 지금은 어떻게 해

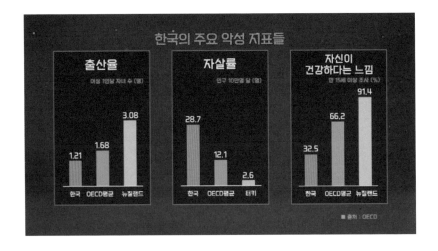

도 힘들기만 하니까, 희망을 가질 수 없는 것 같아요. 또 청년실업률을 보면서 미래를 살아가는 미래세대에게 일자리를 줘야 하는데, 너무 부족하지 않나, 라는 걱정이 들어요.

교수님은 혹시 우리나라를 넘어서 전 지구적인 걱정도 하고 계신가요?

조 예, 사실 한국만이 아니라 세계 걱정을 하죠. 전 지구적 시대니까요. 제가 박사 학위를 받고 미국에서 돌아와 학생들을 가르친 것이 1979년부터인데요. 거의 40년 동안 대학생들과 함께 지내면서 청년들의 변화를 지켜봐온 셈이죠. 그 변화 자체가 그 시대를 알려주는 거잖아요? 요즘 시대를 보면 우울해져요. 대부분의 학생들이 알바 하느라 굉장히 바쁘고 학자금 빌려서 대학 다니면서 아주 젊은 나이에 빚쟁이가 돼요. 그리고 집 살 때도 그렇고요. 결국 모두를 빚쟁이로 만드는 세상이죠. 그렇게 빚을 지고는 자율적이고 즐겁게 살기 힘들지요.

90년대만 해도 대학은 젊음이 가득 차고 활기가 넘치는 곳이었는데 요즘은 학생들이 예민하고 피로에 절어 있고 여유가 없어서 말을 건네기조차 조심스러워요. 모두들 안정된 직장을 구하겠다고 너무 열심히 노력하는데 기존 직장은 사라지고 있고 그래서 불안해진 청년들은 앞뒤 재지 않고 사생 결단 취업 준비를 하고 있어요. 일본에 니트족(교육도 고용도 취업 훈련도 안 받는 청년들)은 아무것도 하지 않고 집에 틀어박혀 사는 히키코모리들이 많죠. 그런데 한국의 니트는 과잉 의욕을 보이며 계속 시험 보는 일만 하려고 해요. 공시생은 늘어만 가고 부모들은 그 비용 대느라 힘들고. 불안한 취준생 생활을 오래 하다 보면 '우울한 종자'가 될 가능성이 높아요. 도서관이나 열람실에서 붙여둔 쪽지를 보면 가방 지퍼 밖에서 열고 들어와라, 외투도 밖에서 입어라, 콧물 훌쩍거리지 마라, 소리 좀 지지해라 등등 과민한 상태가 느껴져요. 게다가

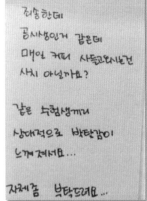

아주 어릴 때부터 입시 공부만 해서 엄마 외에는 친구도 없다는 이들이 적지 않아요. 사회적 회복력, 탄력성은 현저하게 떨어져요.

SKY대에 가려고 죽을 고생을 다해서 왔는데 회사에서 채용할 때 출신대학을 못 쓰게 하면 아주 억울하죠. 나의 고생을 보상받고 싶다는 마음이 너무 간절한 데 반해 사회나 역사의 과정에 대한 감이 없을 때 그 학생은 '차별에 찬성'하게 될 가능성이 높아져요. 사회 전체를 볼 여유가 없고 일단 내가 죽을 고생해서 SKY대 왔으니 보상을 하라고 말하고 싶은 것이지요. 한편 우리나라가 기회 균등이 보장되는 좋은 나라인 줄 알았는데 부모의 돈과 지원에 따른 사교육을 받지 않으면 성공하기가 점점 어려워지고 있다는 것을 알게 되면서 국민들이 배신감을 느끼고 있는 겁니다. 의욕상실증에 걸렸다고 할까요? 불공정 사회에서 살아가는 억울함 같은 것이 쌓이는 것이지요.

차이나는 클라스

무엇이 우리를 불행하게 만들었나

"최근까지 학벌과 상관없이 실력만 보고 공정하게 선발하는 사회가 좋은 사회라는 것에 대한 사회적 합의가 되어 있었어요. 그런데 아주 어릴 때부터 경쟁을 해야 하고 특히 그 경쟁에서 가족 지원이 중요한 변수로 작용하게 되다 보니 개천에서 용이 나올 수 없는 불평등 사회가 되어버렸고 그 합의도 깨지고 있어요. 항간에 떠도는 금수저·흙수저 등 '수저론'이 바로 이런 신분제적 불평등 사회를 두고 하는 말이지요."

차클   학생들의 변화가 점점 심해지고 있는 건가요?

조   모든 것은 개인 책임이고 경쟁을 통해 살아남아야 한다는 식의 신자유주의화가 진행될수록 심해지지요. 저는 1학년으로 들어온 친구들에게 수업시간에 각자 소개를 시켜요. 그때 이미지 네 개로 자신을 소개하라고 하는데 2000년대 중반 들어서면서 위태로운 줄타기를 하면서 평생 살 준비를 하고 있다는 이야기들이 나왔어요. 그만큼 생존에 대한 강박이 심해진 것이지요. 경쟁을 통한 생존의 두려움을 철저하게 내면화시키고 있는 것이고, 그런 두려움은 실패를 해보지 않은 사람일수록 더욱 심할 수 있어요. 그래서 일류 대학 학생들 중 자살하는 이들도 많아지는 것이고요. 또 부모님에게 미안해하는 친구들도 많아졌어요. 부모님이 자신의 노후를 희생하면서 교육 투자를 해주었는데 자신이 갚아줄 전망은 보이지 않아 너무 미안하다고 얘기하죠.

차클   공감이 돼요. 우리 부모님 세대는 살림이 빠듯한데도 자녀 교육에 올인한 뒤 이렇게 말씀하시곤 하죠. "우린 괜찮아. 너만 행복하면 돼"라고.

조   지금 부모님 세대는 사실상 경제 성장을 일군 세대이면서 중산층으로 나름 집을 마련했고 부동산으로 일정하게 부를 가진 세대라 할 수 있지요. 그러나 자식 세대는 연봉을 많이 받아도 여유가 없어요. 집도 살 수 없고 사교육비는 버는 만큼 들어가고요. 많은 부모들이 그런 경쟁 사회를 감지하고 교육에 헌신적 투자를 하면서 "너는 오로지 아무도 돌보지 말고 이겨서 살아남으라"고 얘기하죠. 부모는 투자자가 되는 것이고 자식은 부모에 대한 빚만 점점 커지는데 갚을 자신은 없고요. 그런데 친구를 만들 시간도 없어서 부모에게 더욱 의존하게 되면서 사실상 애증의 관계를 맺게 되지요. 많은 청년들이 부모 때문에 우울증에 걸려 있다고들 말해요. 제발 좀 그만 주도하고 내버려두면 좋겠다고 말하죠.

지원을 해줄 부모가 없는 경우도 난감하기는 마찬가지예요. '학벌신수설'이라는 얘기도 하잖아요. 부모 잘 만난 것도 능력이라는 말도 있고요. 최근까지 학벌과 상관없이 실력만 보고 공정하게 선발하는 사회가 좋은 사회라는 것에 대한 사회적 합의가 되어 있었어요. 그런데 아주 어릴 때부터 경쟁을 해야 하고 특히 그 경쟁에서 가족 지원이 중요한 변수로 작용하게 되다 보니 개천에서 용이 나올 수 없는 불평등 사회가 되어버렸고 그 합의도 깨지고 있어요. 항간에 떠도는 금수저·흙수저 등 '수저론'이 바로 이런 신분제적 불평등 사회를 두고 하는 말이지요. 개인 차원에서 보면 명문대 입학이라는 일차 관문을 부모의 헌신적 투자와 자신의 피나는 노력을 통해 힘들게 통과한 경우, 그 보상이 너무 적다고 느끼게 되는 것이지요. 작년인가, 고려대 대나무숲에 오른 글로 인한 논란이 바로 그런 현실을 잘 보여주고 있습니다.

차클 그런 글을 본 적 있는 것 같아요. 나는 좋은 대학에 합격했으니까 좋은 대학 졸업장을 가지고 더 나은 대우를 받아야겠다는 글이었어요. 학벌 간의 격차를 없애는 것이 싫다고 해서 굉장히 화제가 되었죠. 학벌이 라는 것이 여러 가지 자원 중 하나가 되면 상관없는데 마치 신분처럼 돼버리는 게 문제인 것 같아요.

조 그렇죠. SKY대에 가려고 죽을 고생을 다해서 들어갔는데 입사 때 출신 대학을 못 쓰게 하면 그가 보기에는 매우 부당한 거예요. 왜 그렇게 열심히 했나 싶은 생각이 들면서 자신이 들인 피나는 노력에 대한 보상을 제대로 하라고 말하고 싶어졌고 '차별에 찬성'하는 식의 발언이 나온 것이지요. 우리나라 국민들 다수는 사실 '개천에서 용'이 날 수 있는 가능성, 곧 기회 균등만 보장하면 민주사회라고 믿어온 편이었죠. 그런데 바로 그 기회 균등이 무너지고 있는 것을 분명하게 느끼기 시작했으니 '헬조선'이라는 말도 나오고 많은 청년들이 이민 가겠다는

이야기를 하게 된 것이죠. 근대사회의 발전은 개개인의 동기와 의욕에 의해 일어나는 것인데 공평한 경쟁체제가 무너져 동기유발이 안 되면 그 사회는 더 이상 건강한 변화를 기대하기 어려워지는 겁니다.

차클　사람들이 느끼는 위기감을 해소할 수 있는 방법은 없나요?

조　일단 제대로 상황 파악을 해야겠지요. 위기감을 해소하는 것이 아니라 위기를 해결해야 합니다. 2008년에 일어났던 월가 파동을 예로 들어봅시다. 부실 채권으로 계속 집을 사라고 사람들을 부추겨서 많은 국민들을 빚쟁이로 만들고, 거리로 내몰았어요. 그런데 그런 사태를 일으킨 금융계 사람들은 처벌을 받지 않고 결국 보통 사람들만 고스란히 피해를 보았습니다. 돈이 너무 막강한 권력을 갖게 된 것이지요. 예전에는 열심히 일하면 일한 만큼 잘살 수 있었는데 요즘은 그렇지 않잖아요? 왜일까요? 언제부턴가 생산 자체와는 별도로 돈을 가진 사람이 돈놀이를 하면서 경제를 좌지우지하는 금융자본주의 체제가 안착을 하고 그 체제가 질주를 하고 있어요. 국가 권력자들도 선거를 통해 선발이 되는데 선거 역시 돈에 의해 좌우되다 보니 정의와 국민들의 복지를 지킬 수가 없게 되고 있는 것입니다. 한국도 비슷한 흐름 안에서 흘러가고 있는 것을 경제학 강의를 통해서 다 들으셨을 테고요.

차클　요즘 주식이나 비트코인이 많은 주목을 받고 있잖아요? 비트코인의 경우 실물을 볼 수 없는데도 사람들이 온라인상에서 엄청 투자를 해요. 자기는 100만 원을 투자했는데 몇백 배 올랐다는 얘길 들으면 일반 직장인이나 열심히 일만 하는 사람들은 일하기 싫어지는 것이 당연하다는 생각이 들어요.

조　얼마 전까지만 해도 열심히 일하면 가정도 부유해지고 나라도 부유해지고 다들 잘살게 된다는 믿음이 있었어요. 그런데 이제는 비도덕적인

돈놀이 하는 사람들, 임대 사업하는 사람들은 잘사는데 막상 열심히 노동하는 이들은 점점 더 힘들게 일해야 하고 고용상황도 불안해지고 있는 것이지요. 이 금융자본주의 체제에서는 부자만 더 부자가 되고 중산층은 점점 가난해지고 미래는 암울해지고 있는 것이지요. 이 체제의 목적은 오로지 이윤을 내기만 하면 되는 것인데 국가는 국민이 낸 세금으로 그 체제 유지에 필요한 지원을 하지요. 국가가 시장을 주도하는 것이 아니라 이윤을 극대화하기 위해 굴러가는 자동적 체제가 정치계를 좌지우지하고 국민들의 운명을 좌지우지하는 상황이 되어버린 거예요. 사람은 의미를 추구하는 존재라 이런 사실을 알고 일을 해야 하는 것도 괴로움이거든. 그래서 일에 의미를 찾지 못하고 우울증에 걸리는 이들도 늘어나고 있고요.

국가의 위기는 누구의 책임인가

"국가는 뭘 하느냐, 국가라는 것은 어떻게 작동을 하느냐, 라는 질문을 진지하게
해야 합니다. 국가가 도대체 뭐냐."

조   만약 여러분이라면 범죄의 대가로 돈을 받는다면 어떻게 하시겠어요?
     2015년에 흥사단 연구소에서 이 질문으로 청소년 의식조사를 했어
     요. "범죄의 대가로 10억 원을 받는다면 1년간 감옥에 들어가도 괜찮
     은가?"라는 질문을 던졌죠.

차클   학생들의 반응은 어땠나요?

조   2012년과 2015년에 조사를 했어요. 표에서처럼 초등학생은 12퍼센
     트였다가 3년 후에는 17퍼센트로 늘었고요. 중학생은 28퍼센트에서
     39퍼센트로 뛰었죠. 초등학생보다 중학생이 높고 고등학생이 되면 더
     높아져요. 고등학생은 2012년에는 44퍼센트였는데 3년 후에 56퍼
     센트가 이 제안을 받아들인다고 했어요. 그러니까 자본주의 사회의 성
     격, 돈이 막강한 파워를 갖고 있는 사회에 살고 있다는 것을 간파한 것

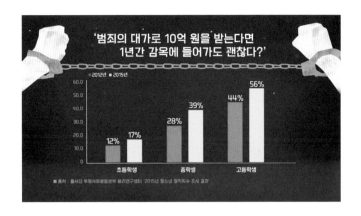

이고, 거기서 살아남기로 한 거라고 볼 수 있죠.

차클   세상을 조금씩 알아가는 과정으로 볼 수 있겠네요.

조   다른 세대죠. 완전히 다른 세대가 등장하고 있는 것이지요.

차클   범죄를 저질러도 돈을 받으면 그만이라는 얘기네요.

조   돈이면 모든 것이 해결된다고 보는 것이지요. 또 다른 예를 볼까요? 오늘날의 자본주의는 '지대추구적 자본주의'라는 말이 있어요. 땅 가지고 있으면 돈이 절로 불어난다는 것이죠. 그래서 기업들이 땅을 사는 것이고요. 부자들 역시 사업보다 부동산 투기에 열을 올리고 있지요. 젠트리피케이션(gentrification)이라는 말 들어보셨지요? 이태원·홍대 앞도 이제 땅값이 올라 그곳을 매력적인 곳으로 만들었던 예술가들은 다 떠나야 했죠. 이런 사태를 두고 1980년대부터 영국의 사회학자이자 런던대 교수인 가이 스탠딩은 '기본소득' 운동을 펼쳐왔어요. 땅과 물과 공기 등 자원은 누구의 것이냐는 근본적 질문을 던지면서 말이지요. 땅은 잠시 빌려주는 것이고 근원적으로 공유재이니 지대에서 돈을 버는 경우, 세금을 많이 내야 하고 그 세금은 공동 소유자들인 시민들에게 제대로 배당해 분배해야 한다는 것이죠. 소유권을 가진 그 땅에 사는 모든 사람이 불안에 떨지 않게, 적어도 먹고는 살 수 있게 하는 것이 국가가 해야 하는 일이고 이를 위해 모든 국민들에게 기본소득을 주어야 한다는 것이지요. 앞서 말한 지대추구적 자본주의라는 말을 처음 만든 것도 바로 그에요. 땅의 주인들은 땅을 망치지 않도록 잘 가꾸어가는 노력을 해야 하겠지요. 그 역시 중요한 사회적 노동이자 활동일 텐데 그런 일을 할 시간을 벌어주기 위해서도 기본소득이 주어져야

차이나는 클라스

하는 것이라는 말이지요.

조   이 시점에서 우리는 국가는 뭘 하느냐, 국가라는 것은 어떻게 작동을 하느냐, 라는 질문을 진지하게 해야 합니다. 국가가 도대체 뭐냐. 사회학자 장덕진 서울대 교수나 역사학자 박노자 오슬로대 교수 같은 분들은 '5년짜리 유랑도적단'이라는 표현도 쓰고 있어요.

차클   공감 가는 부분이 있긴 합니다.

조   주요 국가사업을 하려고 할 때 국민에게 물어보고 공론화를 해야 하잖아요. 아까 얘기했던 선망국이라는 표현의 의미가 여기에서는 먼저 망한다는 것이죠. 국민들의 지혜를 구하지 않고 한 사람 마음대로 하는 독재적인 나라는 먼저 망하는 선망국이에요. 엄청나게 많은 사람이 반대했음에도 불구하고 마구 몰아붙여서 국토를 파 뒤집고 5년 후에 '먹튀'를 한다면? 요즘은 감옥에 가기도 합니다만 감옥 가서 죗값을 치른다고 망가진 국토가 회복되지는 않잖아요? 기본적으로 선거 한 번으로 대표를 뽑는 제도는 더 이상 작동하지 않는다고 봐야 하고요. 그런 면에서 의회 민주주의에 대해서도 새롭게 생각해야 하는 것이지요.

차클   최근에 영산강에서 자전거를 탄 적이 있어요. 갑자기 자전거로 달릴 수 있는 길이 중간에 끊기더라고요. 알고 보니 대통령 임기가 끝나서 공사가 거기서 멈춘 거였어요. 그러면 어떻게 가야 되냐고 물어보니 자전거를 들고 걸어가라고 하더군요.

조   그런 먹튀 사업으로 인한 피해는 고스란히 국민에게 돌아가는 거죠.

차클   그럼 국가가 제대로 해결하지 못한 것들은 누구에게 책임을 물어야 할까요?

조   어떤 정부가 들어서든 거기에 맞춰서 수발을 드는 고위 관료부터 하급 공무원, 그리고 교사에 이르기까지 일정하게 책임이 있지요. 그리고

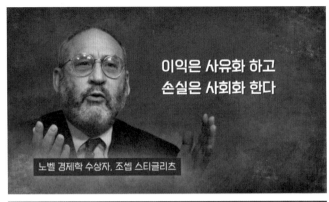

이익은 사유화 하고
손실은 사회화 한다

노벨 경제학 수상자, 조셉 스티글리츠

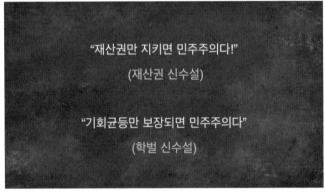

"재산권만 지키면 민주주의다!"
(재산권 신수설)

"기회균등만 보장되면 민주주의다"
(학벌 신수설)

수시로 자신이 위임한 권력의 행태에 대해 체크하지 않는 시민들에게
도 책임이 있고요. 최근 경제학 분야에서 노벨상을 탄 조셉 스티글리
츠 컬럼비아대 교수는 이런 상태를 "이익은 사유화하고 손실은 사회
화한다"라는 말로 요약하고 있습니다. 자유주의가 개인의 자유를 지
지하며 시장을 하나의 제도로 인정하는 이념이라면 신자유주의는 시
장의 자유를 절대적으로 지지하는 이념이지요. 현재 북유럽과 같이 사
회민주주의를 채택한 나라들을 빼면 대부분의 나라가 시민의 요구보

차이나는
클라스

다 시장의 요구에 부응하는 체제라고 할 수 있어요. 이익이 생겨도 기업과 시장이 다 가져가버리고 국가 안에서 제대로 순환이 되지 않고 있죠. 지금은 국가들이 연대해서 글로벌 정책을 내놓지 않으면 자원이 버티지 못하고 인류도 오래 가지 못할 위기인데 개별 국가들을 자세히 들여다보면 권력층은 경제 부양 운운하면서 투표를 통한 정권 장악에 급급하죠. 멀리 내다보기보다 선거자금이 나오는 재벌들의 눈치를 보고 고도의 인터넷 기술과 홍보로 국민들을 속여서 표를 얻기 위해서라도 시장과 야합을 하고 있는 판국입니다. 장기지속적 계획을 세울 의도도 능력도 없는 것이죠. 체제 유지에 급급하면서 갈팡질팡하면서 가짜뉴스가 판을 치는 불신 사회를 만들어버린 것이지요.

차클　시민들은 전혀 문제 제기를 못 하나요?

조　바로 그것이 핵심이라고 생각해요. 그것에 대해 문제를 제기하고 고쳐나갈 수 있는 시민들이 있으면 그 사회는 모두가 선망하는 나라가 되겠지요. 촛불시위 때 광화문에 나온 시민들로 인해 한국은 세계 시민들의 부러움을 샀어요. 그런데 그 시민들이 그 이후에도 사회문제에 계속 관심을 갖고 풀어가고 있나요? 요즘 한창 거론되고 있는 적폐청산을 잘 해내고 있나요? 부정부패와 비리, 정경유착과 갑질 등이 일어나는 현실을 변화시키고 있나요? 아니면 새 정권이 해내기만을 바라고 있나요? 대통령과 그를 둘러싼 킹 메이커들, 선거자금을 대면서 협상을 해온 기업가들이 변화를 이뤄보겠다고 해도 얼마나 큰 변화를 가져올 수 있을까요? 그간에 시민들의 미래를 팔아 자신들의 부를 축적한 이들을 가려내는 일이 쉬울까요? 그리고 누가 그것을 해낼 수 있을까요? 시민들? 그런데 누가 시민이죠? 내가? 우리가? 우리는 실질적으로 별로 행농을 안 하고 있어요. 혹시 바꾸고 싶지 않은 것 이닐끼요? 혹시 그나마 예전보다 지금이 나으니 이 정도로 참자거나, 그 체제에서 이득을 얻고 있다고 생각하는 공모자가 되고 있는 건 아닐까요? 내가 그 체제에 일조하고 있기에 변화가 일어나지 않는 것이 아닐까요? 한국뿐만 아니라 세계 전체가 비슷하게 답이 없는 것처럼 보이는 현상을 두고 울리히 벡과 브뤼노 라투르 같은 사회학자들은 '조직화된 무책임의 시스템'이라고 불렀어요.

차이나는
클라스

우리는 왜 이토록
위기에 무신경해졌나

"그간 우리는 역사는 진보한다고 믿으면서 모든 것을 내일로 미루고 달려왔지요. 이제 그런 나의 모습, 우리들의 관성적 모습을 바라봐야 합니다. 3차, 4차 산업혁명으로 새로운 환경이 만들어지는 가운데 그간 우리가 만들었던 익숙한 세상은 지금 마구 깨져가고 있어요. 그 깨지는 것을 그대로 바라보자는 것이지요. 멈추어서 깊이 바라보는 성찰의 과정 없이 계속 가면 파국을 앞당길 뿐이라는 이야기입니다."

조   스티브 커츠라는 천재적인 예술가가 만든 동영상을 하나 볼까요? 모두가 스마트폰만 보면서 자기 세상에 고립되어 살아가는 이 시대를 잘 표현한 애니메이션인데 탁월해요(유튜브 영상 제목: "Are You Lost in the World Like Me?").

차클   핵심들을 너무 잘 짚어낸 것 같아요. 어떤 사람이 위험한 상황에 빠졌는데, 그냥 바라보기만 하고, 말로만 어떡하냐고 하면서, 그저 구경만 하는 거죠. 인터넷상에서 만나는 사람들도 그저 소셜미디어에서 '좋아요'를 서로 눌러주는 것에만 너무 매몰되어 있어요. 진짜 중요한 건 바로 옆에 있는 사람이고 이웃일 텐데 말이죠. 허구의 것에 집착을 하다 보니 실제로 중요한 부분을 많이들 놓치게 되죠.

조   지금 우리는 슬프거나 우울해지지 않으려고 너 바쁘게 지내고 있죠.

그렇게 바쁘게 살기 때문에 문제의 본질을 보지 못하고요. 문제 상황을 직시하지 않으려고 외면하고 있다고 할 수 있어요. 풀 수 없다고 포기를 한 것일 수도 있고요. 지금 우리가 살고 있는 사회를 잘 표현한 말이 있어요. 독일 사회학자 울리히 벡이 말한 '위험사회'라는 개념인데요. 후기 근대 사회의 '리스크'를 통제하기 위해서 국가가 엄청나게 많은 일을 하지만, 그럴수록 더 불확실해지고 더 망가진다는 뜻입니다. 근대 자체가 신대륙의 발견을 위해 미지로 항해를 떠났듯 '리스크'로 시작된 시대잖아요. 생산이 늘어나고 시대가 '진보'하던 때엔 그 리스크는 크게 문제되지 않고 넘어갔습니다. 사람들이 앞만 보고 달리면서 감수를 해냈지요. 그런데 지금은 감수하기에는 너무 많은 리스크들이 생겨나고 그간 해오던 방식으로 수습을 해보려고 하면 더 리스크가 커지는 겁니다. 통제할 수 없는 불확실성을 통제하기 위해 많은 제도가 동원되지만 그럴수록 더 큰 불확실성에 직면하게 되고 더욱 많은 불안을 낳고 말지요. 실은 불안이 우리를 잡아먹어가고 있는 겁니다. 이런 시점에서는 아무것도 하지 않는 것이 가장 훌륭한 선택일 수 있다는 거예요.

차클　그러면 가만히 있는 것이 제일 좋다, 라는 말처럼 들리는데요. 아무것도 하지 않으면 아무 일도 일어나지 않잖아요?

조　아무것도 안 하면 멈추어 그것을 바라볼 수 있죠. 지금까지 하던 식으로 하는 게 일을 망친다면 일단 멈추어야 하는 것이지요. 그리고 그것은 지금처럼 노동중독 사회에서는 쉬운 일이 아닐 테고요. 그간 우리는 역사는 진보한다고 믿으면서 모든 것을 내일로 미루고 달려왔지요. 이제 그런 나의 모습, 우리들의 관성적 모습을 바라봐야 합니다. 3차, 4차 산업혁명으로 새로운 환경이 만들어지는 가운데 그간 우리가 만들었던 익숙한 세상은 지금 마구 깨져가고 있어요. 그 깨지는 것을 그대로 바라보자는 것이지요. 멈추어서 깊이 바라보는 성찰의 과정 없이 계속 가면 파국을 앞당길 뿐이라는 이야기입니다.

차클 　우리나라가 전 세계에서 가장 눈에 띄게 급속히 성장한 나라잖아요. 정말 1초도 쉬지 않고 지금까지 달려온 나라인데 과연 그런 성찰의 시간을 가질 수 있을까요?

조 　그래서 먼저 망하는 선망(先亡)의 나라가 될 것이냐, 그 문제들을 직시하고 풀어감으로써 다른 나라들이 따라오고 싶은 선망(羨望)의 나라가 될 것인지를 진지하게 물어야 할 때인 것입니다. 쉬지 않으면 빨리 망하는 나라가 될 것이고, 쉬면서 성숙하게 문제를 풀 수 있다면 희망을 줄 수 있는 나라가 될 수 있을 테지요.

차클 　결국 나 자신을 되돌아봐야 한다는 말씀이신가요?

조 　지금까지 한국이 달릴 수 있었던 것은 선진국이라는 모델이 있었기 때문이에요. 굉장한 속도로 선진국을 따라잡으려 했고, 그것을 잘 해내서 가시적인 성과를 낸 것은 사실이지만 부작용은 없을까요?

차클 　하지만 직장인들은 성찰하려고 해도 월요일부터 금요일까지 계속 회사에 있고, 주말에는 피곤이 쌓여서 성찰할 시간이 없다는 사람도 많을 것 같아요. 언제 성찰을 할 수 있다는 말인가요?

조 　모두 직장이 있는 것도 아니죠. 지금은 '고용 없는 성장'의 시대라 실은 직장을 못 가진 사람도 많아요. 그러나 다들 불안한 마음에 기존의 직장에 들어가겠다면서 스스로를 재촉하고 새로운 시대를 살아가는 데 별 도움되지도 않을 자격증 등을 따려고 달리고 있죠. 기존 체제의 '취준생'으로 말이지요. 취직을 하고 나면 다들 '퇴사'를 꿈꾸고 있고요. 2년 전에 변호사가 된 한 제자는 회사를 그만두고 싶어지면 아주 비싼 고비용 여행을 다녀온다고 해요. 빚을 지면 그만둘 생각을 하지 못해서 남아 있게 된다는 것이지요. 언제까지 그렇게 살아갈 수 있을까요? 그렇게 타율적인 삶을 살다 보면 좀비가 되고 말아요. 이왕 그만두려면 "3년 일하고, 1년 쉰다"고 생각하고 자율적으로 자신의 삶에 대한 준비를 시작해야 한다고 생각해요. 당장 퇴사하라는 것이 아니라 생각과 마음을 단단하게 만들어야 한다는 것입니다. 작게는 이런 식의 발상을 할 여유를 확보해야 하고 크게는 그런 생각을 나누는 사유와 사회적 교류가 활발해지는 생태계를 만들어가야 합니다. 요즘 서울시에서 공동육아부터 마을 만들기, 협동조합, 사회적 기업, 무중력 지대 등 '사회적 협동'이 이루어지는 공간을 만들어가고 있는데 사람들이 별로 활용을 하지 못하는 것 같아요. 모두 불안한 마음에 기존 체제에 집착하고 있는 것이지요. 쉬고 싶으면 제대로 쉬는 새로운 분위기를 만들어가야 합니다. 하지만 어디서나 한 사람만 나설 경우 미친 사람으로 취급하는 분위기가 있죠. 한 명이 춤추기 시작했는데 3분 안에 결국 다 일어나 춤을 추는 장면을 담은 유튜브 영상이 있어요(유튜브 영상 제목: "Sasquatch music festival 2009 – Guy starts dance party"). 이렇게 한 사람이 두 사람만 설득하면 세 사람에서 열 사람, 열 사람에서 백 사람 되기는 굉장히 쉬워져요.

차클   그런데 그렇게 한 사람씩 미치기 시작해서 결국에 모두 망하게 되는 건 아닐까요?

조   그런 면에서 저는 이효리 씨의 경우가 시사하는 바가 크다고 생각해요. 엄청나게 인기가 많았는데 지금은 제주도에 가 있잖아요. 이효리 씨도 인기를 누리다가 한순간 자기가 이렇게 가다간 죽을 것 같아서 제주도로 간 것일 테고요.

차이나는 클라스

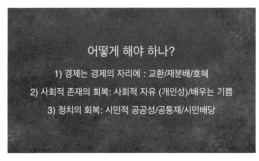

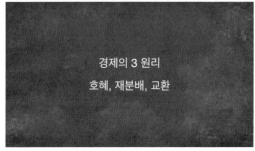

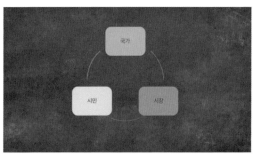

차클   하지만 이효리 씨는 많은 부를 가졌기 때문에 여유로운 생활을 할 수 있는 것 아닌가요? 평범한 사람들은 어떻게 하면 성찰의 시간을 가질 수 있을까요?

조   누구든 어떤 시점에 내려놓을 수 있는 용기가 있어야 해요. 《내리막 세상에서 일하는 노마드를 위한 안내서》를 펴낸 제현주 씨 같은 분도 아주 좋은 사례입니다. 더 이상 못 가겠다는 자각, 그 자각을 하면서 시대에 대한 책 읽기를 시작했고 그곳에서 동료를 만나다 보니 새로운 사회적 관계가 맺어지고 새로운 길이 보이더라는 것이지요. 기존의 것을 내려놓을 수 있는 용기와 여유가 생긴 거예요. 신뢰하는 관계가 되면 한 친구가 자신이 내려놓을 테니, 얼마 동안 나를 먹여 살리라고 말하는 식으로 아이디어를 내고 그런 것을 실험해보면서 서로 돕는 관계망을 만들어낼 수 있게 되지요. 이런 것을 준거집단 내지 하위문화(subculture)와 연결시켜 이야기합니다. 일단 나와 주변을 바꾸어내면서 문화적 변화의 씨앗을 뿌리는 것이지요. 현재의 삶이 불편하고 불행한 사람들이 환자가 되기 전에 '재활력화 운동(revitalization movement)'을 벌여야 하는 것이에요. 뭐 얼마간 환자가 되어서 자기 방에 틀어박혀 있어도 좋고요. 그러다가 기어 나와서 갈 데가 있어야 하는 거죠. 자기가 살기 위해서 같은 문제를 가진 사람들과 만나 의논하고 지혜를 모으면서 방안을 마련하는 것이지요. 혼자서는 절대로 못 하니까 특공대를 만들어야 해요.

차클   그런 제도를 국가에서 만들어주면 되지 않나요?

조   그런 수동성이 실은 독재국가를 만들고 변화가 불가능한 사회를 만들지요. 우리나라에서도 그런 제도를 많이 만들고 있는데 졸속으로 만들어서 부작용이 더 커요. 특히 청년 지원 사업을 보면 자율성을 보장하지 않고 돈을 주어서 받는 사람도 시간 낭비하고 주는 공무원도 감시하느라 시간 낭비하는 꼴이 되어버리지요. 생산적인 복지정책은 시민들이 스스로 뭔가를 할 수 있게 믿고 맡겨야 해요. 다른 세상을 상상하고 근접하게 시도해보는 시민들이 먼저 모여야 해요. 자활의 정치를 시작해야 하는 것이지요.

자신이 알고 있는 편협한 세상을 벗어나서 힘을 키우려면 우선 함께 있어서 편한 사람들이 있어야 하고 그들이 협력하고 위로하는 파트너가 될 수 있는 생태계가 생겨야 하죠. 그러지 않으면 세상이 바뀌지 않아요. 더 이상은 못 참겠다는 이들부터 나와야 합니다. 아직도 준비가 되지 않은 사람은 머뭇거리고, 준비가 된 이들이 멋지게 용기 있는 새로운 삶을 만들어가야 하지요. 국가 차원에서는 보다 많은 사람들이 그런 자각과 용기를 가질 수 있게 지원하는 제도를 제대로 만들어야 합니다. 기본소득이든 시민 배당이든 최소한의 생존 걱정은 하지 않아도 되는 제도적 장치를 만들어내야 합니다. 그런 제도화를 위해 시민들이 성숙해져 있어야 하고요. 제도가 먼저 만들어져야 한다는 생각은 그간 우리가 얼마나 수동적이고 수혜적인 국민으로 살아온 것인지를 말해줍니다. 자발적·자율적 시민들 없이는 사회 발전이란 있을 수 없습니다. 민주주의도, 지속가능한 발전도 가능하지 않아요.

어떻게 회복할 것인가

"현실을 직시하는 것은 괴로울 수 있어요. 하지만 그걸 직시하는 힘을 가져야 하고, 그 힘을 가지려면 함께 의논하는 사람이 있어야 해요. 지금 우리에게 함께 이야기할 사람이 없으니까 자꾸 변명하고 외면하는 거잖아요."

차클   저출산 현상도 자기 보호 운동의 일환인가요?

조   예, 저는 그렇다고 생각해요. 요즘 같은 세상에 어떻게 애를 낳겠느냐는 생각은 저도 종종 합니다. 아이를 낳아서 친구들과 함께 모여서 키운다고 생각할 수도 있고 입양을 하겠다는 이들도 적지 않죠. 내가 내 삶의 주인이자 내 운명을 결정하는 조직의 일원이 되어서 정치적 시민으로 살겠다는 이야기를 꺼내기 시작한 거죠. 그저 국가에 요구하면 된다고 생각하지 말라는 거예요. 나 스스로 시민이 되는 것이 중요하다는 겁니다.

차클   대표적으로 어떤 행동들이 있을까요?

조   2017년에 독일 함부르크에서 G20회의가 열렸어요. 그런데 회의장 안에서는 앙겔라 메르켈 독일 총리가 좋아하는 베토벤 9번 합창 교향

곡이 나오고 있고, 회의장 밖에서는 시민들이 춤을 췄어요. 그런데 시
민들이 좀비처럼 춤을 췄어요. 지금 한국의 아이들이 입시교육으로 인
해 모두 좀비가 되고 있다고 얘기하잖아요. 크게 보면 나름 교육을 잘
하고 있는 북유럽에서도 시민들은 자기가 좀비가 되고 있다고 느끼는
거죠. '화폐경제체제'를 '사회적 경제'로 전환해내야 한다는 주장을 한
칼 폴라니(Karl Paul Polanyi, 1886~1964)라는 인류학자가 있어요. 그는
1, 2차 세계대전을 겪은 후에 예언을 했습니다. "인간의 복지와 사회
는 위협받을 것이다. 민주주의와 자유는 제한될 것이다. 그 위협과 맞
서기 위해 사회는 자기 보호 운동을 시작할 것이다." "돈이 우리의 삶
을 지배하지 못하도록 근본적 변화를 이루어내야 한다"는 말은 200
년 전에 태어난 카를 마르크스의 선언이기도 하지만 21세기 신자유수

의적 양극화 속에서 그 빛을 여전히 발하고 있어요. 지금 내가 미래를 팔아 오늘을 사는 충동적 인류로서 일조하고 있는 것은 아닌지를 질문하면서 앞으로 어떻게 살아야 하는지, 어떤 능력을 키워야 하는지를 물어야 할 때입니다.

차클 자기 복원력이 필요하다는 의미인가요?

조 사회학자인 김홍중 서울대 교수는 한국 사회에서 산업화·민주화·세계화가 굉장히 급속하게 진행되었고, 그것이 국민들의 힘든 삶을 나름 위로하고 이끌어가는 꿈이었는데 이제 모두 깨져버리고 있다고 선언했습니다. 신자유주의적 돈의 질주, 극심한 양극화, 있는 자들에 의한 갑질은 심화되고 있고, 그것은 엄청난 갈등과 적대와 혐오와 불안의 일상을 만들어내고 있어요. 우울과 파괴의 시대가 시작되고 있는 것이지요. 이 마음의 현상을 어떻게 할 것인가? 다수의 중고생들이, 그리고 대학생들이 우울증 약을 먹는 이 현실을 어떻게 풀 것인가. 단순히 경제적 지표가 아니라 심리문화적 차원의 병이 난 것이지요. 이게 질문의 핵심이에요. 쉽게 풀리는 문제가 아닌 거죠.

차클 현 상황을 직시하고 소통하는 힘을 기르는 것이 중요하겠네요. 그렇다면 개인으로서 할 수 있는 일들이 있을까요?

조 공공적인 존재로서의 감각을 일깨우기 시작해야 한다고 봅니다. 자율적 인간, 그리고 사회적 인간으로서의 감각을 회복하고 공공의 기획에 참여하는 시민이 되어야 한다고 생각해요.

차클   어떤 방법으로 할 수 있을까요?

조   우선 마구 물건을 사고 소비하면서 지구를 쓰레기통으로 만들지 않는 것부터 시작할 수 있어요. 물과 전기를 아끼는 것, 경쟁과 적대의 에너지를 줄이고 우정과 환대의 에너지를 만들어가는 것도 방법이고요. 탈핵 시위에 나가보고 환경 문제 해결을 위한 크고 작은 노력을 하고 더 나아가 후대를 위해 공공재를 남겨두는 토지 신탁 운동, 그리고 시민 배당 제도를 만들기 위한 정치적 활동에 참여해야 하겠지요. 자기가 잘하는 방식으로 자기 친구들과 함께 자신이 원하는 식으로 하면 됩니다. 예를 들어 국회를 친숙하게 여기게 되면 국회를 감시하고 청원도 하는 거지요. 국회 톡톡이라는 모임에서는 바꾸어야 하는 제도를 바꾸는 일을 했어요. 직접민주주의의 실천이라고 할 수 있지요. 예를 들어 이력서에 얼굴 사진을 붙이지 않게 한다거나 출신 대학을 기재하지 말게 하는 등의 제도 개선을 해내는 것이지요. 작은 모임에서 시작한 온라인 운동인데 1000명의 사람이 모이면 그것을 담당하는 국회의원들에게 보낼 수 있습니다. 그럼 그때부터 그 사안들을 제대로 다루는지 다루지 않는지를 지켜보는 거예요. 만약 그 국회의원이 움직이지 않는다면, 그 사람을 아웃시키면 됩니다. 일 못하는 의원 리스트를 만들 수도 있지요. 그리고 만약 어떤 국회의원이 시민들의 요청을 제대로 다루면, 그 사람을 칭찬해주고 띄워주는 거예요. 이런 일들을 시민으로서 해내면 얼마나 의미 있고 즐겁겠어요. 인간은 돈을 벌기 위해 노동하는 존재만이 아니라 정치적 활동, 문화적 활동 등 생애에 걸친 일을 기획하는 자율적이고 창의적인 존재거든요. 그런 존재로서 신나는 삶을 살아갈 수 있어야 하고 인간에 대해서 완전히 새롭게 질문을 던질 수 있어야 되는 거예요.

개인들의 힘을 효과적으로 모으기 위한 방법은 무엇이 있을까요?

조 먼저 우리가 지금 어떤 상태인지를 봐야 해요. 완전 졸아 있는가? 누가, 무엇이, 어떤 정치가 우리를 이렇게 졸아들게 하고 있는가? 물론 현실을 직시하는 것이 괴로울 수 있어요. 하지만 그걸 직시하는 힘을 가져야 하고, 그 힘을 가지려면 함께 의논하는 사람이 있어야 해요. 지금 우리에게 함께 이야기할 사람이 없으니까 자꾸 불안하고 그래서 외면하는 거잖아요.

그런 의논을 하는 모임을 저는 '난감 모임'이라고 불러요. 짜증 나는 모임들이 너무 많지요? 모임을 잘 활용하는 지혜가 필요해요. 어떤 결론에 도달하지 않고 그냥 난감한 상황에 대한 이야기, 그런 상황의 느낌을 나누는 시간이 필요합니다. 그런 자리에서는 빨리 결론을 내리자고 재촉하거나 결론을 내리려는 사람을 내쫓아요. 누군가가 빨리 결론을 내길 요구하면 모두 자기만의 해법을 얘기하게 되죠. 그럼 모두 피

곤해져요. 각자 경험 세계가 다르고 생각이 다르니까 해법 역시 다르거든요. 바빠 죽겠는데 짜증만 나죠.

차클 그럼 영원히 해결책을 찾지 못하는 것 아닌가요?

조 각자 진솔하게 이야기를 하면서 현실을 공유하다 보면 모르던 팩트도 알게 되고 공감하는 과정에서 말한 것 자체로 치유가 되기도 해요. 처방은 하지 않고 그냥 왜 자신이 난감한지를 말하는 거예요. 이게 공감과 합의의 과정이에요. 물론 합의가 오랫동안 나지 않을 수도 있어요. 하지만 일정하게 공감하고 모임에서 더 이야기를 하다 보면 대안이 나올 수도 있어요. 비폭력 대화법이란 것도 있는데 이런 소통의 기본을 익히는 과정이 우리에겐 굉장히 필요한 거죠. 두런두런 이야기하고 마음을 나누다 보면 때로 해법이 절로 나와요. 한 명이 낸 것이 아닌 중지를 모은 지혜로운 해법. 이게 실은 민주주의의 핵심이지요. 시민적 공공성을 만들어가는 직접민주주의란 별것이 아니라 이런 지혜를 나누는 소통, 공론화의 능력을 바탕으로 사회를 구성하고 문제를 해결해가는 것을 말합니다.

차클 그럼 어디에서부터 시작하면 될까요?

조 일단 신뢰하는 작은 사회를 만들어내야 하지요. 지금 우리는 너무 바쁘고 개인적이어서 고립되어 있어요. 그래서 더욱 여유도 없고요. 개인이 단위가 되는 작은 신뢰 관계, 신뢰 공동체, 신뢰 사회가 만들어져야 해요. 꼭 가족이 아니어도 비혈연적 관계로 지역을 중심으로 삼삼오오 모이다 보면 주거공동체, 지역공동체, 사회적 협동조합 등으로 발전할 가능성이 굉장히 많죠. 별일 없이 만나도 즐거운 지속적인 관계가 중요해요.

미래의 아이들을
어떻게 키울 것인가

"모든 건 실험이에요. 실험에 대한 부정적인 관념을 갖는 것은 기존의 시스템을 믿게 하려는 음모라고도 볼 수 있지요. 안전하게 중간만 가자는 보수적인 생각이 지배적일 때 실험에 대한 거부감을 갖게 되지요."

차클   공동육아 어린이집에 아이를 보내는 사람들이 있는데요. 공동육아는 언제부터 시작되었고, 어떤 식으로 운영되는 것인가요?

조   국내에서 공동육아는 1980년대 후반부터 시작되었어요. 한국사회에 새로운 시민들이 출현하면서 우리나라의 악명 높은 입시교육 체제 아래에서 아이를 키우고 싶지 않다는 이들이 모여 자발적으로 새로운 육아와 교육의 장을 만들어낸 것이지요. 굉장히 훌륭한 시민들이 등장하기 시작한 거예요. 그들은 적극적으로 학교의 비전과 철학부터 커리큘럼을 공부하고 정해요. 그리고 직접 학습에 참여하고요. 당시는 적성을 살리면서 협력하는 인간, 생태적 감수성을 가진 존재로 키우려는 방향에서 학습과정을 짜고 공동체적 학습을 해갔어요.

차클   저희가 어릴 때만 해도 동네 친구들의 집에 놀러가도 별로 개의치 않았던 것 같아요. 같이 놀러 다니고 동네 어른들이 함께 돌봐주고 그랬던 것 같아요.

조 아까 얘기했듯이 내 아이, 네 아이를 구분하지 않고, 동네 아이들끼리 뛰어놀고, 남의 집에도 가고, 그러면서 계속 친구가 되는 거예요. 아이들에게는 서로서로 의지할 언덕이 생기는 거죠. 평생 친구도 생기고 친척 같은 이웃도 생기는 것이고요. 많은 어른들 속에서 모델을 보면서 자라는 이점도 커요.

차클 그런 공동육아를 하는 사람들이 많아지고 있나요?

조 1970년대 이래 서양에서도 공동육아와 대안학교 운동이 크게 일었습니다. 대안학교를 만들겠다고 하면 국가에서 기본적으로 바우처 형태의 경제적 지원을 해주었어요. 대안학교를 만들거나 공간을 제공하는 거죠. 그렇게 하면 자발적인 시민활동을 통해 시대에 맞는 좋은 학교들이 생기고 교과과정도 나오게 돼요. 그 과정을 통해서 교육에 대한 실험을 하는 것이죠. 그럼 교육이 어떻게 되는지에 대한 방향이 나와요. 그 실험을 공교육에서 적극적으로 받아 안아 가고요. 이게 곧 국민의 자발성, 국민의 시대적 판단을 존중하고 활용하는 사회의 모습이죠. 한국은 그렇게 가지 못했어요. 그래서 생각보다 확산되지 못했다고 평가하고 있어요.

차클 구체적으로 어떤 형태의 공동육아들이 있나요?

조 지난 30여 년간 공동육아와 대안학교가 꽤 늘어났는데 지금은 학교를 보내면서 방과후 활동을 하거나 함께 모여 사는 등 다양한 방법으로 공동육아의 장이 넓어지고 있어요. 지금은 남의 아이들에게 간섭을 못 하지만, 공동육아를 하면 남의 아이도 내 아이처럼 대하게 돼요. 요즘 삼촌·이모가 많이 줄어들었잖아요? 그런데 삼촌·이모는 물론 힐머니·할아버지도 굉장히 많아지겠죠. 이런 식으로 지금은 아파트 등 지역을 기반으로 새로운 모델의 공동육아가 만들어지고 있어요. 아주 다양하게요.

차클 사회적 실험을 위한 투자라고 봐야 할까요?

조 예, 사회적 실험을 위해 투자를 해야 하지요. 실험을 긍정적으로 생각해야 하고요. 모든 건 실험이에요. 실험에 대한 부정적인 관념을 갖는 것은 기존의 시스템을 믿게 하려는 음모라고도 볼 수 있지요. 안전하게 중간만 가자는 보수적인 생각이 지배적일 때 실험에 대한 거부감을 갖게 되지요.

차클 모두 하니까 그렇게 할 수밖에 없는 것 아닌가요?

조 지금의 학교 시스템은 실험이 아니라고 생각하는데 따지고 보면 엄청나게 이상한 실험을 하고 있는 거라고 볼 수 있어요. 그것도 아주 거대한 무식한 실험을 하고 있죠. 그 실험에 우리 아이를 맡길 것인지, 아니면 내가 알아서 키울 것인지를 선택해야겠죠. 후자의 실험이 20년 전에 성미산 같은 곳에서부터 시작된 거예요. 그런 실험을 바탕으로 지금쯤 육아와 교육제도를 잘 마련했다면 우리나라는 아주 좋은 나라가 될 수 있었을 텐데 국가는 거의 지원을 하지 않았죠. 오히려 기존 학교 체제를 무너뜨릴 경쟁 상대로 생각하면서 방어를 했죠. 그래서 지원을 해도 이런저런 조건을 달아서 제대로 실험을 못 하게 했어요. 그래서 많은 대안학교들이 그 체제 안에 들어가지 않고 자립적으로 가야 했고요. 고비용이라 확산이 어려웠던 것이지요.

차클 정말 아이들을 키우기가 어려운 것 같아요. 퇴근시간은 일정치 않고 엄마, 아빠가 맞벌이라도 하면 아기의 보육을 누군가에게 맡길 수밖에 없거든요.

차이나는 클라스

조	굉장히 난감한 상황인 거죠. 출산 파업이 일어날 수밖에 없는 상황. 그런데 인간 사회는 이렇게 불만이 가득 쌓였다가 터지면서 뭔가가 생겨요. 우리는 그 방향을 잘 찾아서 여러 가지 실험을 하면서 나가야 해요. 그런 실험이 자유롭게 이루어지는 사회 안에서 자율적 시민으로 살아가려고 노력해야 하지요. 요즘은 공동육아를 중심으로 다양한 동네들이 생겨나고 있어요. 청년들이 모여 사는 '우동사, 우리동네 사람들' 같은 곳에서는 함께 모여 살면서 주거비를 줄이죠. 밥도 함께 먹고 하지만, 또 각각 개인적인 것들은 존중하고 있어요. 그래도 한 주에 몇 번씩 회의를 하죠.
차클	주로 어떤 회의를 하는 건가요?
조	예를 들어서 모두 모여서 공동으로 사니까 샤워실에서 머리카락을 치우지 않는 게 문제가 될 수 있잖아요. 그럼 이 문제를 놓고 토론하는 거죠. 그런데 재미있는 것은 그렇게 토론을 해서 머리카락을 잘 치우기로 한 줄 알았는데, '그게 거슬리는 사람이 치운다'로 결론이 났다고 해요. '우동사'는 내가 아주 좋아하는 공동체인데 이제 각자의 욕구에 따라 텃밭도 가꾸고 카페도 차리고 농사도 짓고 일본·중국 등 비슷한 공동체에 여행도 가서 1년씩 머물다 오기도 해요.
차클	그런 사소한 문제들까지 토론을 하나요?
조	그런 의논을 통해서 규칙을 만들어 가는 거죠. 난감한 이야기나 즐거운 문제가 있을 때 한 주에 한 번씩 꼭 모여서 의논을 하니까 사람들이 점점 성숙해질 수밖에 없어요. 소통하고 합의에 이를 줄 아는 능력을 키우는 거죠. 사회적 인간으로 성숙해지는 곳이에요. 저는 이런 것이 좋은 것이라고 생각해요. 요즘 셰어하우스가 많이 생겨나고 있잖아요?
차클	셰어하우스도 새로운 대안이 될 수 있는 거겠네요?

조   저는 앞으로 셰어를 할 수 있는 사람만이 살아남을 것이라고 생각해요. 그러면 우리 아이를 어떻게 셰어하는 아이로 키울 것인가, 라는 문제가 떠오르죠. 제가 하고 싶은 이야기도 이런 문제를 말하려고 한 것이에요. 어디에 들어가야 한다, 어디로 보내라, 이런 선택의 문제가 아니라 새로운 것을 만들어내는 능력을 가진 아이를 키우는 차원에서 대안을 낼 수 있어야 하는 것이지요.

차클   또 다른 대안들이 있을까요?

조   회사에도 그런 것들이 많이 생기고 있어요. 정말 열심히 일하던 사람들이 '이건 아니잖아'라고 생각하게 된 거죠. 특히 아이가 있는 분들이 일을 절반으로 줄이고 숨 쉬면서 아이도 즐겁고 어른도 즐겁게 일할 수 있는 새로운 회사를 만드는 것이죠. '진저티'라는 회사가 그런 사례인데요. 아이의 생일에 아이를 회사로 데리고 와서 함께 축하하기도 하고, 자연스럽게 공동육아를 하게 되는 거죠. 이렇게 각자의 욕구와 요구에 맞게 다양한 방식으로 창의적으로 움직일 수 있어요.

차클   우리들은 어떤 준비를 해야 하나요?

차이나는 클라스

조　이제 긴 시간 속에서 서로를 성장시키고, 서로의 성장을 지켜볼 수 있는 장소와 시간 속에서 살아갈 준비를 해야겠죠. 내가 연속성을 가지고 어떤 시간과 장소 속에서 주도적이고 자율적으로 활동하는 시공간을 늘려가는 것이지요. 아이를 키우는 부모면 부모로서 함께 공동육아적 활동을 벌이고, 그럴 때 아이들도 굉장히 안정감을 갖게 돼요. 그간 우리 사회는 끊임없이 집을 짓고 이사를 다니게 하는 구조였잖아요. 그러면 아이들이 연속성·지속성·안정감을 갖기 어렵죠. 이제는 그만 이사를 가고 정착을 해서 관계 속에서 자녀도, 자신도, 친구도 또 노부모도 돌보면서 상생할 수 있는 삶을 살아야 할 테죠. 일상이 이루어지는 삶터에서 제대로 시작하는 겁니다. 삶터를 중심으로 한 이들이 모여서 학교가 잘못 가면 바꾸어낼 수 있고 아이들이 개별적 소비자로서 입시생을 넘어선 삶을 살아갈 수 있게 해야 하지요.

미래를 위해
어떤 준비를 해야 하는가

"'나는 내가 할 수 있는 최선을 할 뿐이야.' 우리가 이런 마음을 가져야 하지 않을까 생각해요. 문제가 너무 많고 커서 외면하고 싶더라도 외면하지 않고 최선을 다하는 겁니다. 어떤 결과가 날지 계산하지 말고 마음을 모아 기도를 하는 것이지요."

차클   국가보다 개인이 나서서 동네를 만들고 그런 것을 지원하는 제도를 만들어야 한다는 것이지요?

조   예, 그러려면 무엇보다 다른 세대, 다른 성별로 나뉜 이들이 서로를 원수처럼 보지 말고 인정할 수 있어야 한다고 생각해요. 서로에게 그간 힘든 시대를 살아오느라 정말 수고하셨다고 얘기를 하면서 새로 시작해야 되지 않을까, 라고 생각해요. 시민 배당 제도라든가 노인을 포함해서 모두가 1년 휴가를 가서 멍 때리며 쉬다가 생각을 제대로 할 수 있는 시간을 갖는, 안식년이나 갭이어 제도와 같은 획기적인 제도를 마련해야 한다고 생각해요.

차클   교수님이 생각하는 현실적인 제도나 제안은 무엇인가요?

조   제가 제일 먼저 하고 싶은 것을 말하라면 스무 살 되는 아이들에게 그

동안 시대에 뒤떨어진 교육을 시켜서 미안하다고 말하면서 700만 원 정도 쥐여 주고는 1년 동안 마음껏 외국 여행도 하고 너를 돌아보고 오라고 하고 싶어요. 이런 식의 메시지와 실제 지원이 주어지지 않으면 변화의 틈을 내기 힘들 거예요.

차클 　700만 원이라는 금액은 어떻게 책정하신 건가요?

조 　그건 그냥 제 맘대로 정한 거고요. 700만 원이면 아마 세계 일주를 1년 동안 할 수 있을 거예요. 그 정도 돈이면 소비적인 여행이 아니라 제대로 사람들을 만나고 봉사도 하고 알바도 하면서 좋은 경험을 하는 여행을 할 수 있다고 생각해요. 모자라면 가기 전에 알바를 좀 하겠지요? 자전거를 타고 다니는 사람들이나 해외를 여행하는 사람의 이야기를 많이 들었거든요.

차클 　실제로 청년들을 지원하는 제도들도 있나요?

조 　갭이어 제도는 우리나라에도 이미 갖춰져 있어요. 서울시교육청 같은 곳에서 고등학교 1학년 때 기존 학교에 가지 않고 하자센터와 같은 시민적 대안문화공간에 가서 1년을 보내기도 하죠. 2~3년 전부터 이런 시도들이 자연스럽게 이루어지고 있어요. 아직 모르는 시민들도 많지만요.

차클 　요즘 학교에서 운영하는 자율학기제 같은 것들도 그런 제도들인가요?

조 　바로 그렇죠. 그런 실험의 시공간들을 많이 만들어내야 합니다. 워낙 급변하는 사회고, 게다가 재난 사회다 보니 자기 회복력과 함께 다른 시대에 대한 감각을 가진 아이들을 키워야 해요. 영어로는 리질리언스(Resilience)라고 해요. 자기 복원력을 키워가는 것인데 그런 실험학교들이 많아지도록 나라에서도 공간을 지원하고 실험비용을 지원해야 할 테지요. 얼마 전에 테슬라 CEO 일론 머스크가 자기 아이들을 위해

머스크가 세운 '비밀 학교'에선 무엇을 가르치나

살짝 베일 벗겨진...'괴짜' 머스크의 '비밀학교'

학교를 만들었다고 하죠. 31명짜리 학교. 원래 다니던 유명 사립학교를 자퇴시킨 후 이곳에서 교육을 받게 하는데 그 학교에서 이런 주제로 토론을 한다고 해요. "어느 시골 마을에 공장이 있는데 이 마을 사람들은 모두 이 공장에 취업해 있다. 그러나 이 공장으로 인해 호수는 오염되고 생명체들은 죽어간다. 공장 문을 닫는다면 모든 마을 사람들이 실업자가 된다. 반대로 공장을 계속 가동하면 호수는 파괴되고 생명체는 죽음에 이른다. 어떻게 하는 것이 좋은가?" 이런 대화나 게임 플레이를 일상 속에서 정기적으로 함으로써 아이들은 세상을 바라볼 수 있는 방식을 배우게 되고 새로운 윤리감각을 키운다는 것이지요.

차클 　유럽에서도 이미 토론식 수업을 많이 하고 있지 않나요?

조 　　토론식 교육도 그렇지만 적절한 주제로 현실에 개입하는 학습이 이루어져야 합니다. 교육을 제일 잘한다는 핀란드 같은 나라에서도 초등학교 때부터 기후 문제에 대한 토론을 한다고 하죠. 그리고 청소년위원회 같은 것이 만들어져서 지방의회나 국회의원 회의에도 참석하고 현실 정치에 참여하는 다양한 경험을 하게 되지요. 우리도 청소년들이

지자체의 의회 모임에 당연히 참석할 수 있어야 한다고 생각해요. 그런 곳에 가면서 시민으로서의 태도를 익혀야 하지요. 청소년들에게 대학에 갈 때까지는 아무 생각 없이 시험공부만 하라고 하니까 '중2'병이 나고 괴물들이 되는 것이지요.

차클 우리나라의 교실에서는 어떤 변화가 있나요?

조 실제로 교실이 굉장히 많이 달라지고 있어요. 전환학교나 전환학기제 같은 것들도 많이 생겼어요. 그러나 숫자로 보면 아주 적죠. 돈 있는 계층에서는 가능하지만 전반적으로는 아직 힘들고요.

차클 그런 차원에서 요즘 어떤 일을 추진 중이신지 알려주세요.

조 이제는 문화의 시대를 넘어 상생의 시대, 사람이 사람답게 살아가는 시대로 전환을 해야 하거든요. 상암동에 석유비축기지가 있었는데, 최근에 이것을 문화비축기지로 전환했습니다. 말하자면, 상징적인 전환이지요. 대학 수업도 이제는 더 이상 팀 프로젝트 같은 것을 할 수가 없어요. 이미 학생들이 너무 타산적이고 비협조적 존재가 되어버렸어요. 무임승차 하는 꼴을 못 보다 보니 서로 만나서 뭔가 한나는 것이 불가능해지고 있어요. 그래서 저의 〈문화기획 실습〉 수업에서는 서로 협력하지 말고 각자 자신에게 가장 힘든 문제를 중심으로 스튜디오를 차리고 문제 해결을 위해 집중하라고 했어요. 그리고 수업의 마지막 시간에 문화비축기지를 빌려서 전시회를 했지요. 각자 자기 문제로 깊이 고민하고 스튜디오를 차려서 다른 이들과 공유하게 되니 대단한 학습의 장이 열리더라고요. 사람과 시대가 바뀌니 대학도 바뀌어야 하고 학습의 목표와 방식도 바뀌어야 하고 교실 자체도 바뀌어야 하는 거죠. 최소연 아트디렉터와 공동수업을 할 때 '재난 스튜디오'라는 단어를 썼어요. 각자의 재난을 가지고 스튜디오를 만들라는 것이지요. 별생각 없이 일류대에 들어와서 학점 잘 받을 생각만 하던 친구들이 깨어나는 모습을 볼 수 있었어요. 한 학생은 처음에는 '재난?'이라고 의아해 하다가 엄마가 재난이라고 생각했다고 해요. 그래서 엄마의 주도권에서 벗어나기 위해 '쫑긋 스튜디오'를 차려서 엄마가 말을 하지 못하고 들을 수만 있는 방안을 마련하려고 고심했어요.

또 다른 여학생은 아이를 아주 좋아해서 아이를 많이 낳고 싶어 했어요. 그런데 강서구 장애인학교 설립 공청회에서 지역 주민들이 학교 이전을 거세게 반대하고 장애 학생 부모들이 무릎을 꿇은 뉴스를 보고 눈물이 났다면서 '무릎 스튜디오'를 차렸어요. 무릎은 꿇기 위해서 있는 것이 아니라 기대고 베기도 하는 것이라면서 장애 부모들을 지지하는 스튜디오를 차린 것이지요. 그런 뜻에 공감한 친구이자 싱어송 라이터가 되고 싶은 친구는 '흥 스튜디오'를 차렸고, 그냥 누군가의 일손을 덜어주고 싶다는 친구는 '함께라면'이라는 이름의 스튜디오를 차렸고, 이런 일들이 재미있을 것 같아 뉴스로 만들겠다는 스튜디오도 만들어졌어요. 이렇게 스튜디오 형태로 각자가 재난학교를 차리니까 새

시대 대학의 그림이 나오는 것 같더라고요.

차클   환경이 달라지는 것만으로도 많은 효과가 있는 것이겠네요?

조   엄청 달라지죠. 생각을 확 바꿀 때입니다. 예를 들어 지금 우리는 어디를 갈 때마다 보험 같은 것을 들잖아요. 보험만 들면 다 되는 것처럼 말이지요. 하지만 모험 놀이터라는 곳에서는 절대 보험을 못 들게 해요. 만약 아이들이 놀다가 못에 찔리면 못에 찔리는 거라고 말해줘요. 물론 병원에 데려가겠지만, 모든 것이 보험으로 안전하게 보호되는 것은 아니라고 말해줘요. 스스로 회복력을 가질 수 있는 아이를 키우겠다는 것이죠. 예전 어린 시절을 생각해보면 아마 공사장 같은 곳에서 자랐을걸요? 다리도 좀 부러지고. 그러면서 크는 것이 탄력성 있는 시대를 살아갈 힘을 키우는 지름길인 것이고 오히려 안전에 대한 학습도 되는 것이지요.

또 요새 도시농부들 많잖아요. 도시농부들과 연계해서 주말에 텃밭에 간다거나 토종 씨앗을 보관하는 일 등을 찾아서 하는 거예요. 앞으로 식량난이 엄청나게 심각해질 테니까. 이런 식으로 실제 삶에서 뭔가를 하면서 배우는 시대가 다시 와야 하는 것이지요.

차클   어른들도 하기 힘든 일을 아이들이 찾아서 한다고요?

조   기본적으로 아이와 어른의 구분에 대한 생각부터 고쳐야 한다고 봐요. 게다가 지금 어른들은 너무 바쁘잖아요. 그러니까 아이들이 어른을 가르치게 될 것 같아요. 어른들은 너무 바쁘고 화도 많이 나 있고. 어른들은 자기가 다녔던 학교만 생각하니까 계속 가르쳐야 된다고 말하죠. 하지만 이미 아이들은 전 세계적으로 연결되어 있어요. 예를 들어 해리포터클럽이라는 것을 통해 해리포터 스토리로 서로 만나서 이야기하고, 이미 그런 것들을 통해서 세계관을 갖추기 시작한 거죠. 이 진구들은 노동자가 되기 위해서 노력하는 게 아니기 때문에 어릴 때부터 세계관을 가지고 새로운 세계를 만들어가는 식으로 생각을 하는 겁니다. 그런 아이들을 잘 키우면 이 아이들이 우리를 구원할 겁니다. 그러니 우리는 아이들이 원하는 것들을 할 수 있도록 장을 마련해야 하는 거죠.

제가 관여하는 '하자 작업장 학교'는 2001년에 만들어졌는데 그때 학교의 상징적 동물은 고래였어요. 고래는 소리를 내지만 피치가 너무 높아서 일반 사람들은 듣지 못한다고 해요. 대안학교 학생들은 자신들이 바로 그런 존재라고 생각했어요. 보통 사람들은 자신들의 소리를 못 듣는다면서 자신들이 뭔가를 해내는 문화작업자들이 되겠다고 했어요. 실제로 그렇게 노력해서 탁월한 영화감독, 디자이너 등이 되어 있지요. 2000년대 후반으로 접어들면서 학생들은 고래 대신 크리킨디라는 작은 새 이야기에 주목했어요. 아마존 산맥에서 전해오는 우화인데 산불이 나서 다들 도망을 가지만, 크리킨디라는 조그만 벌새가 계속 불을 끄기 위해서 물을 길어다 나른다는 이야기입니다. 다들 기가 막혀서 크리킨디에게 바보 같은 짓 하지 말고 어서 도망가라고들 하죠. 그랬더니 크리킨디가 이렇게 말했다고 해요. "나는 내가 할 수 있는 최선을 할 뿐이야." 우리가 이런 마음을 가져야 하지 않을까 생각

"우리의 미래는 수 세기에 걸친 견고한 성취와 전쟁의 역사가 아니라 덧없이 지나간 공감의 순간들에서 찾아질지 모른다"

-하워드 진(Howard Zinn 1922~2010)

공감의 순간에서 찾아질지 모른다

하워드 진

해요. 문제가 너무 많고 커서 외면하고 싶더라도 외면하지 않고 최선을 다하는 겁니다. 어떤 결과가 날지 계산하지 말고 마음을 모아 기도를 하는 것이지요.

이게 제 마지막 말의 선물입니다. 하워드 진이라는 미국의 사회운동가는 이렇게 말했어요. "우리의 미래는 수세기에 걸친 견고한 성취와 전쟁의 역사가 아니라 덧없이 지나간 공감의 순간들에서 찾아질지 모른다." 우리가 놓치고 온 그 공감의 순간들, 그런 부분을 생각해봅시다. 그리고 그것을 가지고 이제 각자 재난 스튜디오를 차려보시기 바랍니다.

대한민국은
소멸할 것인가

조영태

인구 변화를 분석해 불확실한 미래를 예측하는
대한민국 대표 인구학 박사이자 서울대학교 보건대학원 교수.
국내 지자체는 물론 베트남 정부의 요청을 받아
해외 인구 정책의 방향까지 제시하는 인구학 분야의 진정한 마스터.
정확한 데이터로 다가올 미래를 족집게처럼 예측하고
저출산의 위기에 대비할 방법을 알려주실 조영태 선생님을 소개합니다.

인구학이란 무엇인가요?

"인구가 변동하는 모습들을 보면 앞으로 10년 뒤에 사회가 어떻게 바뀌겠구나 하는 것을 예측할 수 있습니다. 많은 부분의 미래를 볼 수 있습니다."

차클   평소 '인구를 알면 미래가 보인다'는 제목의 강연을 하시는 것으로 압니다. 인상적인 타이틀인데요, 정말 미래를 보실 수 있는 건가요?

태   네, 오늘 강의를 통해서 제가 미래를 볼 수 있는 방법을 가르쳐 드리겠습니다.

차클   혹시 저희들의 미래도 봐주실 수 있나요?

태   제가 저희 학생들이랑 이야기하길, 미아리에 가서 돗자리 하나 깔고 미래를 봐드려야 되는 거 아닌가 하는 농담도 한 적이 있는데요(웃음). 그러나 저희가 말씀드리는 미래는 개인들의 미래가 아니고 거시적이고 사회적인 미래입니다. 거시적이고 사회적인 미래가 어떻게 바뀔지를 알면 개인들은 그에 따라 본인의 미래를 만들어 나가면 되거든요.

차클   선생님이 전공하신 인구학과 미래는 어떤 관계가 있는 거죠?

태	인구학이란 학문이 굉장히 생소하잖아요. 어떤 분은 저보고 인류학자냐고 물으세요. 그럼 저는 인류학이 아니라 인구학이라고 다시 말씀드리죠. 어떤 분들은 인문학이냐고도 물어보세요. 당연히 아닙니다. 그만큼 우리가 인구에 대해서 모르는데, 사실 인구는 우리 생활과 굉장히 밀접한 관계가 있습니다. 인구가 변동하는 모습들을 보면 앞으로 10년 뒤에 사회가 어떻게 바뀌겠구나 하는 것을 예측할 수 있습니다. 미래를 볼 수 있냐고 질문하셨죠? 네, 많은 부분의 미래를 볼 수가 있습니다.
차클	아직도 감이 잡히질 않는 것 같아요. 인구학은 구체적으로 어떤 학문인가요?
태	인구가 태어나서 어디로 이동하고, 어디에 분포해 있고, 어떻게 사망하는지에 대해서 연구하는 학문이 인구학입니다. 인구, 즉 사람들의 삶의 전반에 대해 연구하는 학문이죠. 저는 오늘 여러분들과 함께 출생·사망 그리고 이주 등의 인구현상들이 현재의 추세대로 가게 된다면 한국 사회가 어떻게 바뀔 것인지, 한국 사회의 미래가 어떻게 될 것인지에 대해서 이야기하고자 합니다. 그럼 우리는 어떤 준비를 해야 하는지에 대해 알아볼 겁니다.
차클	우리나라가 세계 최초로 인구 소멸국가가 될 거라는 말을 들은 적이 있어요. 그럼 우리나라가 지구상에서 사라진다는 말인가요?
태	일반적인 사회에선 다음 세대를 출산하지 않아 인구가 재생산이 안 되는 경우는 거의 보기가 힘듭니다. 만일 인구 집단이 사라진다면 그것은 전쟁이나 전염병과 같은 외부 요인이 모든 사람들을 몰살시킨 경우고요. 그런데 인구 소멸국가라는 것은 외부 요인 없이 가만히 놔둬도 다음 세대가 나오지 않는 것을 말합니다. 그런데 다음 세대가 나오지

않는 첫 번째 국가가 한국이 된다는 얘기는 맞습니다. 아주 간단하게 산술적으로 살펴볼까요? 작년에 우리나라에서 몇 명이 태어났는지 아세요? 2016년에는 우리나라에서 40만 6000명이 태어났고, 2017년에는 35만 7000명이 태어났어요.

차클 40만 6000명이면 많이 태어난 건가요? 적게 태어난 건가요?

태 상대적으로 살펴봐야 해요. 제가 1972년생입니다. 저희 때는 한 해에 거의 100만 명이 태어났습니다. 1958년생부터 1974년생까지는 매년 거의 90만~100만 명이 태어났어요. 그런데 출생아 수가 2002년부터 40만 명대로 줄어듭니다. 불과 30년, 즉 한 세대 만에 태어난 아이의 수가 절반 이하로 줄어든 거예요.

차클 올해에도 출생률이 더 떨어질까요?

태 네. 그럴 거라고 봅니다. 2002년생부터 우리 사회가 초저출산 현상에 들어갔어요. 2002년생이 48만 명 태어났고요. 그 이후로 한 번도 50만 명을 넘어본 적이 없고, 2016년에 40만 6000명. 2017년에는 35

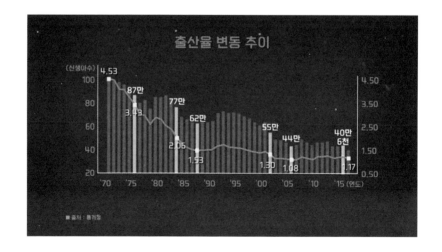

만~36만 명 사이로 태어나게 됐어요.

차클 　초저출산이란 건 알겠는데 그렇다고 정말 우리나라가 소멸될 지경까지 갈까요?

교 　합계출산율이라는 것이 있습니다. 평균적으로 15~49세 가임기 동안에 한 여성이 아이를 얼마나 낳을 것인지를 나타내는 통계인데요. 2016년 현재 우리나라 여성들은 1.17명을 낳고 있습니다(2017년은 1.05명으로 전년도에 비해 더 낮아짐). 이런 상황이 계속된다고 칩시다. 2002년 이후 태어난 약 40만 명 중 절반인 20만 명의 여성이 약 30년 뒤에 아이를 낳게 되잖아요. 20만 명이 아이를 한 명씩만 낳는다면 20만 명이 태어납니다. 그렇죠? 그럼 그중에서 절반인 여자아이들 10만 명이 30년 뒤에 10만 명을 낳는 거예요. 그렇게 계산해서 2750년이 되면 마지막 한국인이 '바이바이' 하고 사망하게 되는 겁니다.

차클 　굳이 2750년까지 가지 않더라도 사라질 도시들이 나오겠네요?

태 　맞아요. 훨씬 빨리 인구가 소멸될 수 있는 위험 지역들이 있어요. 서

차이나는 클라스

울, 부산·광주·대구 등등처럼 파란색으로 표시된 곳은 그래도 괜찮다는 곳이고, 빨간색으로 칠해진 곳이 곧 인구가 사라질 위험성이 있는 곳입니다. 왜 이런 일이 생길까요. 아시다시피 지금 농촌 지역에 젊은 사람이 있나요?

차클   없죠.

태   맞습니다. 아무도 농촌에 살고 싶어 하지 않습니다. 농촌 지역에 있는 인구가 사망하면 그 지역은 더 이상 그 지역을 지탱할 사람이 없어요.

차클   주변에 귀농을 한 분들도 얘기하길, 젊은 사람이 너무 없어서 환갑이 지난 나이에도 막내라고 하더라고요. 그래서 결국 못 견디고 서울로 다시 올라오셨대요. 또 다른 분들 얘길 들어보면 어떤 농촌 지역에는 산부인과가 아예 들어서질 않는다고 하더라고요.

태   비단 농촌 지역만의 문제는 아닙니다. 도시에도 산부인과와 소아과가 많이 줄었어요. 그런 것들이 젊은 사람들이 농촌을 떠나게 만드는 요인이 돼요. 의료 서비스를 받지 못하면 아이를 낳기도 힘들고, 아이를 건강하게 키우기도 힘들잖아요. 그러니까 떠나게 되는 겁니다.

인구가 변화하는
근본적인 이유는 무엇인가

"우리는 남아 선호 사상이 굉장히 강한 나라였잖아요. 그래서 그때 태어난 애들을 보면 초등학교나 중학교 때 다 남자끼리 앉고 그랬어요."

태	자, 그래프를 한번 보세요. 전 세계의 인구 지도인데 1800년대 세계 인구가 10억 명이었을 때를 보면 주로 중국을 비롯한 아시아에 인구가 많았습니다.
차클	중국은 언제나 인구가 많았군요.
태	그럼요. 엄청 많았죠. 그런 가운데 1900년대에 접어들며 유럽과 미국이 뜨기 시작합니다. 그럼 유럽이 갑자기 성장하게 된 이유는 뭘까요?
차클	인구가 늘어난 것이 원인인가요?
태	맞습니다. 사실 유럽이 성장할 수 있었던 것은 인구가 기반이 되었기 때문입니다. 1900년대를 보면, 산업혁명과 세계대전을 두 차례 거친 후 제조업이 급성장할 때입니다. 제조업이 성장하려면 당연히 사주는 사람이 있어야 되거든요. 그래서 유럽이 이때 커지기 시작합니다. 만

약 사주는 사람이 모자란데, 더 많이 만들고자 하면 해외 진출을 하게 되겠죠. 다음으로 미래의 모습을 살펴보죠, 2100년대입니다. 인구는 112억 명으로 늘어납니다. 우리나라는 매우 작아서 거의 보이지도 않습니다. 사실 이 그래프보다 더 작아질 겁니다. 이건 아시아 지역을 포함해서 전 세계가 그렇다는 것이고요. 만약 우리나라만 따로 떼어 놓으면 2100년대에는 지금보다 더 작아십니다.

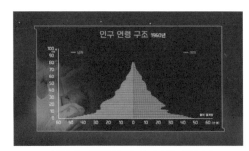

인구 연령 구조 1960년

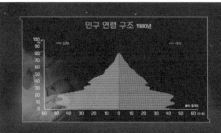

인구 연령 구조 1980년

인구 연령 구조 2000년

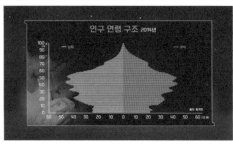

인구 연령 구조 2014년

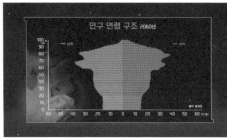

인구 연령 구조 2060년

그럼 우리나라의 인구 현황이 시대에 따라 어떻게 달라졌는지 살펴보겠습니다. 이 그래프, 사회시간에 본 기억이 있죠?

차클   네.

태   첫 그래프는 피라미드 형태죠. 1960년에 우리나라의 합계출산율은 6명이었습니다. 전쟁 직후에는 전 세계의 모든 나라에서 베이비붐이 일어납니다. 베이비붐 현상 때문에 이때 태어난 여자아이들이 50만 명이 넘었잖아요? 남자도 50만 명이 넘어서 둘을 합치면 100만 명이 됩니다. 근데 전쟁이 끝나고 10년이 지난 뒤에도 여전히 아이들이 많이 태어났습니다. 전쟁 직후에는 출산율이 높아서 아이가 많이 태어났고, 1965년부터 1974년경까지는 가임기 여성의 수가 많아서 출산율이 낮아졌어도 100만 명의 아이가 태어났어요. 다음으로 2000년의 모습입니다. 2001년에 제가 결혼을 했고 2002년에 아이를 낳았는데요. 1970년대 초반에 태어난 저와 제 친구들이 100만 명이었는데 저희 세대가 낳은 아이들의 숫자를 한번 보세요.

차클   절반으로 줄었네요?

태   네. 2000년 당시에 약 48만 명이 나왔어요. 저희 둘째 딸인 2005년생은 43만 명이 나왔습니다. 한 세대 만에 100만 명에서 43만 명으로, 절반도 안 되게 줄어든 나라는 전 세계에서 우리나라가 유일합니다.

차클   자세히 보니까 1990년대생 이후로는 남자아이들이 유독 많은 것 같은데요?

태   그렇죠. 남자아이들이 많죠. 1990년대에 여자아이가 100명이 태어나면 남자아이들이 대략 116명에서 118명이 태어났습니다.

차클   그 정도면 많이 차이 나는 것인가요?

태   엄청나게 차이가 나는 겁니다. 정상적인 출생 시 성비는 여아 100명

출생에 남아가 약 104~107명이거든요. 우리는 남아 선호 사상이 굉장히 강한 나라였잖아요. 그래서 그때 태어난 애들을 보면 초등학교나 중학교 때 다 남자끼리 앉고 그랬어요.

차클 선별적인 출산 때문인 거네요?

태 네, 그렇습니다. 선별적인 출산이 불법이었음에도 불구하고요. 왜냐? 우리는 아들을 좋아했으니까요. 대를 이어야 한다는 것도 있고, 노후에 접어들었을 때, 누가 자신을 돌봐줄 것이냐를 생각한 것이죠. 아들이 돌봐준다고 여겼거든요.

차클 아들보다는 딸이 더 잘 돌봐주는데 다들 몰랐나 봐요.

태 자, 지금 딸이 좋다고 말씀하셨죠. 저도 딸이 둘인데요. 엄청 행복합니다. 그런데 전 세계적으로 유일하게 한국이 아들을 선호했던 사회에서 딸을 좋아하는 사회로 바뀌었어요. 그것도 매우 빠르게 바뀌었습니다. 우리가 얼마나 딸을 좋아하느냐 하면요. 2017년 어린이날에 여자아이용 장난감과 남자아이용 장난감 중 어떤 것이 더 많이 팔렸을까요?

차클 여자아이들 장난감이겠죠?

태 그럼 몇 배나 더 팔렸을까요?

차클 두 배? 세 배?

태 뉴스를 찾아보면 바로 나오는데요. 14배가 팔렸습니다. 이게 무슨 말이냐 하면, 아들한테 1만 원을 쓰면 딸한테는 14만 원을 쓰는 겁니다.

차클 남자아이와 여자아이의 놀이 문화 차이 때문 아닌가요? 남자아이들은 축구공 하나만 던져줘도 하루 종일 놀잖아요. 근데 여자아이들은 이 인형도 갖고 싶고, 저 인형도 갖고 싶어 하니까.

태 그렇지 않습니다. 예전에야 남자애들은 공만 주면 다 알아서 놀았지만, 지금은 다 차려입고 해야 돼요. 돈 엄청 많이 듭니다.

차클	우리나라가 남아 선호에서 여아 선호로 바뀌게 된 이유는 뭘까요?
태	예전에는 아들이 자신의 대를 이을 수 있고, 내 부양을 책임진다고 생각해서 반드시 아들이 있어야 한다고 생각했었죠. 그런데 지금은 가족 부양과 노후 부양의 책임이 누구한테 있는지 물으면 아들한테 있다고 대답하시는 분이 거의 없어요.
차클	지금은 국민연금이 책임지지 않나요?
태	예, 국민연금이 중요하죠. 이제 국가와 사회가 책임지지, 아이들이 책임진다고 여기지 않아요. 그러니 아들이 정말 중요한가, 라는 생각을 하게 된 거죠. 또 딸은 언제나 집에 뭘 가지고 오죠. 반면 아들은 늘 집에 와서 돈을 좀 가지고 나간다거나 뭔가를 달라고 합니다. 집에 찾아와서 옆에서 돌봐주는 것도 주로 딸들이죠. 이렇게 경험적으로 딸이 훨씬 더 좋다는 것을 알게 된 거예요. 그러다 보니까 한국 사회가 정말로 딸 중심의 사회로 바뀌어나가고 있습니다.
차클	그나저나 앞으로 우리나라 인구는 소멸되는 게 불가피한가요?
태	그런 일이 벌어지기 전에 더 많이 낳을 수 있는 환경을 만들어주는 게 필요하죠.

국가의 인구조절 정책은 정당한가

"아이를 낳든 안 낳든 모두 개인의 선택이기 때문에 국가에서 뭐라고 하면 안 됩니다. 저는 개인이 선택한 대로 할 수 있게만 국가가 만들어주면 된다고 생각합니다. 그게 국가의 역할이거든요."

태 영화 얘기를 한번 해볼까요? 007 영화 좋아하시나요? 〈설국열차〉는 다들 보셨을 테고, 〈킹스맨〉도 보셨죠? 그럼 이들 영화의 공통점을 한 번 찾아볼까요?

차클 남자가 주인공인 영화? 그렇기도 하고 인구가 너무 많아서 줄여야 한 다는 이야기를 담은 영화인 것 같아요.

태 네, 맞습니다. 전부 다 인구 조절에 대한 이야기를 다루고 있어요. 인 구를 조절하는 방법에는 크게 두 가지가 있습니다. 하나는 적극적으로 줄이는 겁니다. 있는 사람을 없애는 거죠.

차클 살아 있는 사람을 없앤다고요?

태 네, 이 영화들에 공통적으로 등장하는 게 바로 그겁니다. 이미 살고 있 는 사람들을 제거함으로써 인구를 조절하고자 하는 거죠.

차클 사람을 숫자로만 본다는 것이 불편하네요.

태 그래서 두 번째로 인구를 조절할 수 있는 방법이 바로 가족계획입니다. 아이가 태어나기 전에 하나를 갖겠다거나 둘을 갖겠다거나 혹은 터울을 얼마를 두겠다고 하잖아요. 이게 다 우리가 인구 조절을 하는 거예요. 이러한 조절은 우리도 할 수 있습니다. 그런데 영화 〈인페르노〉에는 한 미치광이 의사가 등장합니다. 그가 만든 '페스트'가 퍼져나가는데, 이상하게 사람들이 죽지 않는 겁니다. 그래서 약을 살펴봤더니 여성들을 불임시키는 약이었던 거예요. 적극적인 방법을 쓴 게 아니라 피임으로 인구를 조절하려 한 것이죠.

차클 인구를 인위적으로 조절하는 것은 문제가 안 되나요?

태 사실 결혼을 하든 결혼하지 않든, 아이를 낳든 안 낳든 모두 개인의 선택이기 때문에 국가에서 뭐라고 하면 안 됩니다. 저는 개인이 선택한 대로 할 수 있게만 국가가 만들어주면 된다고 생각합니다. 그게 국가의 역할이거든요. 그런데 우리나라에서 만든 공익 광고들을 보면 국가가 개입하는 정책들이 많이 반영되어 있어요. 가족계획 표어들 중에서 기억 나는 것 한번 떠올려보세요.

차클 아들, 딸 구분 말고 둘만 낳아 잘 기르자.
덮어놓고 낳다 보면 거지꼴을 못 면한다.

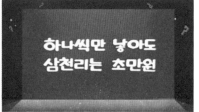

잘 기른 딸 하나 열 아들 안 부럽다.

태   자, 지금 기억하고 있는 표어를 보면 본인들의 연령대가 나옵니다. 지금 말씀해주신 게 굉장히 재밌는 현상들인 거예요. 제가 어렸을 때는 '둘만 낳아 잘 기르자'가 아주 기본적인 표어였습니다. 근데 1980년대에 들어서면서부터는 바뀌어요. '둘도 많다. 하나만 낳자.'

차클   우리나라 정부가 펼친 인구조절 정책은 어떤 게 있나요?

태   너무나 충격적인 정책이 하나 있었어요. 1990년대 초반서부터 1996년까지 시행했던 정책인데, 군대를 갔다 오신 분들은 예비군 훈련을 가지 않습니까? 그런데 예비군 훈련은 생업을 포기하고 가는 것인데, 국가는 생업을 포기한 대가를 보장해주지 않습니다. 예비군 훈련이 엄청난 부담인 거죠. 그런데 예비군 훈련을 빠질 수 있는 가장 좋은 방법이 있습니다. 정관수술을 하면, 예비군 훈련을 가지 않아도 되는 정책을 편 거예요.

차클   그게 인구를 줄이기 위한 정책이었다고요?

태   네, 인구를 줄이기 위해서요. 정관수술을 하면 1년 동안 예비군 훈련을 빠질 수 있게 했어요. 한 가지 더 말씀드릴게요. 다들 건강보험을 들고 계시죠? 1990년대 초반에 공무원들을 대상으로 아이 둘까지는 건강보험을 적용해주면서 셋째부터는 적용해주질 않았습니다.

차클   저출산에 시달리는 지금 기준으론 도무지 믿기 힘든 얘기네요.

태   그렇다면 제가 질문을 하나 드리겠습니다. 우리나라의 저출산이 과연 언제부터 시작됐을까요?

차클   IMF 때요. IMF 전에는 가장을 믿고 낳는다는 의식이 있었던 것 같아요. 일단 애를 낳기만 하면 가장인 아버지가 신체만 건강하면 일을 할 수 있기 때문에 어떻게든 애들을 먹여 살리겠지 했던 거죠. 근데 IMF

때 갑자기 직장이 없어지는 충격적인 경험을 하면서 가장 믿고 애를 무작정 낳을 수 없구나 하는 사회적 인식 변화가 생긴 것 같아요.

태 지금 말씀해주신 IMF 사태를 계기로 초저출산이 발생했습니다. 초저출산은 인구학에서 합계출산율이 1.3명 밑으로 떨어지는 것을 말합니다. 저출산은 그보다 빨리 시작됐어요. 1983년에 두 명을 낳았는데 이게 이른바 인구를 재생산할 수 있는 수준입니다. 그러다가 1990년에 1.75명이 됐고, 2002년에 1.17명이 됐습니다. 그러니까 우리나라의 저출산은 이미 1980년대에 시작됐다고 할 수 있습니다.

차클 그런데 정부에서는 이렇게 출생아 수가 줄어들 걸 예측하지 못한 것인가요?

태 우리나라는 1996년까지 가족계획을 했어요. 이때까지 '둘도 힘들다, 하나만 낳으라'고 얘길 했거든요. 정부가 인구 변동의 모습들을 보고 거기에 맞춰서 계획을 세워야 되는데, 우리는 전혀 그러지 않았어요. 두 번째 기회를 놓친 거죠.

자, 우리는 첫 번째 기회도 두 번째 기회도 놓쳤습니다. 그런데 2002년 출산율이 1.24명으로 훅 떨어지면서 세 번째 기회가 왔어요. 이제 국가에서 상황이 엄청 심각하다는 것을 인지하고 이때부터 준비를 합니다. 근데 준비를 잘해야 되잖아요. 2005년에 처음으로 국가 안에 저출산을 전담하는 조직을 하나 만듭니다. 과장님 한 분 계시고 사무관 두 분 계시고 주무관 네 명 있는 일곱 명짜리 과를 만들어서 인구정책을 펼치게 합니다.

차클 원래 인구정책을 이렇게 즉흥적으로 세우나요?

태 황당하지 않습니까. 그다음에 또 어떤 대통령들은 인구는 중요하지 않다고 생각해서 보건복지부에 맡겨버립니다. 이제 정책의 주체가 보건

복지부가 되었으니, 정책의 내용은 복지에 국한될 수밖에 없습니다. 그래서 우리나라의 모든 인구정책과 관련된 내용들이 복지정책이잖아요.

차클 선생님이라면 어떻게 하셨을 것 같으세요?

태 저라면 출산보다 인구를 가지고 미래를 기획하자고 얘기할 것 같아요. 아까 제가 말씀드렸듯이 인구는 문제라고 보는 사람들도 있고요. 문제가 아닐 수도 있습니다. 요즘 서울시에 사람이 너무 많아서 복잡하다고 얘길 하죠. 서울시에 있는 인구를 서울에만 모여 있게 하지 말고 바깥으로 나갈 수 있게 하는 것들도 가능하기 때문에 제가 만일 이때로 돌아간다면 저는 인구를 조절하지 않고, 인구를 가지고 미래를 기획했었을 것 같아요.

차이나는
클라스

인구의 변화는
사회를 어떻게 바꾸는가

"사람들은 부모님과 같이 사는 어린 시절에 경험한 것보다 현재와 미래가 더 좋아질 것이라는 확신이 있어야 합니다. 그 확신이 있어야만 출산을 하게 되죠. 만약 확신이 없으면 출산을 하기가 힘든 겁니다."

태	다음으로 일본을 통해서 우리의 미래를 한번 살펴보도록 하겠습니다.
차클	왜 일본을 통해서 봐야 하나요?
태	일본의 인구 구조가 이미 우리보다 빨리 변했고, 우리나라가 일본의 패턴을 따라가고 있기 때문입니다. 사실 일본의 인구를 살펴보는 데는 그런 목적도 있지만, 최근에 많이 화제가 되고 있는 일본 청년층의 100퍼센트 취업에 대한 얘기도 할까 합니다. 지금 일본의 젊은이들은 100퍼센트 취업합니다.
차클	우리 인구 구조가 일본을 따라간다고 하셨는데 그럼 우리도 머잖아 100퍼센트 취업 상태가 되는 건가요?
태	10년 전으로 돌아가 봅시다. 일본은 10년 전에 이른바 '프리터'가 양산됐어요. 대학을 졸업하고 좋은 직장을 가져야 되는데, 경기가 안 좋

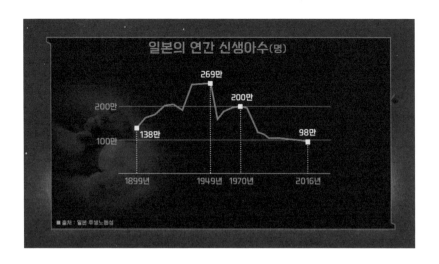

일본의 연간 신생아수(명)

269만

200만

200만

138만

100만

98만

1899년　　　　1949년 1970년　　　　2016년

■ 출처 : 일본 후생노동성

으니까 좋은 직장을 구할 수 없는 거예요. 그래서 아르바이트를 하는

겁니다. 아르바이트를 세 개 정도 하면 나 혼자 먹고살 수 있는 돈은

벌 수 있어요. 그런데 프리터가 돼서 미래를 바라보면, 결혼도 하고 아

이도 가져야겠다는 생각을 할 수 있을까요? 결국 혼자 사는 것을 선택

하죠. 제가 사실 제일 걱정하고 있는 게 저희 딸, 아들 세대가 프리터

세대로 갈 가능성이 높다는 겁니다. 그나마 일본엔 믿을 구석이 있었

어요. 해외에 가면 제일 많이 굴러다니는 자동차 브랜드가 뭘까요?

차클　도요타요.

태　그럼 전 세계에서 제일 많이 굴러다니는 오토바이는?

차클　혼다요.

태　일본은 전 세계에 시장을 많이 개척해놔서 그나마 경제가 유지돼 왔던

거예요. 최근에 경기가 다시 살아났죠. 인구는 줄었는데 경기가 살아

나니까 일할 사람이 모자라게 된 겁니다. 우리도 곧 그렇게 돼야 해요.

14~15년쯤 뒤에 반드시 대기업일 필요는 없지만 작은 중소기업들이 해외에 진출을 많이 하고 그래서 우리 상품들로 시장을 채우기 시작하면 됩니다. 우리의 내수시장이 줄어들어도 해외 시장을 개척하게 되면 우리의 경기가 유지가 되는 것이죠. 그러면 우리도 괜찮을 거 같아요.

차클 그렇게 될 희망을 품지 못하기 때문에 초저출산 같은 현상이 벌어진 건 아닐까요?

태 인구학에서 출산율이 낮은 나라들이 등장하는 이유에 대해서 학문적 연구를 하신 분들이 있습니다. 대표적인 분으로 리처드 이스털린이라는 경제학자가 있어요. 사람들은 부모님과 같이 사는 어린 시절에 경험한 것보다 현재와 미래가 더 좋아질 것이라는 확신이 있어야 합니다. 그 확신이 있어야만 출산을 하게 되죠. 만약 확신이 없으면 출산을 하기가 힘든 겁니다. 지금 30대 초반과 20대 후반인 세대를 우리가 뭐라고 부르나요?

차클 부모 세대보다 못한 세대 아닌가요.

태 네, 최초로 부모 세대보다 못 사는 세대라고들 하죠. 이대로 가면 우리나라의 출산율이 떨어지는 것은 당연합니다.

차클 정부에서 출산 장려 정책을 시행하면 개선되지 않을까요?

태 지금의 청년들이 '나의 미래는 부모 세대보다 더 좋아질 거야'라는 확신이 서도록 청년 정책들이 나와야 되겠죠. 뿐만 아니라 지금 10대들은 아직 출산과 결혼이 먼 얘기로 들리겠지만, 그런 10대들이 자라면서 지금의 20대와 30대가 겪은 경험들을 반복하지 않도록 해줘야 됩니다.

차클 우리 정부가 저출산을 타개할 정책을 발빠르게 마련하지 못한 이유가 있을까요?

태	우리나라 과거 정책들이 실기를 한 건 정치권에서 관심이 없었기 때문입니다. 한국 사회에 저출산이 어떤 영향을 주었느냐. 생각해보면 그다지 많지 않았거든요. 2002년에 태어난 아이들이 지금 고1이에요. 그 시기의 인구가 한국 사회에 어떤 영향을 주었을까요. 경제적인 영향이 컸을까요? 사실 지금까진 그다지 없었어요.
	1995년에는 초등학교를 다닌 애들이 한 학년에 약 62만 명이었어요. 그러다가 갑자기 뚝 떨어져서 2016년에는 43만 명밖에 되지 않습니다. 한 반을 비교하면 서울에는 한 반에 20명이지만, 지방으로 가면 한 반에 20명도 안 됩니다. 학급 수도 서울이나 여섯 반 정도이지 지방은 그보다 훨씬 적습니다.
차클	한 반에 20명밖에 없다고요?
태	네. 중학교 3학년까지 한 반에 20명이에요.
	교복을 만드는 회사의 자료를 보면 1996년에 교복 와이셔츠를 만드는 생산량이 연간 40만 벌이었다가 2016년에 12만 벌 정도로 줄어듭니다. 이러면 광고를 할 수 있겠습니까?
차클	광고를 못할 뿐만 아니라 업체도 문을 닫아야겠는데요?
태	이렇게 인구와 시장의 규모도 관련이 있습니다. 인구는 정치적으로도 관련성이 굉장히 커요. 일례로 전 세계 사람들이 이상하다고 생각하는 트럼프를 왜 미국 사람들은 대통령으로 뽑아줬을까요?
차클	미국의 이익에 도움이 된다고 생각했기 때문 아닐까요?
태	그렇죠. 미국 대선 당시에 제가 칼럼을 하나 썼습니다. 트럼프가 대통령이 될 수밖에 없다는 내용의 칼럼입니다. 미국에 노동력이 모자라다 보니까 멕시코 같은 곳에서 계속 젊은 사람들이 넘어오겠죠. 그럼 미국인들이 볼 때, 미국이라는 나라가 이제 백인들의 나라가 아니라 다

차이나는
클래스

른 인종들의 나라로 변하는 것을 걱정하게 됩니다. 그런 우려 때문에 지극히 백인적인 가치관을 대표하는 사람한테 표를 준 거라고 생각됩니다.

차클　미국은 원래 이민자들의 나라 아닌가요?

태　제가 미국에서 공부할 때를 생각해보면, 미국의 주인은 백인이었습니다. 저는 외국인 유학생일 뿐이었죠. 그런데 제가 공부했던 곳은 텍사스라서 사정이 좀 달랐죠. 거기에는 히스패닉이 너무 많은 거예요. 한번은 수업시간에 콜롬비아에서 온 학생이 발제를 했어요. 그런데 그 학생이 영어를 잘 못 하니까 그냥 스페인어로 하면 안 되냐고 한 거예요. 그러자 교수님이 스페인어로 하자고 했어요. 다행히 제 옆에 스페인어를 하는 한국인 학생이 있어서 그 친구가 통역을 해주었습니다.

차클　히스패닉 인구가 그렇게 많이 늘었나요?

태　2010년에 놀라운 통계가 발표됩니다. 2010년 이후에 미국에서 태어난 아이들 중에서 50퍼센트 이상의 엄마가 히스패닉입니다. 물론 지난 1980년대부터 히스패닉은 꾸준히 유입됐어요. 그런데 히스패닉들은 주로 흑인들이 가지고 있던 직업을 꿰찼습니다. 백인의 입장에서는 자신의 일자리가 아니니 상관없다고 여겼습니다. 근데 히스패닉의 숫자가 막 늘어나요. 일을 하러 갔는데 어느 날 제 옆에 있던 백인의 책상이 빠지고 그 자리에 히스패닉들이 들어옵니다. 그러면 그때부터 백인들은 생존의 위협을 느끼는 겁니다. 자신의 일자리도 빼앗길 수 있으니까요. 그런데 갑자기 트럼프라는 대통령 후보가 등장해서 그들이 못 들어오게 막아주겠다고 합니다. 그럼 당연히 트럼프를 뽑죠.

차클　그렇다면 인구학적 관점에서 혹시 우리나라의 대통령이나 국회의원으로 누가 선출될지 예측할 수 있나요?

태   충분히 가능합니다. 우리나라의 2017년 대선이 그런 경우입니다. 이번에도 2030 대 5060의 세대 간 싸움이었죠. 그런 가운데 이번에 40대가 캐스팅보트를 쥐게 됐습니다. 쉽게 말해 40대는 부장님 세대입니다. 40대 부장님은 보수일까요? 진보일까요?

차클   보수 아닐까요?

태   40대 부장님들은 현재의 위치에서 사회적 지위가 더 오를 사람들입니다. 현재의 질서에서 여기까지 올라온 사람들은 현재의 질서가 바뀌길 원할까요, 안 바뀌길 원할까요? 당연히 안 바뀌길 원해요. 이 사람들은 보수일 수밖에 없습니다. 보수여야만 합니다. 그런데 이분들이 이번 대선에서 촛불혁명을 통해서 바뀌었습니다. 그동안 잊고 살았던 20대 초반의 기억들이 떠오른 겁니다. '피 끓는 20대 초반에 어떻게 지켜냈던 민주주의인데…'라는 생각을 한 거죠. 그래서 자신의 위치에서 끌리는 보수 성향보다는 어렸을 때의 마음과 민주주의를 지켰던 마음이

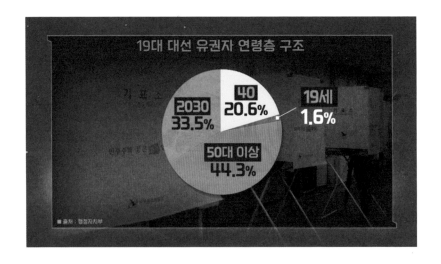

   차이나는 클라스

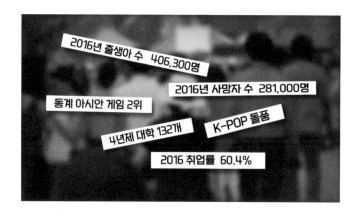

더 커진 겁니다. 그래서 40대가 움직여서 이번에 문재인 후보가 대통령으로 당선이 된 것이죠.

자, 인구 구조가 가져올 또 다른 변화를 한번 살펴보죠. 2016년 우리나라의 출생아 수와 사망자 수를 한번 볼까요? 출생아 수는 40만 6000명이고, 사망자 수는 28만 명입니다. 그런데 그때 우리나라가 아시아 동계 올림픽에서 2등을 했어요. 여러분 우생순 아시죠? 2030년이 되었을 때, 우생순의 주인공과 같은 핸드볼 선수들이 다시 나올 수 있을까요? 거의 불가능합니다. 엄마·아빠 입장에서 보세요. 제 딸이 '아빠 저 핸드볼이 좋아요, 핸드볼을 할게요' 그러면 엄마·아빠 입장에서는 딸에게 운동하라고 얘기하기가 어려워요. 만일 애가 둘이나 셋이 있으면 운동을 한다고 해도 나머지 애들이 둘이 있으니 일단 승낙을 하는 것이 가능합니다. 근데 애가 하나밖에 없으면 어떤 부모도 그렇게 위험이 큰 선택을 할 수가 없습니다.

차클   하긴 저희라도 아이가 하나라면 쉽게 운동하라고 못할 것 같아요.

태   네. K팝도 마찬가지예요. 운동이든 K팝이든 인재 풀이 있어야 하니까요.

차클　　그러면 우리나라는 월드컵도 진출하지 못하게 되나요?

태　　꼭 그런 건 아닙니다. 네덜란드 인구가 우리보다 훨씬 적거든요. 네덜란드가 1700만~1800만 정도인데도 불구하고 지금 네덜란드의 축구가 얼마나 막강한데요. 물론 네덜란드의 축구 시장은 네덜란드가 아닙니다. 전 세계입니다.

차클　　그럼 우리나라의 인재 풀로는 뭘 할 수 있나요?

태　　우리만의 소프트웨어나 콘텐츠를 강화시키고 개발해서 세계 시장에서 팔아야 되는 세상이 이제 된 거 같아요. 내수만 겨냥할 게 아니라요.

미래를 어떻게 바꿀 것인가

"새로운 기회들은 늘어날 수 있는 거예요. 긍정적인 무언가가 있는데, 우리가 그것을 모르면 그냥 부정적일 뿐인 거예요. 반대로 부정적인 무언가가 있는데, 우리가 그것을 알면 밝아질 수 있어요. 왜냐하면 우리가 좋게 만들어 가면 되니까요."

태   여기 그림을 한번 보세요. 백화점·대형마트·호프집·편의점 등등 중에서 앞으로 잘 될 곳과 잘 안 될 곳을 한번 예측해보세요.

차클	온라인 쇼핑몰이 많아져서 백화점과 대형마트가 없어지지 않을까요? 1인 가구도 점점 많아지니까요.
태	일단 대형마트의 경우, 인구학적으로 보면 잘 될 가능성은 별로 없습니다. 대형마트가 잘 될 때가 2000년대였어요. 그때는 4인 가구가 대세였을 때였습니다. 일주일 치 음식을 사러 마트에 가죠. 그럼 한 사람이 마트에 와서 많은 것을 삽니다. 그런데 1인, 2인 가구가 늘어나기 시작했습니다. 1인, 2인 가구가 대형마트에 갈까요?
차클	편의점을 갑니다.
태	1인, 2인 가구는 기본적으로 사는 규모가 작아요. 게다가 1인, 2인 가구가 노인 쪽으로 증가하면 대형마트를 가는 것보다 오히려 동네 슈퍼 중심으로 갑니다. 그래서 '다*소'가 일본에서 급성장을 했어요. 혼자나 둘이 살면 크고 많은 게 필요 없잖아요. 그러나 생필품은 필요합니다. 생필품을 사려면 믿을 수 있고 싸고 가까운 곳에서 사죠. 그게 바로 편의점과 다*소가 일본에서 성장한 이유예요.

다음으로 '별다방'을 한번 볼까요? 여기에는 누가 가는지를 봐야 합니다. 20대나 30대가 제일 많이 갑니다. 그럼 10년 뒤에 30대가 40대가 되면 별다방을 안 가고 커피믹스로 바꿀까요? 아니죠. 소비자는 자기가 했던 소비를 계속하게 될 거라고 봅니다. |
차클	별다방에서 공부를 하거나 친구를 만나면서 공간이 주는 효용을 누리는 경우도 많은 것 같아요. 그런 효용 때문에라도 별다방은 계속 잘 되지 않을까요?
태	올리브* 같은 건 어떨까요. 이것도 똑같습니다. 올리브*을 주로 가는 연령대가 누구죠?
차클	20, 30대.

차이나는
클라스

태	20대가 제일 먼저 사용하기 시작하는 화장품이 주로 이런 곳에 많잖아요. 올리브*의 경우에는 20대 초반을 대상으로 하는데, 그 연령대가 줄어들면 힘들어질 수밖에 없죠. 동사무소와 교회를 생각해보죠. 50대, 60대가 돼서 은퇴를 하면 생애에 큰 변환이 옵니다. 그때 교회에서 이 분들을 잘 흡수하면 교회는 잘 될 겁니다. 반대로 흡수를 못 하면 교회는 앞으로 어려워질 수밖에 없겠죠.
차클	이렇게 미래가 예측 가능하다면, 어떤 노력을 기울여야 할지 가늠할 수 있지 않을까요?
태	오늘의 이야기를 듣고 현재의 사업을 접어야 하는 것 아닌가 하는 분들이 있는데, 그러지 않으셔도 됩니다. 새로운 기회들은 늘어날 수 있는 거예요. 제가 생각할 때 우리나라의 인구정책은 지금까지 너무 복지정책 위주였습니다. 물론 복지정책이 나쁜 건 아닙니다. 당연히 복지는 좋은 거예요. 단, 체감 온도가 너무 낮아요. 그래서 이제는 정책의 우선순위가 바뀌어야 된다고 저는 계속 주장을 하고 있어요.
차클	그럼 선생님이 생각하는 미래에 대한 대비책은 뭔가요?
태	제가 생각하기엔 첫 번째가 교육입니다. 지금까지는 대학부터 가는 게 중요했어요. 그런데 졸업을 하고 그 후에 뭘 할지 모르기 때문에 다시 스펙을 쌓아야 했어요. 지금의 20대 후반, 30대 초반의 사람들이 모두 비슷해요. 그럼 이들과 똑같이 우리의 10대들이 대학을 가고 졸업을 하고 난 10년 뒤, 15년 뒤에 어떻게 될까요. 지금의 청년처럼 출산과 결혼을 포기할까요, 아니면 기꺼이 아이를 낳고 싶다고 할까요?
차클	똑같이 자포자기할 거 같아요.
태	그것을 바꿔주려면 '선 취입, 후 진학'으로 바꿔주면 됩니다. 지금 우

리는 몇 살에 대학을 가나요? 대체로 열아홉, 스물에 가죠. 왜 대학을 열아홉, 스물에 가야 하나요?

차클 　시스템이 그렇게 돼 있으니까요.

태 　만일 열아홉, 스물에 대학을 안 가고, 스물다섯이나 스물여섯에 가면 안 되나요?

차클 　하긴 그 시점이 공부하기 더 좋은 나이인 거 같아요. 스무 살 때는 뭘 배우고 싶은 생각이 전혀 없어요. 사회 경험이 없으니까요.

태 　네, 고등학교 때까지는 의무적으로 교육을 받고, 대학은 필요할 때 가게 해주면 되는 거예요. 근데 지금까지 그렇게 하지 못했던 이유는 대학 입시제도가 18세를 중심으로 돼 있었기 때문이에요. 고등학교 때까지 무엇을 배웠는지로 학생들을 평가하고 선발하니까요.

차클 　만약 '선 취업, 후 진학'으로 시스템을 바꾼다면 대학 입시제도가 어떻게 달라져야 할까요?

태 　누군가가 25세가 되었습니다. 그 사람이 대학 입학 시험을 보려고 한다면 고등학교 때까지 성적을 평가하는 것이 아니라 고등학교 졸업 이후의 삶에 대해서 평가를 해주면 됩니다. 그만큼의 경험을 평가하는 겁니다. 경험치라는 것은 책으로 본 지식보다 더 중요한 거니까요. 만약 경험은 있는데 조금 지식이 부족한 것 같다고 느껴지면 그때 대학에 갈 수 있게 해주면 돼요. 그런데 우리나라에서는 고교 졸업 직후를 지나면 대학에 진학할 기회를 갖기 힘들어요.

차클 　좋은 아이디어인 듯합니다. 공감이 가요.

태 　지금까지 정부에서 10년 동안 저출산과 관련해서 예산을 100조 원 썼어요. 올해만 해도 정부가 생각하고 있는 저출산 예산이 38조 원이라고 발표를 했습니다. 그 돈은 어디에 어떻게 쓰인 걸까요? 지난

2002년부터 40만 명 정도 태어났는데 올해엔 35만 명대로 떨어집니다. 이 추세대로 가면 안 됩니다. 반드시 반등시켜줘야 해요.

차클 인구 감소 추세를 반등시킬 또 다른 아이디어가 있으신가요?

태 더도 덜도 말고 40만 명에서 50만 명만 계속 낳게 해주면 됩니다. 아이를 낳게 할 수 있는 좋은 방법이 있어요. 38조 원을 한 해에 태어날 50만 명으로 나누면 7000만 원이 나옵니다. 아이 한 명당 7000만 원을 주면 돼요. 결혼한 부부들에게 주는 것이 아니라 태어난 아이한테 주는 겁니다. 그 아이를 키울 여성에게 주는 겁니다. 엄마한테요. 그러면 무슨 일이 벌어질까요? 엄마, 즉 여성들의 사회적 지위도 올라갈 수가 있어요.

차클 그러면 일자리도 생겨야 하지 않을까요? 7000만 원을 한 가구에 주면 7000만 원을 어떻게 쓰는지를 관리하고 감독하는 새로운 직업이 생길 수도 있을 거 같아요.

태 맞습니다. 여러 가지 방법을 쓸 수 있어요. 예컨대 5000만 원을 주고, 다음에 아이가 초등학교에 들어갈 때쯤에 2000만 원을 주는 것이죠.

차클 그럼 돈을 위해서 아이를 낳는 사람들이 있지 않을까요?

태 그렇죠. 그런 사람들도 있겠지만, 그럼 또 제도를 만들어 가면 되는 거니까요. 그만큼 지금까지의 정책이 체감도가 없었기 때문에 드리는 말씀입니다. 그만큼 젊은이들의 삶이 어렵다는 이야기이기도 하고요. 그래서 그런 어려움을 해결해줄 수 있으려면 한시적이라도 파격적인 지원을 해줘야 된다는 거죠. 조금 황당하다는 생각이 드실 거예요. 말도 안 된다, 라는 생각을 하실 겁니다. 그런데 10년 동안 100조 원을 쏟아부었는데도 불구하고 변화가 없으면 그런 정책이 더 말이 안 되는 거라고 생각해요.

차클   우리와 달리 이상적인 인구를 가진 나라는 어디인가요?

태   스웨덴의 2016년 인구 연령 구조를 한번 보죠. 굉장히 안정적입니다. 이러면 복지정책을 펴는 데 있어 장기적인 추계가 다 가능해요.

차클   미래를 예측할 수 있겠군요.

태   네, 그러면 아이를 둘씩 낳게 되겠죠. 세금을 많이 내서 복지로 혜택을 받고 그 복지가 아이들에게도 돌아갈 테니까요.

제가 조금 황당한 제안을 하나 하자면, 1국가 2인구 체제를 도입하면 어떨까 합니다. 우리 아이들을 완전히 보호해주는 겁니다. 지금 아이들이 20세가 되어서 세금을 내면 그 세금이 위 세대에 가지 않도록 하는 겁니다. 위 세대는 위 세대끼리 먹고 사는 겁니다. 아이들이 낸 세금은 아이들에게만 돌아가는 것이죠. 대신 마흔 살 정도 되면 이제 위 세대에 편입하게 해요. 이렇게 하면 지금의 아이들이 커서 분명히 아이들을 원하는 대로 낳을 수 있을 거예요. 둘도 낳고 셋도 낳고, 원하지 않으면 낳지 않을 수도 있겠죠. 인구는 그렇게 기획이 가능합니다. 긍정적인 무언가가 있는데, 우리가 그것을 모르면 그냥 부정적일 뿐인 거예요. 반대로 부정적인 무언가가 있는데, 우리가 그것을 알면 밝아질 수 있어요. 왜냐하면 우리가 좋게 만들어 가면 되니까요. 앞으로 다 같이 밝은 우리나라, 우리 딸과 아들들을 위한 밝은 대한민국을 만들어 가면 좋겠습니다.

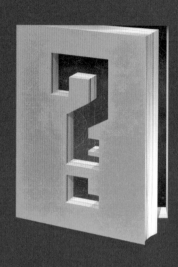

차이나는
클라스

2장

법

법은 누구의 편인가

박준영

돈 안 되는 사건만 맡는 파산변호사.
전남 완도 섬마을에서 태어나 스물네 살이 돼서야 긴 방황을 끝내고
고시촌에 틀어박혀 5년 만에 사시를 패스한
괴짜 같은 그를 부르는 수식어는 많고 많지만
법으로부터 소외된 약자들은 그를 우리들의 변호사라고 부릅니다.
박준영 변호사를 소개합니다.

법은 제대로 집행되고 있는가

"우리 사회의 시스템이 그래요. 잘못을 드러내는 것에 너무 인색하고, 바로잡는 것에 너무 인색합니다. 그러다 보니 이미 잘못된 것을 그냥 그대로 유지시키려는 것이죠."

차클 어릴 적에 방황을 좀 하셨다는 프로필이 눈에 들어옵니다.

박 네, 어릴 때 좀 방황했습니다. 지금은 이렇게 변호사도 하고 있고, 공익적인 활동을 하는 걸로 많이 알려져 있지만, 어린 시절에는 정반대였습니다. 무기정학을 받기도 했어요.

차클 어떻게 사법시험 준비를 하시게 됐나요?

박 사법시험 공부를 하게 된 이유가 황당하게 들릴 수 있을 텐데요. 중학교 때까지 공부를 잘했는데, 어머니가 돌아가시고 나서 고등학교 3년을 거의 허송세월을 보냈어요. 그러고 나서 대학에 들어가긴 했는데 한 학기를 다닌 게 전부였어요. 그런데 저보다 공부를 못했던 친구들이 이름 있는 대학에 진학한 것에 자존심이 많이 상했습니다. 그래서 한번 뒤집어봐야겠다고 생각했죠. 그래서 사법시험 공부를 하게 된 것입니다.

차클	영화 〈재심〉이 변호사님의 실제 이야기를 바탕으로 했다면서요?

박 네. 영화 제작 소식을 듣고 처음에는 굉장히 기분이 좋았습니다. 일단 제가 맡은 사건이 영화에서 어떻게 다뤄질지 예측할 수 있으니 흥분되는 일이었지요. 그런데 막상 영화 개봉 이후부터는 부담감이 커졌습니다. 앞으로는 더 똑바로 살아야 된다는 부담감이 너무 컸어요.

차클 영화 〈재심〉에서 다룬 사건에 대해 좀 알려주세요.

박 영화의 모티브가 된 사건은 익산 약촌오거리 택시기사 살인사건입니다. 2000년 8월, 익산 약촌오거리에서 택시기사가 살해된 채로 발견됩니다. 당시 택시기사를 살해했다는 혐의를 받고 15세 소년이 잡혀서 자백을 하고 유죄 판결을 받았습니다. 그런데 소년이 징역 10년의 형을 받고 복역하던 중에 진범이 따로 있다는 제보가 군산경찰서에 접수됩니다.

차클 진범이 나타났으니 억울하게 죄를 뒤집어쓴 소년은 풀려났나요?

박 실제로 그 제보에 따라서 수사를 한 결과 진범으로 지목됐던 사람과 그를 숨겨줬던 사람이 자백을 합니다. 그럼에도 불구하고 사법 당국은 이미 형을 살고 있는 15세 소년의 판결을 뒤집을 수 없다고 버텼고, 결국 소년은 만기 복역하게 합니다.

차클 어떻게 그런 일이 가능하죠?

박 수사의 문제점을 드러내기보다 그 문제점을 감추려는 행동을 했을 것이라고 생각합니다. 우리 사회의 시스템이 그래요. 잘못을 드러내는 것에 너무 인색하고, 바로잡는 것에 너무 인색합니다. 그러다 보니 이미 잘못된 것을 그냥 그대로 유지시키려는 것이죠. 이를 '법적 안정성'이라고 포장하기도 합니다.

차클	그럼 그 소년은 희생양이 된 거네요?
박	그렇죠.
차클	소년에게 억울한 옥살이를 시킨 사람들은 지금 어떻게 됐나요?
박	15세 소년에게 누명을 씌웠던 경찰 중 한 사람은 자살을 했습니다. 그리고 진범을 숨겨줬던 친구도 자살을 했고요. 그런데 진범을 풀어줬던 담당 검사는 아직 현직에 있습니다. 그 당시에 누명을 썼던 소년이 재심 끝에 무죄 판결을 받은 뒤 진범이 검거돼서 강도살인죄로 재판을 받고 2018년 3월 27일 징역 15년형이 확정됐습니다 .
차클	잘못을 하고도 여전히 그에 대한 처벌을 받지 않은 사람이 있다니 놀랍네요.
박	네, 그게 우리 사회의 모순입니다.

왜 우리는 억울한 사람들을 지켜주지 못하는가

"왜 이런 억울한 일을 겪게 된 것인가. 이런 억울한 일은 왜 오랫동안 해결되지 않고 있는 것인가. 정말 약자들의 목소리에 우린 귀 기울이고 있는 것인가. 법과 제도는 제대로 된 역할을 하고 있는 것인가."

차클	영화의 제목이기도 한 '재심'은 정확히 어떤 재판을 의미하나요?
박	1심 판결 이후 통상적인 재판의 절차는 항소심·상고심이라고 부릅니다. 항소심은 2심, 상고심은 3심이에요. 원칙적으로 이런 통상적인 절차에 의해서 어떤 결론이 내려진다면 그 결론은 쉽게 번복하면 안 되는 겁니다. 그게 법적 안정성이거든요. 그런데 재심은 그 법적 안정성을 깨뜨리고 구체적 정의를 실현하는 절차입니다. 재심이란 말 그대로 다시 재판하는 절차를 말합니다.
차클	아예 처음부터 다시 재판을 하는 것인가요?
박	네, 그렇습니다.
차클	변호사님께서 재심 사건에 관심을 갖게 된 계기는 뭔가요?
박	우리 사회가 학벌·인맥·경력을 강조하는 사회거든요. 제가 아무리 사

법시험에 합격했다 하더라도 제 가까운 친구나 친척들조차도 저한테 사건을 안 맡겨요. 그러다 보니 일반 사건을 수임하는 데엔 한계가 있었죠. 결국 돈벌이 목적으로 국선변호 사건을 많이 할 수밖에 없었어요. 국가가 선임한 사건을 주로 맡은 겁니다. 그렇게 국선변호를 하던 중에 첫 재심사건을 맡게 되었습니다.

차클　가장 처음 맡았던 사건은 무엇인가요?

박　저의 첫 재심 사건은 수원 노숙 소녀 사건이었습니다. 이 사건이 제 인생을 바꾼 계기가 되었습니다. 어떤 의지나 목적을 갖고 재심을 전문적으로 해야 되겠다고 생각한 것이라면 당당하게 얘기할 수 있겠죠. 하지만 저의 시작은 솔직히 그런 목적이 아니었습니다. 그냥 저에게 주어졌던 사건이었고, 그 사건이 제 운명을 바꿔버린 것이죠.

차클　그래도 파산 위기까지 내몰리면서 계속 재심 사건의 변호를 하신 것은 정의로운 마음 때문이라고 봐야 하지 않을까요?

박　꼭 그렇진 않아요. 저는 사건의 결론을 정의롭게 낸다면 세상 사람들이 저를 주목해줄 거라고 생각했습니다. 제가 맡았던 사건들이 모두 사회적으로 이슈가 됐던 사건들이었고, 또 충분히 공론화될 수 있는 사건이었거든요. 그러니까 만약 정의로운 결과가 나온다면 누군가가 나타나서 저의 어려운 형편을 도와줄 줄 알았어요. 어떤 독지가가 나타날 것이라고 생각한 거죠. 그런 막연하지만 긍정적인 생각이 큰 힘이 됐어요.

차클　그런 희망을 품는 건 인지상정 아닐까요. 그럼 첫 재심 사건의 결과는 어떻게 되었나요?

박　무죄 판결을 받았습니다. 무죄 판결을 받은 것 자체는 정의를 실현한 일이긴 하죠. 하지만 그 사건을 맡으면서 느낀 점이 있습니다. 과연 이 사람들은 왜 이런 억울한 일을 겪게 된 것인가. 이런 억울한 일은 왜 오랫동안 해결되지 않고 있는 것인가. 정말 약자들의 목소리에 우린 귀 기울이고 있는 것인가. 법과 제도는 제대로 된 역할을 하고 있는 것인가. 이런 부분에 대해서 고민을 많이 했거든요. 그래서 오늘 이 자리는 이런 고민에 대해서 제가 얘기하고 서로 생각을 함께 나눠보는 시간이 됐으면 좋겠습니다.

차이나는
클라스

도대체 법은 누구의 편인가

"사회적으로 이슈가 되고 주목 받는 사건의 경우에는 수많은 법조인이 관여하고 시민단체가 관여하고 또 많은 사람이 관심을 줍니다. 언론에서도 많이 보도하죠. 그러는 과정에 해결이 되기도 해요. 그런데 저를 찾아온 분들은 그런 도움을 받지 못하는 거죠. 그러다 보니 내 사건은 작은 사건이니까 나의 억울함에 대해서는 사람들이 관심을 주지 않는다고 생각할 수 있거든요."

차클	변호사님이 주로 만나는 사람들은 누구인가요?
박	저는 밤늦게 사무실에 가서 일할 때가 많습니다. 그러면 가끔 복도에서 어떤 분들이 저를 기다리고 있다가 나타나서 도와달라고 호소하는 경우가 있어요. 한 아주머니도 그렇게 저를 찾아왔는데, 저를 보더니 변호사님은 큰 사건만 하느냐고 묻더군요. 그러면서 자신도 억울한 일을 겪었는데 자신이 겪은 작은 사건은 도와줄 수 없냐고 하시더라고요. 저를 밤새 기다려도 만나지 못할 수도 있는데, 밤 새울 작정으로 찾아왔다고 하셨어요. 사연을 들어보니 그분의 억울함을 가볍게 볼 수 없었어요. 그런데 스스로 자기의 억울함을 작은 사건으로 규정짓는 게 저는 안타까웠습니다.
차클	다른 사건들에 비해서 피해 액수가 적다거나 아니면 상대편에 비해서

내가 너무 힘이 없다고 생각하셨던 건가요?

박 사회적으로 이슈가 되고 주목 받는 사건의 경우에는 수많은 법조인이 관여하고 시민단체가 관여하고 또 많은 사람이 관심을 갖습니다. 언론에서도 많이 보도하죠. 그러는 과정에 해결되기도 해요. 그런데 저를 찾아온 분들은 그런 도움을 받지 못하는 거죠. 그러다 보니 내 사건은 사회적으로는 작은 사건이니까 나의 억울함에 대해서는 사람들이 관심을 주지 않는다고 생각한 것일 수 있거든요. 아니면 스스로 작은 사건으로 규정지어서 아무런 관심을 받지 못하는 상황을 순순히 받아들이려고 한 것일 수도 있지요. 안타까운 일입니다.

차클 사회적으로 관심 받지 못한 채 묻혀버리는 사건이 많은가요?

박 2016년 10월부터 가장 이슈가 된 사건이 하나 있죠. 국정 농단 사건입니다. 국정 농단 사건의 진행 과정을 보면 JTBC에서 태블릿 PC에 대한 보도를 시작한 이후, 2017년 3월 10일에 박근혜 대통령이 파면 결정을 받았습니다. 그런데 혹시 국정 농단 사건이 이슈가 되던 시기

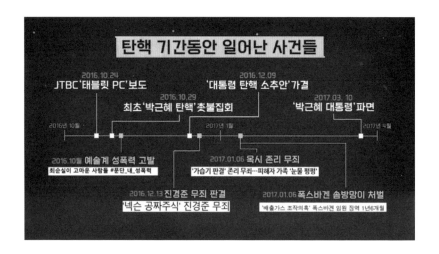

에 다른 사건이 사회적인 주목을 받는 것을 보신 기억이 있나요?

차클 하나도 없는 것 같아요. 그때는 저 이슈만 얘기했던 것 같아요.

박 당시 제가 맡은 두 건의 재심 사건에서 무죄 판결을 받았어요. 물론 완전히 묻히진 않았지만 정말 굉장히 의미가 큰 사건인데도 불구하고 보도가 제대로 이뤄지지 않았습니다. 그래서 사람들이 잘 몰라요. 앞서 얘기했던 익산 약촌오거리 택시기사 살인사건과 삼례 나라슈퍼 살인사건인데요. 전라북도 경찰이 문제가 된 사건이었는데 심지어 당시 경찰 내부에서는 그 사건의 무죄 판결이 난 후에 최순실 씨가 자기들을 구해줬다는 얘기를 하기도 했다고 합니다. 참으로 안타까운 일이죠.

과연 우리는 법 앞에서 평등한가

"현실적으로 가능한가의 문제입니다. 과연 일반 서민이 이런 요구를 할 수 있냐는 겁니다. 조서 열람의 기회를 갖지 못하거나, 열람을 해도 무엇을 고쳐야 하는지 몰라서 그대로 사인했던 조서 때문에 억울한 일을 겪었던 사람들이 굉장히 많았습니다."

박   당시에 또 어떤 사건들이 묻혔는지 한번 살펴볼게요. 김정주 NXC 대표로부터 제공받은 넥슨 주식으로 129억 원의 시세 차익을 챙겨 세상을 떠들썩하게 했던 진경준 전 검사장 사건 기억하십니까. 사실상 중요한 혐의에 대해 다 무죄 판결이 났습니다. 또 가습기 살균제 사건 때문에 얼마나 많은 분이 피해를 입었습니까. 그런데 옥시의 전 사장 존 리도 무죄 판결을 받았습니다. 2016년 12월 13일에는 폭스바겐의 배기 가스 검사 결과 조작 문제로 말이 많았죠. 그런데 국정 농단 사건이 너무 큰 사건이다 보니 묻힐 수밖에 없었어요. 물론 어쩔 수 없는 부분이 있습니다. 하지만 과연 이게 이렇게 묻히는 것이 우리 사회를 위해서 바람직한 것인가에 대한 고민이 필요하다고 생각합니다.

차클   이런 사건들이 계속 묻히는 근본적인 이유는 뭘까요?

박 사회적으로 문제가 되는 사건들이 묻히고 법에서 약자들이 소외받는 이유가 뭔가에 대해서 저도 고민을 해봤어요. 첫 번째 이유론 정보의 문제를 생각하게 됩니다.

차클 요즘 같은 세상에 정보가 부족하다는 게 무슨 의미죠?

박 박근혜 전 대통령이 검찰 조사를 받았지 않습니까. 검찰 조사 이후의 기사를 보면 7시간 동안 조서 열람을 했다는 기사를 보신 적이 있죠?

차클 네, 그런 기사를 본 적이 있어요.

박 또 우병우 전 수석이 조사를 받고 5시간 동안 조서를 열람했다는 기사도 있었죠. 이런 기사를 보고 어떤 생각이 드셨습니까?

차클 조서를 7시간 동안 볼 수 있고, 수정도 가능하다는 것은 전혀 몰랐어요. 7시간이나 볼 수 있는 것이 가능한가요?

박 허용되지 않는 것은 아닙니다.

차클 그럼 누구나 가능하다는 말씀이신가요?

박	네. 가능합니다. 법적으로는 12시간도 볼 수 있고 24시간도 볼 수 있어요. 그런데 문제는 이것이 현실적으로 가능한가의 문제입니다. 과연 일반 서민이 이런 요구를 할 수 있냐는 겁니다.
차클	일단 7시간이나 조서를 열람할 수 있다는 것을 모를 것 같아요. 그냥 경찰이 조서를 쓰면 사인을 할 뿐이지, 열람도 하고 수정도 할 수 있다는 사실은 몰랐어요.
박	일단 조서를 작성한 다음에 읽어보라고 주긴 합니다. 그런데 그때 과연 제대로 읽을 수 있냐는 거죠. 그저 내가 말한 대로 쓰여 있겠지, 라고 생각할 뿐이잖아요. 사람들은 어느 부분을 어떻게 고쳐야 하는지도 잘 몰라요.
차클	잘못 작성된 조서 때문에 피해를 입을 수도 있겠네요?
박	제가 다뤘던 재심 사건들을 살펴보면 조서의 문제가 가장 컸습니다. 일단 조서 열람의 기회를 갖지 못하거나, 열람을 해도 무엇을 고쳐야 하는지 몰라서 그대로 사인했던 조서 때문에 억울한 일을 겪었던 사람들이 굉장히 많았습니다. 사례를 통해 살펴보죠. 제가 다뤘던 수원 노숙 소녀 사건을 보면 2007년 5월 14일 수원에 있는 한 고등학교에서 15세 아이의 시신이 발견됩니다. 그 아이를 죽였다는 혐의로 가출 청소년 다섯 명과 노숙인 두 명이 재판을 받았습니다. 다섯 청소년들의 경우 억울한 옥살이를 1년 정도 했고, 노숙인 중 한 명은 5년 동안 옥살이를 했습니다. 그러나 재심 끝에 일곱 명이 모두 무죄 판결을 받고 풀려났죠.
차클	대체 어떻게 재판을 했기에 무죄인 사람들을 감옥에 보내나요?
박	재심으로 무죄 판결을 받았던 청소년 중 한 명인 K군이 검찰청에서 조사를 받던 당시의 영상을 보면, 검사와 수사관이 윽박지르거나 강압적

인 행동을 하는 것을 전혀 볼 수 없습니다. 하지만 이런 수사에도 위법성이 있는 경우가 있습니다. 수사관이 타이핑으로 담은 조서의 내용을 한번 살펴보죠. 조서 간에 어떤 문제가 있어 보이나요?

차클   아이는 그냥 기억이 나지 않는다고 말한 것 같아요. 게다가 굉장히 주저하며 말하고 싶어 하지 않는 느낌을 받았어요. 하지만 조서엔 죽였지만 기억이 나지 않는다고 말한 걸로 돼 있네요.

박   이 조서에는 문제가 있어요. 피해자가 쓰러져 있던 장소는 범행 현장입니다. 그리고 범행 현장은 범인만이 알 수 있는 장소겠죠. 피해자는 큰 건물 옆의 화단 옆에 쓰러져 있었습니다. 그 화단을 가려면 계단을 통해서 갈 수밖에 없어요. 그런데 조사자가 무슨 고등학교, 무슨 건물, 어디의 계단, 화단이 기억나는 것 있느냐고 물어보죠. 어찌 보면 사건의 중요한 단어들을 미리 언급하고 있는 겁니다. 그리고 아이가 화단이 기억나는 것 같아요, 라고 답변하지 않습니까? 조사자가 사건의 중요

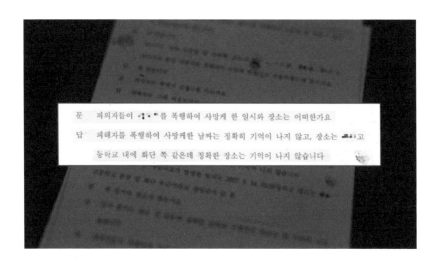

문 피의자들이 ▪️▪️▪️를 폭행하여 사망케 한 일시와 장소는 어떠한가요

답 피해자를 폭행하여 사망케한 날짜는 정확히 기억이 나지 않고, 장소는 ▪️▪️고
    등학교 내에 화단 쪽 같은데 정확한 장소는 기억이 나지 않습니다

한 장소를 먼저 언급했느냐 하지 않았느냐는 굉장히 중요합니다. 만약 용의자가 자발적으로 먼저 그런 얘기를 했다면 그건 범인이 맞다는 뜻이니까요.

차클	혹시 아이가 조서를 봤나요?
박	봤죠.
차클	그럼 이게 잘못됐다고 얘기할 수 있는 권리가 있잖아요.
박	있죠. 법적으로 있습니다. 그런데 과연 그 아이가 일단 자백을 하게끔 만든 수사관과 검사한테 어떻게 이런 문제점을 지적할 수 있느냐는 거죠. 말 그대로 갑을 관계에 놓인 상태인데요.
차클	어떻게 하지도 않은 일에 대해 자백을 받아낸 거죠?
박	사람들이 허위 자백 문제에 대해서 많이 얘기합니다. 제가 다뤘던 재심 사건들은 대부분 살인 사건들이었습니다. 그런데 그 사건들에서도 자백을 했어요. 어떻게 내가 하지도 않은 일을 자백할 수 있을까요? 누

군가의 도움을 받지 못하는 상황에서 윽박지르는 수사나 고문을 당하게 되면 허위 자백을 할 수 있어요. 설령 고문을 하지 않는다 하더라도 계속 강압적으로 몰아붙이는 수사를 하면 이렇게 보호받지 못하는 미성년자나 지적 장애인이나 노숙인 같은 경우에는 그 순간을 모면하기 위해서 허위 자백을 할 수 있습니다.

차클　회유 같은 것도 하나요? 범죄를 저질렀다고 말하면 형량을 줄여주겠다거나 하는 식으로요?

박　그렇죠. 협박이 될 수도 있고 회유가 될 수도 있죠. 특히 아이들 같은 경우에는 군대에 갔다 온다고 생각하고 자백하라면 설득당하는 경우도 있어요.

차클　영화 〈재심〉에서도 그렇게 자백을 유도하지 않았나요?

박　익산 사건 같은 경우에는 실제 그렇게 얘기했습니다. 군대 갔다 오는 셈 치고 자백하라고요. 이런 문제들에 우리가 관심을 가져야 합니다. 다들 변호사를 선임할 수 있는 상황이 아니잖아요. 변호사를 선임하지 못하고 보호받지 못하는 사람들이 억울한 일을 겪는 사례들이 우리 사회에서 빈번하게 발생하고 있어요. 그런 사람들이 억울한 일을 겪고 나서 사회에 나왔을 때 정상적으로 살 수 있겠습니까. 반드시 그 분노와 반감이 누군가를 향하게 돼 있습니다. 그래서 간혹 뉴스를 통해서 '묻지마 살인'이 벌어졌다거나 어떤 사고를 쳤다거나 하는 이야기가 등장할 때 그 사건을 자세히 들여다보면 우리가 모르는 사회에 대한 분노가 있을 수 있다는 거죠.

차클　영화를 보면 미란다 원칙을 고지하잖아요. 용의자에게 묵비권을 행사할 권리가 있고 변호사가 없으면 국가에서 변호사를 선임해준다고요. 우리나라노 그런 것들이 있지 않나요?

박 국선 변호사 제도가 있죠. 영장실질심사 단계에서 선임이 돼요. 국선 전담 변호사들은 한 달에 20~30건의 사건을 수임하는 걸로 알고 있어요.

차이나는 클라스

우리는 약자에게
얼마나 관심을 가지고 있나

"많은 관심을 가졌던 사건에 대한 사회적 관심이 점점 멀어지는 과정에서 가족을 잃은 피해자들이 또 소외받는 일이 발생했던 거죠."

박   변호사를 산다는 얘기들 많이 들으셨죠? 능력이 있는 분들, 재력이 있는 분들은 정말 많은 변호사를 대동하고 다니죠. 그게 다 돈을 주고 선임했기 때문에 가능한 일입니다. 그런데 국선 변호사들은 정말 열심히 하려고 해도 사건 수가 많아서 변론의 질이 최상급일 수는 없어요. 상식적으로도 그렇지 않겠습니까?

차클   한 달에 20~30건이면 정말 그럴 것 같아요.

박   현실이 그렇다 보니, 정보나 법률 서비스도 돈을 주고 산다는 얘기가 틀린 말이 아니라는 생각을 갖게 돼요. 그렇다면 바꿔야겠죠. 돈을 주고 변호사를 살 수 없는 사람들이 불이익을 받지 않게끔 법과 제도를 만드는 것이 그래서 중요한 겁니다.

차클   국선 변호사 중에 좋은 일을 하시는 분들이 많지 않나요?

박	공익 사건을 맡으려는 변호사들이 굉장히 많습니다. 변호사들이 욕을 많이 얻어먹고 있지만 어려운 사람들을 돕고자 하는 분들이 정말 많아요. 그런데 그런 변호사들이 선뜻 나서지 못하는 이유가 바로 경제적인 문제 때문이에요.
차클	공익 변호를 맡는다는 게 경제적으로 얼마나 어려운 일인가요?
박	많은 공익 변호사가 어떤 일정한 수준의 보상을 정해놓고 요구하는 것도 아니에요. 평범하게 살게만 해주면 자신은 의로운 일을 하고 싶다고 생각하시는 분들이 굉장히 많습니다. 변호사법 1조 1항을 보면, 변호사는 기본적 인권을 옹호하고 사회정의를 실현함을 사명으로 한다고 되어 있습니다. 이게 변호사의 기본이고 윤리의식이라고 할 수 있습니다. 그런데 그런 기본을 제대로 못 지키는 사람들이 있지 않습니까? 그렇다고 해서 마냥 비난하거나 욕할 것이 아니라 열심히 노력하려는 사람들을 지원해주고 그들을 통해서 변호사법의 취지대로 변호사로서 활동하는 사람들을 많이 키우면, 더 많은 사람이 동참하는 계기가 되지 않을까 생각합니다.

차이나는
클라스

차클	변호사들만의 문제는 아니라는 말씀이시군요.
박	저는 언론의 문제도 굉장히 많이 있다고 생각합니다. 지금 우리는 언론을 통해서 정보를 얻는 사회에서 살고 있지 않습니까?
차클	거의 생활에서 빼놓을 수 없죠.
박	어떤 사건에 대한 정보들이 언론을 통해서, 특히 포털 사이트를 통해서 엄청나게 많이 나오고 있죠.
차클	뉴스가 너무 많이 쏟아지다 보니 잘못된 보도도 종종 있는 것 같아요.
박	저도 공감하는 부분이 있습니다. 제가 한때는 국선 재벌이라고 불렸습니다. 국선으로 수천 건을 변호했어요. 그러다 보면 물론 의미 있는 사건, 또 억울한 사건, 좋은 사건도 많이 담당하게 되죠. 하지만 또 한편으로는 사회적으로 비난받는 사건도 맡게 됩니다.
차클	대표적인 사건으로 무엇이 있을까요?
박	2012년 4월, 수원에서 오원춘이라는 조선족이 지나가는 20대 여성을 집으로 납치해서 강간 후 살해한 사건을 기억하시나요?
차클	오원춘 사건을 맡으셨었어요?
박	네. 오원춘 사건의 국선 변호인이었습니다. 재판 과정에서 맡은 것이 아니고, 수사 과정에서 국선 변호인이었습니다. 그래서 오원춘 씨를 많이 만났어요. 당시에 오원춘 사건이 보도도 많이 되었죠. 그 보도들을 통해 오원춘 사건이 어떤 사건이라고 생각하게 되었나요?
차클	살해의 목적이 아니라 다른 목적을 갖고 굉장히 끔찍한 범죄를 저질렀다는 식의 뉴스를 많이 접했던 것 같아요.
박	다른 것들은 별로 기억나는 것이 없죠? 그런데 오원춘 씨가 죽인 20대 여성은 오원춘 씨와 한 번도 본 적 없고, 어떤 원한관계도 아니란 말입니다. 그러면 그 여성을 왜 강간히려 히고 죽이고 또 잔인히게 시신을

훼손했을까, 혹시 사이코패스가 아닐까를 생각하게 되죠. 그런데 사이코패스라는 얘기는 없어요.

차클 　오원춘 씨와 어떤 이야기를 나누셨나요?

박 　오원춘 씨가 처음에 이런 질문을 했어요. 자신이 조선족인데 재판 과정에서 차별을 받지 않느냐고요. 그걸 궁금해 하더라고요. 저는 굉장히 당혹스러웠습니다. 어떻게 저렇게 잔인한 범죄를 저지르고서 차별을 말할 수 있을까.

차클 　변호사님은 뭐라고 답하셨나요?

박 　한국인이든 미국인이든 일본인이든 조선족이든 이런 사건은 사형 아니면 무기징역이라고 얘기해줬습니다. 그런데 시간이 지난 다음에 오원춘 씨의 질문의 의미를 다시 생각하게 됐습니다. 조선족으로서 한국에 오고, 여기저기에서 일하는 과정에서 사용자로부터 많이 차별을 받았던 것이 아닐까라고요. 혹시 자기를 차별했던 사용자에 대한 분노를 같은 한국인 그 여성에게 쏟아낸 것은 아닐까란 생각이 든 것이죠. 절대 오원춘 씨의 범행 동기를 두둔할 생각은 없습니다. 사건을 통해 드러나는 문제점을 직시하자는 겁니다.

차클 　하지만 그게 사실이라 해도 여성 입장에선 자기보다 힘이 약한 사람을 골라 이런 범죄를 저질렀다는 것에 화가 납니다. 더 힘이 세고 더 돈이 많은 사람들에게 당한 것을 물리적으로 약한 사람들에게 쏟아낸다는 것이요.

박 　네, 그런 문제는 다른 한국인의 범죄에서도 나타납니다. 여성의 사회적 지위가 많이 향상되긴 했지만, 아직도 이런 범죄에 있어서는 약자이지 않습니까? 그런 부분에 대한 배려는 우리가 충분히 하고 있어야 된다고 생각해요.

하나만 더 얘기를 해볼까요. 오원춘 씨가 여성 피해자를 집으로 끌고 들어왔을 때 피해자가 기지를 발휘해서 안방으로 도망을 쳤습니다. 그러고 나서 문을 잠그고 112에 신고를 했었어요. 그런데 방문을 열어주지 않았으면 살 수 있었을 텐데 왜 문을 열어줄 수밖에 없었는지 혹시 아시나요?

차클 왜 문을 열어준 것이죠?

박 문 옆에 있던 창문이 열려 있었어요. 그 창문을 통해서 피해자의 머리카락을 잡아버린 거예요. 그래도 피해자가 머리카락을 잡힌 상태에서 쉽게 문을 열어주지 않고 상당 시간을 버텼을 겁니다. 그러면 아파서 소리를 질렀을 텐데 얼마나 큰 소음이 발생했겠어요. 게다가 주변은 주택가였어요. 단독주택이나 다세대주택이 굉장히 많았어요. 초등학교도 있었고요.

차클 주변에서 아무도 도움을 주지 않았던 것인가요?

박 큰 소음이 났는데도 누구도 신고를 하지 않았습니다. 얼마나 불행한 일입니까?

차클 가정 폭력으로 오해해서 방관했던 건 아니었을까요?

박 사회에서 범죄를 예방하고 막기 위해서는 주변에 있는 '눈'의 역할이 큽니다. 그런데 주변의 눈들이 제 역할을 못하는 사회가 되어버린 것이죠.

차클 언론에서도 이 문제를 제대로 다루지 않았다고 보시나요?

박 오원춘 사건이 발생했을 때 인육이나 장기 밀매와 같은 자극적인 이슈에 대해서는 많이 다루었지만, 정작 우리가 관심을 가져야 할 이런 문제에 대해서는 보도가 이뤄지지 않았습니다. 우리도 관심을 갖지 못했고요.

대법 "오원춘 사건 피해, 국가가 손해배상해야"

차클	말 그대로 사건을 자극적인 방식으로만 소비하고 있는 것 같아요.
박	그러니까 소외받는 약자들이 존재하는 거예요. 또 오원춘 사건의 유족들이 국가 배상 청구를 했어요. 그런데 2심에서는 대부분 졌어요. 사실상 국가가 책임을 질 이유가 없다며 배상액이 대폭 삭감된 겁니다. 그런데 이런 내용의 기사를 본 적이 있나요?
차클	없어요.
박	그렇게 많은 관심을 가졌던 사건에 대한 사회적 관심이 점점 멀어지는 과정에서 가족을 잃은 피해자들이 또 소외받는 일이 발생했던 거죠. 다행히 대법원에서 사건을 뒤집었어요. 대법원 판결의 취지대로 국가가 30퍼센트 정도 책임을 져야 한다는 결론이 조만간 날 것 같아요.

**차이나는
클라스**

약자를 위한 제도는 없는가

"잘못된 수사를 받는 상황에서 조사를 받는 사람 입장에서는 차라리 말을 하지 않는 것이 말을 하는 것보다 유리할 수 있습니다. 바로 묵비입니다. 아무 말을 하지 않는 것이 가장 유리할 수 있어요. 이러한 진술거부권 제도를 만들어 놓은 취지는, 방어권이 부족한 사람들의 방어권을 보충하기 위해서입니다."

차클   정말 이렇게 소외된 사람들, 약자들을 위한 법은 존재하지 않나요?

박   사회적 약자를 보호하고 또 부족한 방어권을 보호하기 위한 제도가 만들어져 있긴 합니다. 그 제도 중 하나가 진술거부권 제도입니다. '모든 국민은 고문을 받지 않고 형사상 자기에게 불리한 진술을 강요당하지 않는다'는 것이 바로 진술거부권입니다. 이건 헌법에도 규정되어 있고 형사소송법에도 나와 있는 내용입니다.

차클   진술거부권 제도는 왜 만들어지게 되었나요?

박   예를 들어 잘못된 수사를 받는 상황에서 조사를 받는 사람 입장에서는 차라리 말을 하지 않는 것이 말을 하는 것보다 유리할 수 있습니다. 바로 묵비입니다. 아무 말을 하지 않는 것이 가장 유리할 수 있어요. 이러한 진술거부권 제도를 만들어 놓은 취지는, 방어권이 부족한 사람들

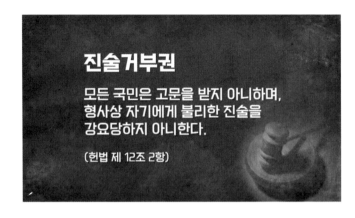

진술거부권

모든 국민은 고문을 받지 아니하며,
형사상 자기에게 불리한 진술을
강요당하지 아니한다.

(헌법 제 12조 2항)

의 방어권을 보충하기 위해서입니다. 그럼 방어권이 부족한 사람이 누구일까요. 약자잖아요. 지적 장애가 있는 분들이나 노숙인들이나 미성년자나 가출 청소년들, 이런 사람들이죠.

차클 　그런 약자들이 진술거부권을 행사할 수 있을까요? 예 또는 아니요로만 대답하라고 강요받는 상황에서 다른 선택을 하기 쉽지 않을 것 같은데요.

박 　수사를 하는 사람과 수사를 받는 사람은 갑을 관계에 있을 수밖에 없어요. 수사관이 나에 대한 처분권을 갖고 있는 사람이잖아요. 그런 사람 앞이라면 순종할 수밖에 없죠. 제가 맡았던 삼례 나라슈퍼 사건의 경우에는 지적 장애인들이 범인으로 몰려 억울한 옥살이를 하게 됐어요. 그들 중엔 부모들도 지적 장애인인 경우가 있었습니다.

차클 　가족도 그들을 지켜줄 수 없는 형편이었던 거군요.

박 　부모도 배우지 못했기 때문에 어디 가서 하소연할 수 없는 상황이었죠. 한 사람의 사연은 너무나 안타깝습니다. 지적 장애가 있고 글을 읽지 못했어요. 그런데 아버지가 술을 좋아해서 밖에서 자고 오는 경우가 많았다고 해요. 엄마도 장애가 있었는데 남편의 폭력과 자신의 신체장애 때문에 너무나 괴로웠었나 봅니다. 그래서 종이에 뭘 써서는 아들에게 주고 심부름을 시킨 거예요. 아들은 엄마 심부름이니까 뭐를 적어준지도 모르고 가게를 다녀왔죠. 그런데 엄마가 아들이 사온 약을 입에 털어 넣고는 입에 거품을 물기 시작해요. 엄마가 갑자기 거품을 무니까 아들이 소매로 닦아줬대요. 그러자 엄마가 아들을 품에 안고 잠을 잤습니다. 아침에 일어나 보니 엄마는 죽어 있었어요. 그런데 슬프게도 아들이, 억울한 옥살이를 한 아들이 지금껏 살면서 가장 행복했던 순간이 바로 엄마한테 약을 사주고 나서 엄마의 품에 안겨 있을 때였다는 거예요. 그때 같이 잠을 잘 때 굉장히 따뜻했다고 하더라고요. 자신의 인생에 화양연화였다고 기억하는 거죠. 그런 안타까운 처지의 사람들한테 억울한 옥살이를 시킨 겁니다.

차클   너무 가슴이 아프네요.

박   그런데 아버지는 아들에게 네가 약을 잘못 사다주는 바람에 엄마가 죽었다면서 또 때렸다고 합니다. 그런 사람들한테 억울한 옥살이를 시킨

거예요. 과연 이런 약자들이 현실적으로 자신들을 수사했던 경찰이나 검사한테 '저 진술 거부하겠습니다'라고 말을 할 수 있을까요? 못 합니다.

차클   그럼 그 당시에도 진술을 거부하지 못했겠네요?

박   진술을 거부하지 못했죠.

차클   그럼 자백을 한 건가요?

박   시키는 대로 거짓 자백을 하는 거죠. 그리고 조서를 조작하고 진범을 풀어주었어요. 진범을 풀어줬던 검사는 지금 대한민국의 가장 큰 로펌에서 변호사로 있습니다.

차클   그런 사람을 그냥 두고 볼 수밖에 없는 건가요?

박   그래서 제가 지금 그들을 상대로 국가배상 청구소송을 진행하고 있습니다. 그런데 그것도 고민하게 되더라고요. 도대체 무슨 악연이기에 그 사람을 피고로 해서 또 소송을 한단 말입니까. 정말 내키지 않는 일이거든요.

차클   적을 만드는 것이겠네요.

박   네, 그렇죠. 저도 자식을 키우는 부모가 아니겠습니까. 누군가와 적을 만든다는 것은 나의 안전에 대한 고민도 있지만 결국 내 가족에 대한 고민도 생기게 마련입니다. 게다가 저 또한 언젠가는 실수를 할 수 있는데 나는 또 얼마나 잔인한 공격을 당할 수 있을까에 대한 두려움도 있어요.

차이나는
클라스

정의는 어떻게 실현하는가

"약자를 보호하는 제도가 현실에서는 약자를 보호하지 못하고, 강자들이 자신의 책임을 피하기 위한 목적으로 행사되고 있다는 것을 기억해야 합니다. 그래야 제도의 문제점을 보완하는 부분에 대해서 고민하게 되고 우리가 의식을 갖게 되는 것이죠."

차클   진술거부권을 악용하는 사람들도 많지 않나요?

박   진술거부권은 강압적인 수사에서 차라리 말을 하지 말라는 취지로 만든 것입니다. 그런데 최근에 이 권리를 누가 행사하고 있나요?

차클   청문회에 나오는 사람들이 대표적인 것 같아요.

박   그렇죠. 청문회에서도 볼 수 있었고, 국정 농단 사건에서 최순실 씨가 행사를 했지 않습니까. 물론 최순실 씨에게 진술거부권이 없는 것은 아니에요.

차클   그에게도 권리는 있는 것이죠?

박   그렇죠. 그런데 다만 진술거부권의 취지는 강압적인 수사에 방어를 하기 위한 것이지, 자기 책임을 모면하기 위한 것이 아닙니다. 그런 취지는 아니에요.

차클	약자들이 법을 제대로 이용할 수 있도록 법에 대한 교육이 더 필요하지 않을까요?
박	무엇보다 약자를 보호하는 제도가 현실에서는 약자를 보호하지 못하고, 강자들이 자신의 책임을 피하기 위한 목적으로 행사되고 있다는 것을 기억해야 합니다. 그래야 제도의 문제점을 보완하는 부분에 대해서 고민하게 되고 우리가 의식을 갖게 되는 것이죠. 약자를 위한 제도인데 우리가 함부로 행사하면 안 되는 거라는 생각을 가져야 합니다. 그럼 제가 질문을 드리겠습니다. 법은 누구에게나 공평하게 집행돼야 하는 걸까요, 약자를 위해서 집행돼야 할까요?
차클	약자를 위하는 것이 공평한 것 아닌가요?
박	법이라는 건 사회적 합의를 의미하죠. 그럼 누구에게나 똑같이 집행하는 것이 합의 아닐까요?
차클	쉽게 판단이 서지 않네요.
박	모든 법이 약자를 위해서 집행돼야 하는 것은 아닙니다. 때로는 공평하게 집행돼야 하는 법도 필요하고 또 그런 법이 많이 있어야 하는 것은 맞습니다. 그런데 법이 공평하게 집행돼야 할 필요성도 있지만, 약자를 위해서 집행돼야 할 필요성이 있다고 저는 생각합니다. 이에 앞서 법이 어떻게 만들어지는지도 봐야 해요. 법은 누가 만듭니까?
차클	국회의원들이 입법을 합니다.
박	국회의원들은 법을 만들 때 사회의 여러 목소리를 듣고 만들죠. 그런데 지금 사회의 약자들이 내고 있는 목소리들이 국회의원의 귀에까지 들어갈 수 있는 구조인가요?
차클	목소리가 큰 사람의 이야기를 먼저 듣겠죠. 결국 기득권이 작용한다는 얘기네요.

차이나는
클라스

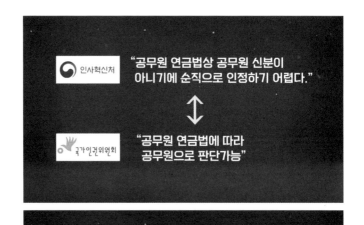

"공무원 연금법상 공무원 신분이
아니기에 순직으로 인정하기 어렵다." 인사혁신처

↕

"공무원 연금법에 따라
공무원으로 판단가능" 국가인권위원회

〈공무원 연금법 시행령〉 제2조 3항

공무원에 대한 정의

"... 그 밖에 **국가** 또는 지방자치단체의 정규 공무원 외의
직원으로서 수행 업무의 계속성과 매월 정액의 보수 지급 여부
등을 고려하여 **인사혁신처장이 인정하는 사람**"

박 그렇죠. 어떤 단체나 힘 있는 사람들, 자신의 이야기를 할 수 있는 사
람들의 목소리가 국회의원의 귀로 먼저 들어가겠죠. 소외받는 약자들
의 목소리는 국회의원의 귀에 쉽게 들어가지 않아요. 지금 우리 사회
가 그런 구조 아닌가요? 이런 구조를 갖고 있으니 법 자체가 공평하지
않은 법일 수 있거든요. 그런 법을 기계적으로, 형식적으로 똑같이 집
행한다는 것 자체가 정의에 반할 수도 있죠.

사글 법 집행에서 정의를 세우는 방법은 무엇인가요?

박	때로는 의도적으로 약자의 관점에서 약자를 위해서 법을 집행할 필요성이 있어요. 세월호 사태에서 기간제 교사들이 처음에 순직 처분을 못 받았지 않습니까. 그런데 참사 현장에서 기간제 교사와 정식 채용된 교사는 선생님으로서 전혀 다를 바 없는 역할을 했죠. 그런데 그분들은 순직 처분을 받지 못하고, 정식 채용된 분들만 순직 처분을 받았던 거예요.
차클	우리의 법에서는 약자를 보호하는 해석을 찾을 수 없는 건가요?
박	물론 어려운 문제긴 해요. 기간제 교사의 숫자가 너무나 많다고 합니다. 4만 명이 넘는다고 해요. 하지만 국민들이 바라고 있지 않습니까? 적어도 이런 재해 분야에 있어서는 똑같이 대우를 해줘야 하지 않는가, 라는 생각이 들어요.

**차이나는
클라스**

우리 사회를 어떻게 바꿀 것인가

"법을 집행하는 과정에서 약자를 배려하고 또 약자를 배려하는 모습에 공감하게 끔 만든다면 법은 아름다울 수 있어요. 또 그런 법의 집행을 통해서 우리는 의미 있는 사회를 만들어갈 수 있습니다."

차클 나중에 인공지능이 발전하게 되면, 입법은 사람이 하더라도 판사는 인공지능이 대체하도록 하자는 이야기들이 나오고 있는데요. 인공지능이 약자를 배려하는 식의 법 해석과 집행을 하긴 어렵지 않을까요?

박 그렇죠. 세상에서는 많은 일이 벌어지고 있고, 그 상황이 모두 다르겠죠. 기계적이고 정형적인 집행을 할 수 있는 부분에서는 컴퓨터가 개입할 수 있겠지만, 인간의 감정이 개입돼야 하는 부분을 컴퓨터가 대신하는 건 한계가 있다고 생각합니다.

그럼 이제 배려에 대한 이야기로 마무리를 지어볼까 합니다. 미국에서 한 노인이 빵을 훔쳤다는 이유로 재판을 받았습니다. 판사가 노인을 앞에 세워두고 질문을 했어요. '나이도 지긋하신데 왜 빵을 훔쳐 드셨나'고요. 그러자 노인이 며칠을 굶었고 배가 고파서 눈에 보이는 것이 없었다고 답했어요. 판사가 그 말을 듣고 나서 한참 생각하더니 판결을 내렸어요. '빵을 훔친 죄는 벌금 10달러에 해당합니다'라고요.

차클 그렇게 벌금을 내는 것으로 끝났나요?

박 아닙니다. 그런데 판사가 그 후에 보였던 행동이 굉장히 의미가 있었습니다. 갑자기 자기 지갑에서 10달러를 꺼내더니 '노인의 벌금을 제가 대신 내겠습니다'라고 한 거예요. 그러면서 '내가 맛있는 음식, 좋은 음식을 너무 많이 먹었다는 죄에 대한 벌이라고 생각하겠습니다'라고 벌금을 대신 내는 이유를 설명했어요. 또 방청석에 있는 방청객들에게도 혹시 맛있는 음식, 좋은 음식을 많이 드신 분께서는 그 대가로 얼마를 좀 내주시라고 말했죠. 그러자 그 자리에서 47달러가 모였어요. 즉, 도움을 받는 사람을 충분히 배려한 것이지요. 그 사람이 상처받지 않게끔 도와줬다는 겁니다. 도움을 주는 사람들에게도 자기들이 도움을 줘야 하는 이유에 대해서 고민할 수 있게끔 만들어줬고요. 이게 배려입니다. 법이라는 건 이래야 합니다. 벌금 10달러를 선고하는 걸로 법을 집행했지만, 그 과정에서 약자를 배려하고 또 약자를 배려

차이나는 클라스

하는 모습에 공감하게끔 만든다면 법은 아름다울 수 있어요. 또 그런 법의 집행을 통해서 우리는 의미 있는 사회를 만들어갈 수 있습니다.

약자를 제대로 보호하는 세상이 되려면 우리는 무엇을 해야 할까요?

세상을 바꾸는 것은 잘난 사람들이 아닙니다. 힘 있고 잘난 사람들이 꼭 세상을 바꿀 것 같죠. 힘이 있어야 뭔가 할 수 있으니까요. 그런데 힘 있고 잘난 사람들은 자신들이 고려해야 할 관계나 이익이 너무나 많아요. 그러다 보니 쉽게 나설 수 없어요. 결국 촛불연대를 통해서 우리가 의미 있는 일을 이루지 않았습니까. 촛불연대에 참가한 사람들이 힘 있는 사람들이었습니까. 작고 왜소한 소시민들이 많았거든요. 소시민들의 힘이 연대로 뭉쳐진 겁니다. 제도의 변화도 연대를 통해서 우리가 이뤄내야 한다고 생각합니다. 저는 촛불집회 같은 연대의 힘이 소외받는 사람들의 고통을 나누는 데에도 함께 해줬으면 좋겠다는 생각을 갖고 있습니다. 우리의 분노와 슬픔, 그리고 연대가 공정하게 사회 곳곳을 살피면 우리 사회는 좀 더 밝아질 수 있다고 생각해요.

헌법이란 무엇인가

이국운

서울대학교 법대에 입학하고도 세상 돌아가는 걱정으로 방황하는 청춘을 보냈지만,
법학도로서의 길을 포기하지 않은 끝에 현재 한동대학교 법학부 교수로 재직하며
권력에 휘둘리는 사법제도를 비판하고 헌법정신의 아름다운 부활을 꿈꾸는
대한민국 최고의 헌법 전문가. 이국운 선생님을 소개합니다.

헌법이란 무엇인가

"법 헌, 법 법. 법의 법이라는 뜻입니다."

차클   헌법이란 무엇인지부터 설명 부탁드립니다.

이   민주주의 헌법이라고 하는 것은 저와 여러분을 포함한 모든 한 사람, 한 사람이 헌법의 주인이라는 전제 위에 있는 법이에요. 민주주의 헌법에서 가장 중요한 출발점 중 하나가 말할 자유입니다. 그런 의미에서 오늘은 질문의 자유가 여러분에게 주어진 것입니다. 그리고 질문이 있어야 제가 답을 드릴 수 있잖아요. 언제든 질문하십시오. 저는 그게 헌법적이라고 생각해요.

차클   헌법에는 주로 어떤 내용들이 담기나요?

이   헌법 자체는 다른 법률처럼 담긴 내용이 많지는 않습니다. 그런데 저는 헌법이 무엇인가에 대해서 이야기하기에 앞서 소개하고 싶은 조문이 있어요. 바로 헌법 69조의 소문입니다.

"나는 헌법을 준수하고 국가를 보위하며 조국의 평화적 통일과 국민의 자유와 복리의 증진 및 민족문화의 창달에 노력하여 대통령으로서의 직책을 성실히 수행할 것을 국민 앞에 엄숙히 선서합니다."

이	이 조문은 대통령이 취임할 때 국민 앞에 선서하도록 헌법에 쓰여 있는 글이에요. 그렇다면 이 조문을 왜 헌법에 써놓았을까요? 왜 국가원수인 대통령이 취임할 때 다른 무엇보다도 나는 헌법을 준수하겠다는 선언을 하도록 해놓았을까요?
차클	헌법을 지키지 않을 경우, 그 권한과 지위를 박탈하게끔 약속을 만들어놓은 게 아닐까요?
이	굉장히 중요한 지적입니다.
차클	또 대통령이 대표로서 갖는 권한들의 원천이 곧 헌법 자체라는 것을 말하고 있는 것은 아닐까요?
이	헌법이 대통령 권한의 출발점이기 때문이다. 역시 좋은 지적입니다.
차클	대통령의 선서가 갖는 의미란 무엇인가요?
이	민주주의 국가에서도 국가를 운영하려면 어쩔 수 없이 권력을 운용할 수밖에 없겠죠. 권력을 운용하는 대통령이 자신에게 주어진 권력을 행사할 때, 우리 모두가 함께 만들어놓은 약속을 지키겠다는 것을 선서하는 것입니다. 만약 대통령이 권력을 남용하거나 잘못을 저지른다면 우리 국민들이 인터넷에 비판 댓글을 막 올리겠죠. 정신을 차리라는 식으로요.
차클	대통령에게도 우리가 질문을 할 수 있겠군요.
이	그렇죠. 대통령으로서 했던 선서를 다시 생각해보시라고 할 수도 있고

요. 대통령께서 지키기로 한 약속과 요즘 하는 말씀이 다르다고 지적할 수도 있겠죠.

차클 대통령은 헌법을 끝까지 읽어본 후에 준수하겠다고 선서를 하는 것인가요?

이 우리가 보험 계약을 하나 들려고 해도 보험설계사가 충분히 설명을 해준 후에 내용은 이해했는지 물어보잖아요? 그때 우리가 이해했다고 대답을 해야 계약이 되는 것이죠. 대통령의 선서도 마찬가지입니다.

그럼 이번엔 제가 반대로 질문해보겠습니다. 헌법을 준수하라고 요구하는 우리는, 여러분은 과연 헌법을 잘 알고 계신가요?

차클 1조 2항까지밖에 모르는 것 같아요.

이 아까 설명드렸다시피, 보험 계약자가 보험을 들려고 하는데 보험설계사가 그 내용을 모르고 있으면 안 되겠죠. 그럼 헌법이 무엇인지 알아보기에 앞서 먼저 이름 풀이를 한번 해보죠. 한자의 뜻으로 읽으면 법헌, 법 법. 법의 법이라는 뜻입니다. 이건 어떤 의미일까요?

차클 법의 위에서 법이 또 내려다보고 있다는 의미 같아요.

이 법이 내려다보고 있다?

차클 법이 잘 지켜지려면 법의 위에서 그 법을 또 다스리는 법이 있어야 되는 것은 아닐까요?

이 법이 법을 다스린다는 표현을 지금 쓰셨는데요. 법 위에 법이 있다 또는 법들 중에서 더 중요한 법이 있다. 이런 말씀이시죠?

차클 네, 법의 종류도 민법, 형법, 헌법 등등 굉장히 많잖아요. 헌법은 그중 제일 맏형 같은 느낌이 듭니다.

이 네, 좋은 지적입니다. 그럼 조금 더 알아보도록 합시다.

누가 헌법을 만드는가

"대통령이 법률도 따라야 하겠지만, 근본적으로는 헌법을 따라야 합니다. 즉 권력이 시민에게 법률 준수를 요구한다면 시민은 헌법을 만들어서 권력에게 헌법과 법률을 지킬 것을 요구하는 것입니다."

차클   헌법과 법률엔 어떤 차이가 있나요?

이   '권력이 국민에게 지키라'고 하는 것이 법률이라면, 헌법은 '국민이 권력에게 따르라'고 정해놓은 것이죠. 우리나라에서 권력의 우두머리는 누구일까요? 대통령이죠? 대통령이 법률도 따라야 하겠지만, 근본적으로는 헌법을 따라야 합니다. 즉 권력이 시민에게 법률 준수를 요구한다면 시민은 헌법을 만들어서 권력에게 헌법과 법률을 지킬 것을 요구하는 것입니다.

차클   헌법도 법률도 하나의 규칙이라는 말인가요?

이   가정을 생각해보면 쉽겠네요. 가정이 돌아가려면 어떤 규칙이 있어야 되겠죠. 그런데 그 규칙을 규칙으로 만들어주는 뭔가가 또 필요해요. 국가에도 많은 규칙이 필요한데 그 규칙들이 정말 사람들에게 받아들여지는 규칙이 되려면 크게 두 가지 정도가 정해져야 합니다. 첫째, 그 규칙이 마땅히 담고 있어야 할 가치. 둘째, 규칙을 규칙으로 만들어주는 절차와 과정입니다.

차클 　법률은 누가 어떻게 만드나요?

이 　국민들이 선거를 통해서 국회의원을 300명 뽑으면, 국회의원들이 논의를 거쳐 법률을 결정합니다. 그리고 국회가 법률을 만들 수 있도록 헌법에 정해놓은 것이죠.

차클 　그럼 우리나라의 헌법은 어떻게 만들어졌나요?

이 　대한민국의 역사 속에서 경험해왔던 테마들을 가지고 이야기할 수 있을 것 같습니다. 그 중심이 되는 하나의 아이디어는 광장입니다.

차클 　광장과 헌법이 어떤 상관이 있나요?

이 　광장이라고 하는 것은 시민들이 스스로 만들기보다는 권력의 입장에서 만드는 경우가 많은 것 같아요. 광장이라는 곳이 권력을 과시하기 좋은 무대가 되기 때문이죠. 지금은 공원이 되었지만, 과거 여의도에 5·16광장이라는 큰 광장이 있었어요.

그런데 권력이 광장을 만들어도 때로는 시민들이 광장을 채우는 경우가 있어요. 특히 대한민국이라는 나라는 광장을 메운 시민들의 역사였다고 설명할 수 있습니다. 모두 알고 있는 3·1 운동이 대표적이죠.

1960년의 4·19 혁명도 그렇습니다. 당시에 사람들은 광장에서 '이승만 독재는 물러가라' '3·15 부정선거는 잘못한 것이다' '민의는 승리했다'고 외쳤죠. 1987년 6월 항쟁도 그렇습니다. '군사정권을 더 이상 계속할 수 없다' '박종철과 이한열의 죽음을 헛되게 하지 말자'고 외쳤죠. 시민들이 광장을 스스로 메워서 함께 뜻을 모은 결과 현재의 헌법 전문이 쓰여지게 됐다고 저는 생각합니다.

차클 헌법에 담겨 있는 의미를 조금 더 자세히 알려주세요.

이 헌법 전문을 함께 읽어보시죠.

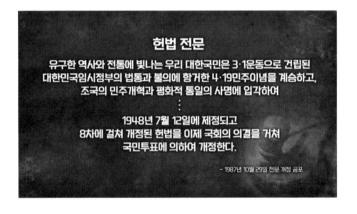

차클 유구한 역사와 전통에 빛나는 우리 대한국민은 3·1 운동으로 건립된 대한민국 임시정부의 법통과 불의에 항거한 4·19 민주이념을 계승하고 조국의 민주개혁과 평화적 통일의 사명에 입각하여 정의·인도와 동포애로써 민족의 단결을 공고히 하고 모든 사회적 폐습과 불의를 타파하며 자율과 조화를 바탕으로 자유민주적 기본 질서를 더욱 확고히 하여 정치·경제·사회·문화의 모든 영역에 있어서. 각인의 기회를 균

차이나는 클라스

등히 하고, 능력을 최고도로 발휘하게 하며, 자유와 권리에 따르는 책임과 의무를 완수하게 하여, 안으로는 국민생활의 균등한 향상을 기하고 밖으로는 항구적인 세계평화와 인류공영에 이바지함으로써 우리들과 우리들의 자손의 안전과 자유와 행복을 영원히 확보할 것을 다짐하면서 1948년 7월 12일에 제정되고 8차에 걸쳐 개정된 헌법을 이제 국회의 의결을 거쳐 국민투표에 의하여 개정한다.

이   많은 분들이 헌법 전문을 읽으면서 '유구한 역사와 전통에 빛나는 우리 대한민국은 3·1 운동으로 건립된 대한민국 임시정부의 법통과…' 이렇게 읽으세요. 방금 뭔가를 잘못 읽었는데 발견하셨어요? 그렇습니다. '우리 대한민국'이 아니라 '우리 대한국민'이거든요. 다시 한번 살펴볼까요? 헌법 전문은 전체가 하나의 문장입니다. 이 문장의 주어는 무엇일까요? 우리 대한민국?

차클   우리 대한국민이요.

이   헌법 전문에서 주어는 우리 대한국민이죠. 그렇다면 우리 대한국민과 우리 대한민국하고 어떻게 다르다고 생각하시나요?

차클   대한민국은 나라를 의미하고, 대한국민은 사람을 의미합니다.

이   그렇죠. 정확합니다.

헌법의 의미는 무엇인가

"자기들 스스로를 우리 대한국민이라고 부르는 사람들이, 비록 나라를 잃었지만, 그리고 비록 일본 제국주의에 의해서 식민지 살이를 하고 있지만, 비록 만주에서 떠돌면서 나라 잃은 백성으로 살고 있지만, 우리 대한사람이 함께 모여서 헌법을 약속한다. 우리는 이러한 정신과 제도를 가지고 나라를 만들 것이라는 내용을 담고 있는 거예요."

이	헌법 1조에 '대한민국은 민주공화국이다'라고 나옵니다. 이 문장에서 주어가 누구라고 생각하세요?
차클	대한민국 아닌가요?
이	아까 헌법 전문 전체의 주어는 누구였죠?
차클	우리 대한국민이요.
이	네, 우리 대한국민이죠. 그러니까 이 문장은 "우리 대한국민이 말한다. 대한민국은 민주공화국이다"라고 읽어야 합니다. 여기엔 민주공화국인 대한민국의 한 사람으로 대통령도 당연히 포함됩니다.
차클	다른 나라 사람들에게 선포하는 것이기도 하겠네요?
이	네, 맞습니다. 조금 어렵다면 안중근 의사를 생각해보면 좋겠네요. 안중근 의사가 독립운동의 의지를 다지기 위해서 왼손 약지를 절단하셨

죠. 그리고 언제나 글을 쓰시면 그 옆에 자신의 손을 찍었어요. 그런데 제가 주목하는 것은 손 옆에 쓰여진 글씨예요. '대한국인 안중근 쓰다'.

차클

안중근 의사는 왜 대한국인이라고 썼을까요?

이

청년 안중근이 만주에서 누군가에게 자신을 소개할 때, 어떤 방법이 있었을까요? 나라를 잃은 백성이고, 아직 이론적으로 국가가 없지만, 그래도 자기가 누구인지를 소개할 수 있어야 하지 않았겠어요? 그 방법이 바로 대한국인이라는 표현이었다고 생각합니다. 국가도 없고, 주권은 뺏겼고, 헌법도 없어요. 식민지 백성이거나 그 식민지에서 뛰쳐나와서 유랑하는 사람들이지만 안중근은 자신을 대한사람이라고 소개한 것입니다. 이러한 뜻은 애국가에도 나옵니다. "대한사람 대한으로 길이 보전하세." 이와 같은 의미를 생각하면서 우리의 헌법 전문을 읽어보면 느낌이 다르죠. 자기들 스스로를 우리 대한국민이라고 부르는 사람들이, 비록 나라를 잃었지만, 그리고 비록 일본 제국주의에 의해서 식민지 살이를 하고 있지만, 비록 만주에서 떠돌면서 나라 잃은 백성으로 살고 있지만, 우리 대한사람이 함께 모여서 헌법을 약속한다.

우리는 이러한 정신과 제도를 가지고 나라를 만들 것이라는 내용을 담고 있는 거예요.

차클　다른 나라의 헌법들은 어떤 내용을 담고 있나요?

이　일본의 헌법을 한번 살펴보죠. 현재 일본 헌법의 1조입니다. '천황은 일본국의 상징이고 일본 국민 통합의 상징으로서 그 지위는 주권을 갖는 일본 국민의 총의에 근거한다.'

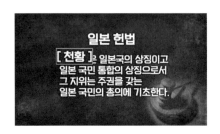

차클　국민보다 천황이 앞선다는 것인가요?

이　그런데 이 헌법은 연합국 최고사령부(GHQ)의 감독하에 만들어진 것입니다. 그 이전에 있었던 메이지 헌법을 보면 더 놀라실 겁니다. 대일본제국 헌법 1조는 '대일본제국은 만세일계의 천황이 통치한다'라고 돼 있어요. 현행 헌법의 1조와 느낌이 많이 다르죠? 이번엔 중국의 헌법도 한번 살펴볼까요?

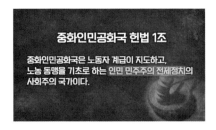

차클	교수님, 중국은 사회주의 국가잖아요? 그런데 왜 민주주의라는 단어가 들어가나요?
이	민주주의를 읽는 방법이 달라서 그렇습니다. 자유를 기초로 하는 민주주의로 읽는 방법이 있고, 민중 자체만을 중요하게 생각하는 민주주의로 읽는 방법이 있죠. 그것을 대체로 인민 민주주의라고 불러요.

이번엔 독일의 경우를 보죠. 독일은 바이마르 헌법을 그대로 가진 상태로 아돌프 히틀러를 수상으로 뽑고 나중에는 총통으로 뽑아서 히틀러의 제국이 완전히 패망할 때까지 그 헌법을 유지했어요. 그러다가 제2차 세계대전이 끝난 후에 독일연방공화국을 만들 때 마침내 헌법 1조를 바꿨습니다. 독일연방공화국의 헌법 1조는 독일인들이 전 인류에 대해서 일종의 사과를 하는 내용을 담고 있다고 봅니다.

이렇게 헌법 1조만 봐도 그 나라가 어떤 나라인지 알 수 있어요.

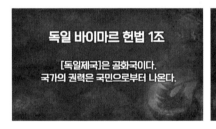
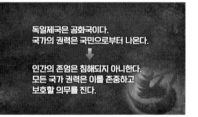

국민의 기본권이란 무엇인가

"헌법의 취지는 기본권을 보장하기 위해서 법률을 잘 만들라는 것입니다. 그런데 그 과정에서 법률이 잘못 만들어질 때도 있죠. 그런 경우에 해당 법률은 헌법에 위반되니 헌법재판소에서 위헌 법률로 선언을 할 수 있습니다."

차클 헌법에서 말하는 국민의 권리와 의무에는 무엇이 있나요?

이 간단하게 보면 10조와 11조는 기본권의 큰 원칙을 다루고 있습니다. 12조부터는 자유에 관해서 다룹니다. 20조를 넘어가면 우리 국민들이 대한민국이라는 나라의 의사 결정에 참여하는 권리들, 국민이 국가에 대해서 요구할 수 있는 권리들이 나옵니다.

차클 헌법에 언급된 말들만 보면 우리나라가 너무나 살기 좋은 나라일 것 같은데, 현실에서는 제대로 지켜지고 있는지 참 의문이 듭니다. 헌법은 그냥 말뿐인 법인가요?

이 헌법의 취지는 기본권을 보장하기 위해서 법률을 잘 만들라는 것입니다. 그런데 그 과정에서 법률이 잘못 만들어질 때도 있죠. 그런 경우에 해당 법률은 헌법에 위반되니 헌법재판소에서 위헌 법률로 선언을 할 수 있습니다. 또 법률이 잘못 집행되었을 경우에는 해당 법률의 집행에 대해서 국가가 배상하는 경우도 있습니다. 혹시 헌법의 기본권 조항을 보면서 기본권으로 추가되길 바라는 것들이 있나요?

차클　최근에 이슈가 되고 있는 인공지능이나 환경문제에 대한 내용을 포함시키면 좋을 것 같습니다. 또한 기본권의 주체는 인간으로 한정한다거나 환경 유해시설을 제한한다는 식의 조항을 넣는 것도 가능할까요?

이　네, 방법이 있습니다. 첫 번째로, 지금의 제도에도 입법 청원이라는 것이 있어요. 지금 말씀하신 것들을 포함하는 법률안을 국민들이 만드는 거예요. 그리고 국회의원들은 국민들의 청원에 반드시 답을 해줘야 할 의무가 있거든요. 더욱 직접적인 것으로는 헌법을 개정할 때 유럽의 몇몇 나라처럼 국민이 직접 법률안을 낼 수 있도록 하는 국민발안이라는 제도도 있어요.

차클　국민들도 법률을 청원할 수 있었군요.

이　또 하나 재밌는 것을 말씀드릴게요. 직접 국회의원으로 출마하면 돼요. 국회의원들이 어떤 법률을 만들겠다거나 개정을 하겠다고 공약을 하는 것을 많이 보셨죠?

차클　하지만 국회의원들은 입법보다는 지역에 도로를 내겠다는 식의 공약만을 내세우지 않나요?

이　네, 그렇죠. 국회의원들이라면 그런 공약들보다 입법에 관련된 이야기들을 더 많이 해야 한다고 생각합니다.

차클　37조를 보면 헌법에 쓰여 있지 않아도 국민의 자유와 권리는 유지가 된다고 하는데, 그 의미는 무엇인가요?

이　우리 헌법을 해석하는 데 있어서 매우 중요한 조문입니다. 국민의 자유와 권리는 헌법에 열거되지 아니한 이유로 경시되지 아니한다. 속

국민의 기본권을 다 열거할 수 없으니 이만큼만 쓴 것이라는 의미입니다. 그러니까 법률에 의해서 또는 헌법의 해석에 의해서 다른 기본권이 늘어날 수 있는데 그렇게 생긴 기본권도 36조까지 쓰여 있는 기본권에 비해서 가벼이 보아서는 안 된다는 뜻이죠.

차클 2항에서는 또 그것을 일부 해석에 따라 제한할 수 있다고 했는데 이 조항은 어떤 의미인가요?

이 예를 들어서 사형제도를 폐지해야 된다거나 사형제도 자체가 헌법 위반이라고 주장하는 분들은 37조 2항의 두 번째 문장을 근거로 드는 경우가 많아요. 그래서 이 문제를 조금 더 깊이 생각해보기 위해 몇 가지 토론거리를 가져왔습니다.

혹시 안전띠를 매기 싫은데 왜 자꾸 매라고 하는지 이유를 알고 계신가요? 이러한 것을 일반적 행동자유권이라고 하는데요. 한마디로 자기 몸은 자기 마음대로 할 수 있는 권리가 있다는 뜻이에요. 그런데 안전벨트 의무화가 일반적 행동자유권에 어긋나니 위헌이라고 주장한 사건입니다. 여러분은 어떻게 생각하세요?

차클 안전벨트를 매지 않으면 상대 운전자에 대한 과실치사나 살인을 할 가능성이 높아지니 위헌이 아닐 수도 있겠네요. 그런데 스스로의 생명을 위험에 빠뜨린다는 측면에서는 또 다르게 생각할 수도 있을 것 같아요.

이	2000년도 초반에 헌법재판소에서 실제로 다뤄졌던 문제예요. 그런데 그 뒤로 기술도 많이 발전했고 여러 가지 사회적인 경험도 쌓였죠. 만약 안전벨트를 매라고 하는 것이 문제라고 생각하는 분이 나온다면, 다시 헌법재판소에 헌법소원을 할 수 있습니다.
차클	혹시 헌법재판소에서 이전의 결정을 바꾼 사례가 있나요?
이	대표적인 것으로 간통이 있습니다. 그동안 간통을 범죄로 다루었고, 헌법재판소에서도 간통을 범죄로 처벌하는 것은 합헌이라고 했어요. 그러다가 사회가 변하면서 간통을 범죄로 다루는 것은 일방적이고 과도한 제한이기 때문에 형벌로 다스리는 것은 옳지 않다고 입장을 바꾸었지요.
	한 가지 더 물어보죠. 만약 한강 공원에서 술을 마시면 10만 원 정도의 과태료를 부과한다는 법률이 있다면 위헌이라고 생각하세요, 아니면 합헌이라고 생각하세요?
차클	한강을 자유롭게 이용할 권리를 침해받는다는 측면에서는 위헌이고, 한강 공원의 면적을 생각했을 때 그 침해의 정도가 크지 않다는 측면에서는 합헌일 수도 있지 않을까요?
이	제가 설명을 해드릴게요. 이런 과정은 바로 헌법재판관들이 이런 사

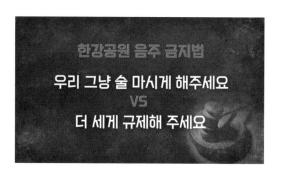

례를 두고 논의하는 과정과 같습니다. 우리나라 헌법 111조 이하에서 다루고 있는 최종적인 헌법 판결을 내리는 과정이죠. 이것을 평의한다, 라고 합니다. 그리고 평의를 마치면 평결을 합니다. 헌법재판관 아홉 분이 자신의 결론과 의견을 말하는데 위헌이라는 의견을 낸 재판관이 아홉 분 중 여섯 분이 되느냐 안 되느냐에 따라서 위헌과 합헌이 달라지게 됩니다.

차클 그럼 헌법재판관이 그때 그때 누구냐에 따라 결정이 달라질 수도 있겠네요?

이 그렇죠. 그런데 헌법재판관들은 법률가기도 하지만 제가 믿기로는 시민들의 대표기도 하다고 생각합니다. 그들이 그 시점의 시민들 생각을 대변한다고 볼 수 있겠죠.

차클 그럼 평결 다음에는 어떤 과정이 진행되나요?

이 만약 두 분이 합헌, 일곱 분이 위헌이라고 평결했다면 위헌이라는 결정문을 써야 되겠죠. 그런데 결정문을 쓰는 걸로 끝이 아닙니다. 일곱 분의 헌법재판관들도 위헌이라고 생각한 이유가 조금씩 다를 수 있어요. 그것들을 모아서 국민들을 설득할 수 있는 글을 써야 합니다. 또 나머지 두 분의 헌법재판관들도 자신들의 주장이 헌법에 대한 더 올바른 해석이라는 소수 의견을 쓸 수 있습니다.

차클 일반 시민들도 결정문이나 의견서들을 볼 수 있나요?

이 네, 헌법재판소에 가셔서 사건번호를 조회하거나 인터넷으로 키워드를 치거나 헌법소원을 제시한 사람의 이름을 검색하면 쉽게 찾아볼 수 있습니다. 우리나라는 헌법을 교육하기 상당히 좋은 시스템을 갖추고 있어요.

차이나는 클라스

왜 헌법 개정이 필요한가

"헌법 학자들 중에는 헌법을 나라의 영혼이라고 표현하는 사람들도 있어요. 해외 여행을 다닐 때 이 나라가 어떤 나라인지를 알려면, 그 나라를 함께 꾸려온 사람들이 자신들의 나라는 어떤 나라라고 스스로 고백해놓은 글, 즉 헌법을 보면 상당히 좋을 것 같아요. 헌법은 우리가 어떤 나라임을 고백한 일종의 영혼이라고 말할 수 있으니까요."

차클   최근에 정치인들이 헌법을 개정하자고 하는데, 헌법에 어떤 문제들이 있는 건가요?

이   우리 헌법에도 몇 가지 개선되어야 할 부분들이 있습니다. 이제 새 정부에서 헌법 개정에 대한 이야기들이 본격적으로 시작했는데, 그때 우

헌법 29조

② 군인·군무원·경찰공무원 기타 법률이 정하는 자가 전투·훈련등 직무집행과 관련하여 받은 손해에 대하여는 법률이 정하는 보상외에 국가 또는 공공단체에 공무원의 직무상 불법행위로 인한 배상은 청구할 수 없다.

리가 주목해야 할 것들이 있습니다. 먼저 29조 2항입니다. 간단히 말하면 이렇습니다. 군인, 군무원, 경찰 등으로 근무했던 사람이 만약에 공무 집행을 하다가 순직하거나 장애를 갖게 되었을 때, 정해놓은 보상만 받을 수 있다는 겁니다.

차클 　왜 국가가 정해놓은 보상 이외의 보상을 청구할 수 없게 만든 것이죠?

이 　　상당히 아픈 과거가 있는 조문이에요. 원래 이 내용은 국가배상법이라는 법률의 한 조항이었습니다. 그런데 1970년대 초에는 당시 헌법에 따라 어떤 법률이 위헌이고 합헌인지를 결정할 권한이 대법원에 있었어요. 헌법재판소는 없었고요. 그때 대법원에서 한 번 헌법에 위반된다는 결정을 받았던 조항입니다.

차클 　위헌이었던 법률을 왜 다시 헌법에 넣은 것이죠?

이 　　군사정권 기간에 있었던 여러 가지 문제들을 해결하는 과정에서 한 번 위헌 판결을 받은 이 조항을 헌법 안에 들여놓았습니다. 상당히 부끄러운 규정이라고 할 수 있죠. 이 조항 외에 하나 더 말씀 드리겠습니다. 탄핵 당시 문제가 많이 됐으니까 아실 겁니다. 바로 68조 2항입니다. '대통령이 또는 대통령 당선자가 사망하거나 판결 기타의 사유로 그 자격을 상실한 때에는 60일 이내에 후임자를 선거한다. 만약에 대

헌법 제68조

② 대통령이 궐위된 때 또는 대통령 당선자가 사망하거나 판결 기타의 사유로 그 자격을 상실한 때에는 60일 이내에 후임자를 선거한다.

차이나는
클라스

통령이 궐위가 됐더라도 부통령을 미리 뽑아놓으면 적어도 대통령의 잔여 임기에 관해서는 부통령이 일단 이어갈 수 있다.' 안전장치가 있는 셈이죠. 그런데 우리는 87년에 9번째로 헌법을 개정해서 만들 때 부통령제를 두지 않고 이 규정을 만들었습니다.

차클   누가 개정을 주도한 것인가요?

이   87년 여름에 8인 정치회담이라는 게 열렸어요. 당시에 아주 중요한 정치 지도자 네 분이 있었습니다. 이들이 각각 두 사람의 대표를 보내서 여덟 사람이 정치적으로 합의를 해서 헌법을 고치기로 했어요. 그런데 그 지도자 네 명 중 누군가가 대통령이 되었다가 어떤 이유에서든 대통령을 못 하게 될 경우가 발생하면 두 달 만에 새로 한 번 더 대통령 선거를 치러서 이미 준비되어 있는 나머지 세 명 중 새로운 5년짜리 대통령을 뽑자고 합의를 하지 않았을까 하고 짐작을 합니다. 아직 여기에 대해서는 실증적인 연구가 충분히 나와 있지 않았습니다만, 대체로 많은 분이 그와 같이 짐작하시는 것 같습니다. 그리고 그 짐작이 저는 상당히 합리적인 추론이라고 생각합니다.

차클   헌법을 일부 정치 지도자들 입맛에 맞게 바꿨다는 얘기네요.

이   또 다른 예도 있습니다. 90조의 1항과 2항입니다. 앞서 8인 정치회남을 발씀느꼈잖아요. 회담을 주도한 네 명의 지도자 중 한 사람이었

헌법 제90조

① 국정의 중요한 사항에 관한 대통령의 자문에 응하기 위하여 국가원로로 구성되는 국가원로자문회의를 둘 수 있다.
② 국가원로자문회의의 의장은 직전 대통령이 된다. 다만, 직전 대통령이 없을 때에는 대통령이 지명한다.

— 1987년 10월 29일 전문 개정 공포

헌법 제82조

대통령의 국법상 행위는 문서로써 하며, 이 문서에는 국무총리와 관계 국무위원이 부서한다. 군사에 관한 것도 또한 같다.

던 전두환 전 대통령은 이제 자신이 대통령을 마치고 나면 그 뒤에 어떻게 될지 고민했던 것 같아요. 여러 자료들에 의하면 노태우 씨를 대통령으로 만들었을 때 본인의 정치적인 위상을 생각했던 것 같습니다. 이러한 것들을 추론해보게 만드는 조항입니다.

차클　권력을 계속 갖겠다는 걸 노골적으로 드러낸 것이군요?

이　　노골적이라고 볼 수 있죠. 정치권이 헌법을 개정하려고 하는 과정을 보면 각 정치세력이 자신들이 얻을 수 있는 것들을 최대한으로 얻으려고 하는 행태를 엿볼 수 있습니다. 그래서 국민들 입장에서는 조심하고 감시할 필요가 있습니다.

차클　국가의 운명을 결정하는 헌법이 정치인들의 사리사욕을 채우기 위한 수단이 되어도 되는 것인가요?

이　　그래서 헌법이 어떻게 개정되느냐가 중요합니다. 하나 더 살펴보죠. 82조입니다. 이 조항에는 큰 문제가 없는 것 같지만, 딱 하나 문제가 될 것이 있습니다. 무엇일까요?

차클　문서로 한다는 것이 아닐까요?

이　　네, 맞습니다. 전자 결재를 했더라도 나중에 다시 모두 출력해서 문서화해야 하는 문제가 생길 수 있죠. 우리가 헌법을 만들거나 개정하면서 잘못 만들거나 또는 실수로 뭔가를 빠트리거나 너무 강하게 만들어놓으면 82조처럼 앞으로 우리의 발목을 잡는 규정이 나올 수 있어요.

차클 그런데 왜 하나의 조항을 두고 서로 다른 해석과 판결이 나오는 건가요? 헌법에서 우선시하는 기준이 있나요?

이 한 조항을 두고 여러 가지 해석이 나올 수 있다고 하는 것이 다른 사람들과 함께 살아간다는 사실에 대한 증거가 아닐까 생각해요.

차클 그럼 헌법정신에 위배됐다는 말에서 헌법정신이란 무엇인가요?

이 헌법에 대한 해석이 갈릴 때 헌법정신을 가지고 문제를 풀어야 된다는 말은 결국 자유, 자유라는 말이 아닐까 싶어요. 다만 이때의 자유가 각 개인이 자기 맘대로 살고 싶다는 그런 의미의 자유는 아니고 다른 사람에게 더 많은 자유를 선사하는, 그런 자유가 아닐까 생각합니다.

차클 마지막으로 국민들이 헌법을 알아야 하는 이유에 대해서 한 말씀 부탁드립니다.

이 헌법 학자들 중에는 헌법을 나라의 영혼이라고 표현하는 사람들도 있어요. 해외여행을 다닐 때 그 나라가 어떤 나라인지를 알려면 그 나라를 함께 꾸려온 사람들이 자신들의 나라는 어떤 나라라고 스스로 고백해놓은 글, 즉 헌법을 보면 상당히 좋을 것 같아요. 헌법은 우리가 어떤 나라임을 고백한 일종의 영혼이라고 말할 수 있으니까요. 여러분도 다른 나라들의 헌법 전문을 한번 읽어보세요. 그러면 그 나라가 어떤 나라인지, 어떤 나라가 좋은 나라인지를 알 수 있는 기회가 되실 겁니다. 예를 들어, 스위스의 헌법에서는 국력이란 열악한 지위에 있는 사람이 누리는 복지에 의해서 평가된다는 선언을 전문에 적어놓았습니다. 스위스가 멋진 나라인 건 알프스 때문만이 아니라는 생각이 절로 드는 구절이지요.

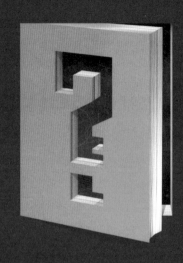

차이나는 클라스

3장

리더

정조는 우리에게
무엇을 전하는가

김준혁

역사 교사이셨던 아버지로부터 역사 조기 교육을 받은 뒤 대학에서 역사학을 전공하고
현재도 역사 교수로 재직하며 한길만을 걸어온 역사 전문가.
정조 임금의 매력에 푹 빠져 정조 연구를 천명으로 받아들이고,
왕이자 한 인간이었던 정조 임금의 진짜 모습을 알려주실 김준혁 선생님을 소개합니다.

우리는 왜 정조에 주목하는가

"조선의 문화적 기틀을 만든 분이 세종이라고 한다면, 세종 시대의 문화를 재현하려고 노력했던 분이 바로 정조라고 할 수 있습니다."

김   오늘은 조선 국왕 중에서 가장 매력적인 군주 정조 대왕에 대해 이야기해보려고 합니다.

차클   정조를 매력적인 왕이라고 말씀하시는 이유는 뭔가요?

김   정조는 49년을 살았고, 재위 기간이 24년이에요. 정조와 관련된 기록들을 보면 3~4시간 이상 잠을 자지 않았다고 해요. 그러니 얼마나 한일이 많겠습니까. 본격적으로 정조의 매력을 논하기 전에 먼저 질문을 하겠습니다. 정조 하면 떠오르는 것들이 무엇인가요?

차클   효자, 규장각, 수원, 개혁 군주, 사도세자, 이산 등이 생각나네요.

김   엄청나게 많은 얘깃거리들이 있습니다. 먼저 할아버지가 영조, 아버지가 바로 비운의 왕세자인 사도세자. 어머니는 《한중록》을 쓴 혜경궁 홍씨입니다. 그리고 정조의 이름은 이산, 베풀 산(祘) 자를 씁니다. 엉

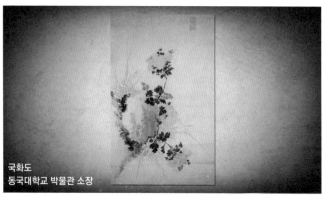

국화도
동국대학교 박물관 소장

파초도
동국대학교 박물관 소장

조가 자신의 손자에게 백성을 위해 모든 것을 베풀라는 의미로 이름을
지어주었어요. 대표적인 업적은 규장각과 장용영을 만들고 화성을 지
은 것이죠. 취미는 그림 그리기와 도장 파기였는데, 정조가 그린 그림
이 현재 6점 남아 있습니다. 당시 시대의 화풍을 깨는 그림들이에요.
또 백발백중으로 활을 쏘는 명사수였습니다.

차클 49발을 명중시킨 뒤 한 발을 쏘지 않았다는 얘기를 들었는데 어떤 연
유에서인가요?

김 네, 일부러 안 맞혔죠. 50발 중에서 49발을 가운데에 명중시키고 마

지막 한 발을 허공으로 쐈다고 해요. 50발을 다 명중시켜서 가득 차게 되면 사람이 오만해질 수 있으니 겸손하기 위해서 한 발을 맞히지 않았다는 겁니다.

차클 일반적으로 알려지지 않은 정조의 이야기들이 더 있나요?

김 오늘의 주제가 '매력 군주, 정조를 더 알고 싶다' 잖아요. 여기에서 '더'라는 표현이 중요해요. 사실 우리나라 국민들 중에서 정조를 모르는 사람이 없을 겁니다. 그럼에도 불구하고 정조에 대해서 알고 있는 사실들이 너무 피상적이거든요.

차클 단도직입적으로 묻죠. 세종과 정조 중에서 누가 더 위대한가요?

김 정조가 꿈꿨던 이상적 군주가 두 사람 있습니다. 하나는 중국의 왕이고 다른 하나는 조선의 왕이었죠. 바로 요순시대의 요임금과, 조선시대의 세종이에요. 사람들이 세종과 정조 중에서 누가 더 낫냐고 많이 물어보는데 쉽게 답하긴 어렵죠. 다만 조선의 문화적 기틀을 만든 분이 세종이라고 한다면, 세종시대의 문화를 재현하려고 노력했던 분이 바로 정조라고 할 수 있습니다.

영조는 왜 사도세자를 미워했나

"당쟁의 문제가 있었던 것이죠. 영조와의 성격 차이와 더불어서 당쟁의 문제가 있었어요. 우암 송시열을 중심으로 하는 노론과 윤증·박세채를 중심으로 하는 소론 중에서 영조는 노론과 가까웠어요. 노론의 후원을 얻어 왕이 됐습니다. 반면에 사도세자는 소론과 가깝게 지냈는데 이렇게 된 건 영조가 저지른 실수 탓이 커요."

김	정조 하면 누가 가장 먼저 떠오르세요?
차클	사도세자요.
김	그럼 사도세자가 어디에서 돌아가셨나요?
차클	뒤주에서 돌아가셨죠.
김	네, 그렇죠. 그런데 사도세자가 뒤주에 갇혀 죽었기 때문에 정조가 왕이 되기가 굉장히 힘들었어요. 그럼 먼저 사도세자가 왜 뒤주에 갇혀 죽었는지부터 이야기해볼 필요가 있습니다. 영화 〈사도〉를 많이 보셨을 겁니다. 영화가 어땠나요?
차클	영조가 좀 너무했다고 느꼈어요. 사도세자가 그림이나 무예에 재능을 갖고 있는데, 공부만 강요하고, 13년간 대리청정을 하게 하면서 계속 앞을 가로막잖아요.

김	기록에 따르면 사도세자는 어린 시절에 굉장히 똑똑했던 인물입니다. 그래서 영조가 굉장히 예뻐했죠. 장차 훌륭한 군주가 될 거라고 생각했기에 제왕학 교육을 시키려 했습니다. 제왕학 교육이란 것은 왕이 되기 위한 교육을 말합니다. 경전 교육과 역사 교육을 철저하게 받아야 해요. 그럼 진중하게 앉아서 오랫동안 공부를 해야 되는데 사도세자는 그림 그리기를 좋아했고, 무예에도 상당히 뛰어난 재능을 갖고 있었죠.
차클	사도세자의 무예 실력이나 그림 실력이 어느 정도였나요?
김	영조는 세자에 대해 태산을 허리에 끼고 북해를 뛰어 건널 사람이라고 말했어요. 그만큼 담대한 사람이었죠. 15세 소년이 무려 72근, 지금으로 치면 40킬로그램이나 되는 청룡언월도를 가지고 매일같이 무예 연습을 할 정도였어요.
차클	여러모로 뛰어났던 사도세자는 왜 뒤주에 갇혀 죽어야 했나요?
김	잘 아시는 대로 당쟁의 문제가 있었던 것이죠. 영조와의 성격 차이와 더불어서 당쟁의 문제가 있었어요.
차클	당시의 당쟁에 대해 좀 설명해주세요.

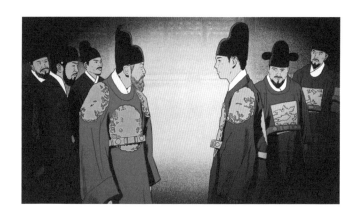

| 김 | 당쟁의 주역은 사림이라 불린 정치집단입니다. 사림파가 동인과 서인으로 나뉘는데 동인은 남인과 북인, 서인은 노론과 소론으로 다시 나뉘게 되죠. 우암 송시열을 중심으로 하는 노론과 윤증·박세채를 중심으로 하는 소론 중에서 영조는 노론과 가까웠어요. 노론의 후원을 얻어 왕이 됐습니다. 반면에 사도세자는 소론과 가깝게 지냈는데 이렇게 된 건 영조가 저지른 실수 탓이 커요. |

| 차클 | 영조가 어떤 실수를 했나요? |

| 김 | 영조는 자신의 형인 경종을 독살했다는 누명을 쓰고 있었습니다. 왕세제 시절에 영조가 허약한 형인 경종에게 간장게장을 보냈어요. 그런데 게장과 함께 보낸 단감을 먹고 경종이 죽어요. 그러자 영조는 자신이 형을 고의로 죽였다는 비난을 사지 않을까 하는 콤플렉스를 갖게 됩니다. 그래서인지 경종을 모셨던 궁녀들에게 아들인 사도세자를 보필하게 합니다. |

차이나는
클라스

차클	자신이 결백하다는 것을 입증하려는 시도였을까요?
김	그렇죠. 자신이 결백하다는 것을 보여주기 위해 경종을 모셨던 대전 궁녀들을 일부러 데려옵니다. 그런데 그 대전 궁녀들은 소론과 함께 정치를 하려고 했던 궁녀들이었거든요. 궁녀들이 어린 사도세자에게 소론은 좋은 편이고 노론은 나쁜 편이라는 인식을 심어준 거예요. 영조가 실수한 거라고 볼 수밖에 없는 대목이죠.
차클	그 결과 노론과 소론이 대립한 것처럼 영조와 사도세자도 대립을 하게 된 건가요?
김	경종이 재위할 당시 연잉군, 즉 영조는 왕세제로 책봉되어 대리청정을 하기도 했습니다. 그런데 노론과 가까운 연잉군이 왕이 되면 소론 입장에서는 난리가 나는 것이죠. 나중에 자기들을 모조리 제거할 수 있다고 생각한 겁니다. 그러자 소론은 경종이 언제 돌아가실지 모르니 연잉군에게 대리청정하게 한 노론의 주장을 역모라고 몰아세웁니다. 그러자 경종은 연잉군을 왕세제로 삼아 대리청정을 하도록 했던 네 명의 노론 측 신하들을 유배 보냈다가 사형시켜버립니다. 그게 바로 신임사화예요. 자, 그렇다면 이때 죽은 신하들은 영조에게 충신일까요, 역적일까요?
차클	영조 입장에서는 충신이겠죠.
김	그렇죠. 그런데 사도세자가 아버지인 영조에게 그 사람들이 과연 충신이냐고 물어봅니다. 영조가 얼마나 당황했겠어요. 자신에게 충신이면 자신의 아들에게도 당연히 충신이어야 하는데 아들이 그 점에 대해 문제 제기를 한 겁니다. 알다시피 영조는 자신의 정통성에 대한 콤플렉스가 강했던 인물이잖아요. 형을 죽이고 왕이 됐다는 콤플렉스 외에 어머니가 무수리 출신, 굉장히 미천한 출신이라는 콤플렉스도 있었습니다.

차클	아버지의 콤플렉스를 아들이 건드린 것이군요?
김	신하들도 감히 말하지 않는 것을 아들이 얘기한 것이죠. 그러니까 아들과 문제가 생길 수밖에 없어요. 또 사도세자가 자신이 시키는 대로 공부는 하지 않고, 무예를 수련하지 않나, 거기다 소론의 입장을 대변하기까지 하니 아버지와 아들이 맞지 않을 수밖에요.
차클	영화에서도 영조의 감정 기복이 상당히 심하고, 사도세자에게 매일같이 싫은 소리를 하는 장면이 나왔어요. 사도세자가 아버지 때문에 스트레스를 많이 받아서 그런지, 옷을 입는 데 공포를 느끼는 장면도 있었어요. 사도세자에게 실제로 그런 증상이 있었나요?
김	실제로 의대증이 있었죠. 사도세자의 죽음을 정당화하는 이야기 중에 사도세자가 사람을 많이 죽였기 때문에 어쩔 수 없었다는 주장이 있어요. 100여 명 가까이 죽었죠. 대부분 옷을 입는 과정에서 옷을 입혀주는 궁녀나 내시들을 때리기도 하고, 옷을 입고 가다가도 칼부림을 하기도 했어요.
차클	옷 때문에 사람을 죽였다니 이해가 잘 안 가네요.
김	조선시대에는 가령 나라에 큰 홍수가 나고 비가 많이 오면 모두 임금이 부덕해서, 왕이 잘못해서라고 생각했어요. 그러면 영조는 그 허물을 누구에게 돌리고 싶었느냐. 바로 아들에게 돌리고 싶었던 거예요. 《한중록》을 보면 바람이 불고 비가 오고 서리가 내리고 천둥이 치고 벼락이 오면 그때부터 사도세자가 몸을 떨었다고 해요. 아버지가 불러서 날씨가 나쁜 걸 자기 탓으로 돌릴 거라고 생각한 거죠.
차클	영조가 아들한테 너무 심했네요.
김	또 영조는 술에 대해서 아주 극단적인 혐오증이 있었어요. 17세기에서 18세기로 넘어가던 당시엔 전 세계적으로 소(小)빙하기에 접어들었

차이나는 클라스

거든요. 그래서 엘니뇨 같은 현상들이 조선을 강타하죠. 그 바람에 농사가 잘 안 되어서 영조가 금주령을 내렸어요. 청주 1.5리터를 만드는 데 쌀이 한 말이나 들어가거든요. 쌀 한 말이면 30명 정도는 배불리 먹을 수 있으니까요.

차클 쌀이 부족한 것도 사도세자 탓으로 돌린 건가요?

김 영조가 금주령을 내렸는데, 사도세자가 매일 술을 마시러 다닌다고 비판하는 사람들이 있었어요. 그런데 사도세자는 체질적으로 술을 못 마셔요. 그런데도 영조는 그것을 믿기 싫었던 겁니다. 그래서 아들에게 왜 자신이 술을 마시지 말라고 했는데 술을 마시느냐고 캐묻습니다.

차클 굉장히 억울했을 텐데 사도세자가 가만히 있었나요?

김 아버지에게 반항을 합니다. 자신이 술을 마신 게 맞다면서요. 또 자살을 시도하기도 해요. 창덕궁에 있는 우물에 뛰어들려고 합니다. 우물에 뛰어들려는 것을 사람들이 말려서 겨우 살아나요. 그 과정에서 낙선당이라는 건물에서 일하던 나인이 실수로 촛불을 쓰러뜨려서 화재가 납니다. 그런데 이번에도 영조는 사도세자가 불을 질렀다고 생각합니다. 그러고는 사도세자를 불러서 자신에게 반항하기 위해 불을 질렀다고 몰아세우죠. 사도세자는 불을 지르지 않았다고 말하지만, 영조는 받아들이지 않아요. 이렇게 불신이 생기면서 자연스럽게 아버지가 아들을 포기하게 됩니다.

차클 영조가 사도세자를 완전히 포기한 것인가요?

김 영조는 아들이 없어도 된다고 생각했어요. 왜냐하면 자신에게는 너무 똑똑한 손자가 있었으니까요. 마치 태종이 장자가 아닌 셋째 아들 세종한테 왕위를 넘겨준 것과 똑같은 판단이죠. 철저하게 공적인 군주로서 공적인 의리를 지키려고 한 것입니다.

차클	아들을 뒤주에 넣어 죽인 것이 공적인 의리 때문이라고요?
김	사실 영조는 처음에 사도세자에게 자결을 명했어요. 그런데 세손이 머리를 다 풀어헤치고 흰옷만 입고서는 할아버지의 발목을 붙잡고 아비를 살려달라고 애원을 합니다.
차클	그 세손이 바로 정조였죠?
김	맞아요. 영조는 사실 사도세자를 죽이려 했다기보다 교훈을 주겠다는 의도가 더 컸습니다. 그래서 뒤주를 가지고 오라고 한 겁니다. 그런데 사도세자가 뒤주에 들어갈 때 아주 유명한 말을 남깁니다. 영조가 세손을 끌어내라고 하니까 사도세자가 뒤주에 들어가기 전에 갑자기 일어나서 소리를 지르죠. "너 이놈들, 세손의 몸에서 손을 떼라. 장차 저 세손은 이 나라의 왕이 될 사람이다"라고요.
차클	그러고서 결국 뒤주에 갇혔군요.
김	영조는 창덕궁으로 뒤주를 가져와서 사도세자를 넣고 완전히 꽁꽁 묶도록 지시했어요. 그다음에 볏단을 가져다가 뒤주 위에 잔뜩 쌓아놓았습니다. 그때가 양력으로 7월 4일이었어요.

차이나는
클라스

차클 뒤주 안에서 쩌죽으라는 것이었나요?

김 진짜 숨이 막히도록 만들었죠. 여기에 또 비극적인 이야기들이 있어요. 당시에 '무사들의 임금'이라고 불린 무종 구선복이라는 사람이 있었어요. 그런데 구선복이 병사들을 시켜서 사도세자가 갇혀 있는 뒤주에 소변을 보게 했어요.

차클 어떻게 신하가 왕의 아들에게 그럴 수 있나요?

김 구선복은 실질적인 군대 책임자였어요. 군에 대한 통제력이 왕보다 강했던 사람입니다. 그러니까 세자를 능멸하는 만행을 저지른 겁니다. 그걸로도 모자라 뒤주를 흔들게 하죠. 그러면 뒤주 안에서 세자가 어지럽다고 말을 해요. 그런데 7일째 되는 날 뒤주를 흔들어도 아무 반응이 없는 겁니다. 세자가 말을 안 하는 거예요.

차클 영조는 아무런 조치를 안 했나요?

김 사람들이 깜짝 놀라서 영조에게 보고를 했죠. 그런데 영조가 아주 냉정하게 하루 더 두라고 이야기합니다. 그렇게 하루를 더 두었는데 다음 날에도 전혀 반응이 없는 겁니다. 그래서 뚜껑을 열어 보니 사도세자가 완전히 찬 시신이 되어 있었던 거죠.

차클 　영조는 아들을 가둬놓고 잠이 왔을까요?

김 　정치라고 하는 것이 이렇게 무서운 겁니다. 권력은 아버지하고 아들도 나눌 수 없다는 거죠.

차클 　자신이 왕이 되면서 선왕을 죽였다는 오해를 받으며 평생 콤플렉스를 가지고 살았으니 세자마저 직접 죽였다는 말을 듣지 않기 위해서 그냥 방치해둔 게 아닌가 하는 생각이 드네요.

김 　영조의 생각과 가장 근접한 생각인 듯합니다.

차이나는 클라스

역적의 아들은
어떻게 왕이 되었나

"영조는 사도세자가 죽고 나서 두 달 뒤에 자기의 첫째 아들인 효장세자의 아들로 정조를 입적시킵니다. 정조가 세자의 아들, 역적의 아들로 인정되어서 왕이 되지 못할 수도 있으니까요. 또 사도세자와 관련된 어떠한 논의도 꺼내지 못하게 합니다. 사도세자를 국왕으로 추존하는 순간 자신의 역적이기도 하고 너의 역적이기도 하다, 라고 못을 박은 것이죠."

차클	사도세자가 돌아가실 당시에 정조는 몇 살이었나요?
김	열한 살이었어요. 열한 살 때 아버지가 돌아가시는 것을 본 거죠. 하지만, 정조는 왕이라는 자리가 자기의 원한을 갚기 위한 것은 아니기 때문에 왕이 된 뒤에도 아버지의 원한을 최소화해서 갚습니다.
차클	사도세자의 아들인 정조가 왕이 되는 과정도 순탄치 않았을 것 같아요.
김	정조는 말하자면 역적의 아들이잖아요. 그 때문에 반대가 만만치 않을 걸 대비해 왕이 되기 위해 엄청난 노력을 합니다. 첫 번째로 당연히 공부를 열심히 합니다. 정조가 나중에 말하길, 자기는 사람들이 늘 지켜보기 때문에 아주 어릴 때부터 근신하느라 무릎을 꿇고 책을 봤다고 해요. 그러다 보니 무릎과 버선 끝이 늘 달아서 꿰매어 입었다고 해요.
차클	사람늘의 시선을 많이 의식한 거군요.

김	정조는 늘 근신하고 감정을 드러내지 않았어요. 자신의 주변은 다 적들이잖아요. 그러니까 다른 사람에 대한 말을 최대한 아끼죠. 한번은 정조가 동궁 시절에 공부를 하다 잠시 자리를 비웠는데 그 사이에 누군가가 책상 위에 편지 하나를 두고 가는 일이 벌어집니다. 내시와 궁녀가 지키고 있었는데 말이죠. 정조가 그 편지를 열어보고는 "차마 읽을 수도 없고 차마 들을 수도 없는 망령된 이야기"라고 말합니다.
차클	편지의 내용이 무엇이었나요?
김	차마 들을 수도 없고 차마 말할 수도 없는 내용이 뭐겠어요. 죽여버리겠다는 이야기죠.
차클	정조를 도와준 사람은 없었나요?
김	기본적으로 정조를 제일 많이 도와준 사람은 할아버지 영조입니다. 정조는 《홍재전서》에 자신의 할아버지가 얼마나 사랑을 주었는지 써놓았습니다. 정조가 어린 시절에 잠버릇이 안 좋았던지 영조가 정조를 끌어안아주고 같이 잠을 잤다고 해요. 그러고는 영조가 정조에게 '어린 너를 품고 자느라 잠을 제대로 못 잤다'고 이야기한 것을 적어놨어요.
차클	아들을 죽인 뒤 손자를 품고 자는 영조의 심경이 어땠을까요?
김	영조는 세손한테 묘한 감정을 느꼈을 겁니다. 영조는 사도세자가 죽고 나서 3년 동안 세손을 직접 데리고 지내요. 그런데 1년 반쯤 되던 해에 정조가 어머니인 혜경궁을 너무 보고 싶어 하니 손자를 데리고 창덕궁으로 갑니다. 정조는 어머니를 보자마자 대성통곡을 했어요. 혜경궁 홍씨도 같이 울어요. 그 순간 영조가 말합니다. "이 아이가 이리도 너를 그리워하니 내가 이 아이를 두고 가겠다"고요. 그러자 혜경궁이 울다가 펄쩍 일어나서는 영조에게 말합니다. "우리 모자가 오늘까지

살아 있는 것은 전하의 덕분입니다. 빨리 세손을 데리고 가십시오" 하더니 뒤도 돌아보지 않고 가더랍니다.

차클   어린 정조는 순순히 어머니의 뜻을 따랐나요?

김   정조가 미적대긴 했다는데, 그때 깨달은 것 같아요. 자신이 어머니를 떠나서 할아버지한테 가야만 모자가 살 수 있다는 것을요.

차클   영조가 정조를 후계로 내세운 건 언제인가요?

김   정조가 24세 때 영조는 대리청정을 하도록 합니다. 영조의 나이가 너무 많았거든요. 당시 조선시대 평균 수명이 마흔이 안돼요. 그런데 당시 영조가 82세였습니다.

차클   노론에서 반대하지 않았나요?

김   반대가 아주 심했죠. 심지어 "영조의 나이가 이제 겨우 여든"이라는 해괴한 논리까지 들이댑니다. 정순왕후의 오라버니였던 김기주 같은 노론의 핵심 세력들은 계속해서 '억적지자불위군왕(逆賊之子不爲君王)'

이라는 8자 흉언을 퍼뜨렸어요. 즉 역적의 아들은 왕이 될 수 없다고 주장해요. 그러고는 왕비가 양자를 들이고 싶어 한다고 합니다.

차클 영조는 노론의 이야기를 무시했나요?

김 영조는 대리청정을 하겠다는 방침을 승지에게 쓰도록 시킵니다. 그런데 좌의정 홍인한이 영조의 전교를 쓰지 못하게 막아버려요.

차클 왕의 지시를 그렇게 막아도 되는 것인가요?

김 그때 영조의 나이가 너무 많아서 깜박한 거예요. 그러자 소론의 뛰어난 인물이었던 서명선이라는 사람이 목숨을 걸고 영조한테 상소를 올리죠. 홍인한이 승지가 전교 쓰는 것을 막았다고요. 영조가 상소를 읽더니 기억이 난 겁니다. 그래서 홍인한을 유배 보냅니다.

차클 그때부터 대리청정이 시작된 건가요?

김 먼저 영조는 자신이 쓴 책들을 정조에게 읽게 했습니다. 그리고 나라를 어떻게 다스려야 하는지에 대해 이야기해주고 대리청정을 하도록 합니다.

차클 대리청정 기간은 얼마나 됐나요?

김 동궁인 정조가 대리청정을 시작하고서 4개월 뒤에 영조가 승하합니다. 드디어 정조가 조선의 국왕이 된 거예요. 정조 입장에서는 그날의 감격을 이루 말할 수 없었겠죠. 정조는 할아버지가 거처하던 경희궁에서 즉위를 합니다.

차클 정조의 집권을 반대하던 세력들은 어떻게 되었나요?

김 즉위 당일 정조는 경희궁 숭정전에 올라서 천명을 합니다. "과인은 사도세자의 아들이다"라고요.

차클 노론쪽 신하들이 난리가 났겠네요?

김 이런 사태를 예상했는지 영조는 사도세자가 죽고 나서 두 달 뒤에 자

차이나는
클라스

기의 첫째 아들인 효장세자의 아들로 정조를 입적시킵니다. 정조가 세자의 아들, 역적의 아들로 인정되어서 왕이 되지 못할 수도 있으니까요. 또 사도세자와 관련된 어떠한 논의도 꺼내지 못하게 합니다. 사도세자를 국왕으로 추존하는 순간 자신의 역적이기도 하고 너의 역적이기도 하다, 라고 못을 박은 것이죠.

차클   그럼 정조가 영조의 명을 어긴 거네요.

김   정조가 "과인은 사도세자의 아들"이라고 말을 하니 노론 신하들이 부들부들 떨었겠죠. 그런데 정조가 그 뒤에 한마디를 더 합니다. "선대왕

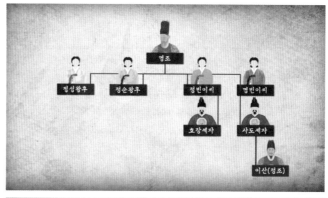

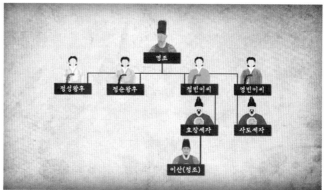

께서 종통을 둘로 나누지 말라고 했다." 이 말은 효장세자와 사도세자를 따로 나누지 않을 것이라는 의미입니다. 자신은 사도세자의 아들이긴 하지만 효장세자의 아들이기도 하다는 말입니다. 즉 자신을 반대한 신하들에게 위해를 주지 않겠다는 말인 거죠.

조선의 진정한 주인은 누구인가

"개혁을 하려면 힘이 있어야겠죠. 힘을 키우려면 우선 내 편이 많아야 합니다. 왕의 편이 될 수 있는 가장 많은 사람이 누구겠어요. 백성이죠. 바로 백성들의 지지를 얻는 거예요."

김   정조를 위협했던 가장 큰 숙적은 누구였을까요?

차클 노론쪽 사람들 아니었을까요?

김   바로 영조의 두 번째 왕비인 정순왕후였습니다. 정순왕후는 당시 노론 세력들에게 있어서 구심점 같은 역할을 했죠. 정순왕후가 보이지 않게 저지른 사건이 있어요. 1777년(정조 1) 7월 28일에 자객들이 정조의 침전인 경희궁 존현각에 침입합니다. 그리고 미리 받아 둔 열쇠로 존현각 앞문을 따고 침전까지 들어가죠. 침전의 앞문 열쇠를 전해주고 숨겨준 사람들이 바로 정순왕후의 상궁들이었어요.

차클 정조를 암살하려는 자객들의 기도는 실패했나요?

김   자객들은 정조를 죽이려 들어갔습니다. 그런데 정조가 공부하느라 너무 늦게까지 짐을 자지 않는 겁니다. 그래서 그들은 지붕 위로 올라가서 귀신 흉내를 냅니다. 그러다가 기와가 떨어져서 소리가 나자 정조가 자객임을 눈치채고 소리를 지릅니다. 드라마에서는 정조가 칼 한 자루 뽑아서 다 죽이는 것으로 나오지만, 실제로는 도망을 갔어요.

차클   자객들은 다시 암살을 시도하지 않았나요?

김   이후 정조는 창덕궁으로 이어를 합니다. 그러자 자객들이 다시 창덕궁으로 죽이려 들어오죠. 《정조실록》을 보면 정조 곁에 있던 네 명의 무사가 제압을 합니다. 결국 자객들은 사형을 당해요.

차클   자객들은 누구의 지시를 받았는지 말했나요?

김   심증적으로는 정순왕후가 정조를 죽이려 보냈다는 것을 알 수 있지만, 그것만으로 정순왕후를 처벌할 수는 없었어요.

차클   왕권이 약해서 그랬던 것은 아닐까요?

김   당연히 약했죠!

차클   정조는 왕권을 키우기 위해 어떤 선택을 했나요?

김   정조가 개혁 군주였다고 말씀드렸었죠. 개혁을 하려면 힘이 있어야겠죠. 힘을 키우려면 우선 내 편이 많아야 합니다. 왕의 편이 될 수 있는 가장 많은 사람이 누구겠어요. 백성이죠. 바로 백성들의 지지를 얻는 거예요.

차클   백성들의 지지를 어떻게 얻었나요?

김   정조는 가장 먼저 소외된 사람들을 위해 대대적인 개혁을 진행했어요. 그중에서도 서얼제도를 혁파합니다. 한번 서자는 영원한 서자잖아요. 그래서 이덕무, 박제가, 유득공 같은 천재들을 규장각 검서관으로 임명하고 새로운 개혁들을 해나갔습니다.

차클   일반 백성들을 위해선 어떤 개혁을 추진했나요?

김   자유롭게 장사를 할 수 있는 시장을 만들어주었어요. 그전까지 소수의

독점 자본가들만 장사를 할 수 있었어요. 바로 난전을 금하는 '금난전권' 때문이었습니다. 그런데 정조가 모든 백성에게 누구든 다 장사할 수 있게 해준 거예요.

차클   자본가들이 가만히 있었을까요?

김   시전 상인들은 금난전권을 폐지토록 통공정책을 주도한 좌의정 채제공을 1년 내내 협박했습니다. 채제공도 어디 한번 해보자는 식으로 통공정책을 끝내 성공시키죠. 상업이 활성화되면 백성들이 부유해지고, 세금을 많이 내면 국가재정이 안정될 거 아니겠어요.

차클   군사 부문 개혁도 추진했나요?

김   정조가 왕이 되고 나서 국가 예산을 들여다보니 국방 예산이 전체 국가 예산의 56퍼센트나 되는 겁니다. 국방비가 엄청나게 들어가고 있었다는 것이죠. 그런데 예산의 대부분이 장군들의 월급이었어요. 정조는 쓸모없는 군인들에게 월급을 주다가 국가 재정이 파탄 나겠다고 판단해 군대를 통폐합합니다. 그런데 막상 군대를 통폐합하고 보니 군인들의 훈련이 너무 부족한 겁니다. 그래서 정말 제대로 된 군대를 양성하기로 하죠. 그것이 바로 정조의 국방개혁 프로젝트 '장용영'입니다.

차클	정조가 단행한 또 다른 개혁에 대해서도 알려주세요.
김	가난하고 소외된 사람들을 위한 개혁도 단행해요. 예를 들어 전염병이나 가난으로 부모가 세상을 떠나면 아이들이 고아가 되겠죠. 친척들도 그 아이들을 받아주지 않았습니다. 가난 때문에 자기 자식들을 나무에 묶고서 부모들이 도망을 가기도 했습니다.
차클	그럼 고아가 된 아이들은 어떻게 되나요?
김	대부분 노비가 됩니다. 그래서 정조가 '자휼전칙'이라는 법을 만듭니다. 열 살 미만의 고아들을 국가가 책임지고 길러야 한다는 내용입니다. 고을 수령들로 하여금 아이들이 살 곳을 마련해주고 먹을 것을 주고 교육도 시키게 합니다. 아이가 너무 어리면 젖어머니를 찾아서 고아들에게 젖을 나눠주게 했어요.
차클	젖을 준 사람에겐 보상도 주었겠죠?
김	돈을 주었습니다. 고아의 연령에 따라 지급하는 곡식의 양을 정해줬어요. 그리고 정조는 그 법을 훈민정음으로 번역해서 모두 볼 수 있게 했습니다. 백성들의 권리라면서요.
차클	백성들의 신분제도도 개혁했나요?
김	정조는 모든 백성이 신분적으로 다 평등해야 된다고 생각했어요. 당시 신분제도에서 가장 고통 받는 사람들이 누구였을까요?
차클	노비요.
김	맞습니다. 정조는 노비제도를 반드시 없애야 한다고 생각했어요. 〈추노〉라는 드라마를 보셨나요? 드라마에서는 효종 때 노비 추쇄관 제도를 없앴다고 하는데 잘못된 겁니다. 정조가 즉위하고 2년 뒤에 노비 추쇄관 제도를 없앴어요. 제가 정조를 공부하게 된 결정적인 이유가 되는 글이 있습니다.

"사람은 부업으로 한때 쾌락을 얻으려 해서는 아니 되느니 나는 미천한 마부에게라도 일찍이 이놈 저놈이라고 부른 적이 없다."

김	인간으로 태어나서 어찌 귀한 존재가 있고 천한 존재가 있겠느냐. 이 세상에 노비보다 슬픈 존재는 없다. 고로 마땅히 노비는 혁파되어야 한다는 글입니다.
차클	조선시대에 그런 인식을 가졌다니 놀랍네요. 그럼 정조는 노비제도를 어떤 방식으로 개혁했나요?
김	정조는 노비제도를 계약제로 바꾸고자 했습니다. 당시 사람들은 노비라는 명칭을 많이 썼는데 그걸 보인(保人)이라고 바꾸죠. 그리고 노비의 할아버지와 손자는 즉시 해방하고 노비 본인은 주인과 계약관계를 맺게 합니다.
차클	기득권층의 반발은 없었나요?
김	노비 주인들은 노비를 재산으로 여겼기 때문에 반발을 했죠. 그래서 정조는 국가에서 비용을 해결해줘야겠다고 판단합니다. 주인과 국가가 반반씩 부담하게 하려고 계획을 세운 거죠. 그렇게 해서 나오게 된 것이 정조의 농업개혁입니다. 국가가 운영하는 토지를 지정해서 토지 없는 백성을 불러다가 거기서 농사를 짓게 하는 겁니다. 그 이익금을 저장해두었다가 노비 소유주인 양반들에게 지급할 여력을 만들려고 한 거죠.
차클	그 결과 조선시대의 노비제도가 혁파되었나요?
김	정조가 이 모든 것을 추진해나가는 과정에서 안타깝게 돌아가십니다. 만약 정조의 개혁이 성공했다면 우리가 전 세계 최초로 노비제도를 없앤 평등한 사회를 만들 수 있었을 거예요. 무려 1801년에요. 링컨의

　　　　게티즈버그 연설은 1863년이었잖아요. 정조는 그보다 엄청나게 빨랐
　　　　던 겁니다. 그런데 결국 결과가 나오지 못했던 거죠.

차클　　　시대를 앞서나간 개혁이 무산됐다니 정말 안타깝네요.

김　　　　정조 이전의 왕들은 나라를 이야기할 때 '아국(我國)', 즉 내 나라라고
　　　　했어요. 그런데 정조는 조선 역사상 최초로 '민국(民國)'이라는 말을 썼
　　　　습니다.

차클　　　그것도 역시 놀랍네요. 조선은 왕의 나라로 통했잖아요?

김　　　　그렇죠. 그런데 정조 때 보면 '시민(市民)'이라는 말을 많이 써요. 시민
　　　　이야말로 이 나라의 주인이라는 것이죠.

차클　　　그럼 시민을 위한 법들도 있었나요?

김　　　　정조가 만든 법 중에 '흠휼전칙'이라는 것이 있어요. 아이들의 인권을
　　　　위해서 만든 것이 '자휼전칙'이었잖아요? '흠휼전칙'은 죄수들의 인권
　　　　을 위해서 만든 법이에요. 감옥에 갇혀 있으면 병이 생기기 마련입니

다. 그래서 5일에 한 번씩 감옥을 청소하고 깨끗한 바닥을 마련해주어야 한다는 등의 내용을 담았어요. 비록 누군가 죄를 지었어도 교화시켜서 바깥 세상에 나간 뒤 바르게 살게 해야지, 감옥 안에서 무작정 고통받게 해서는 안 된다는 겁니다. 이렇게 정조는 백성들과 직접 소통하면서 백성들의 지지를 얻게 돼요. 이런 과정에서 개혁 군주로 조금씩 성장해나가는 거죠.

너무나 인간적인 정조의 이야기들

"정조는 자신에 대한 어떠한 욕을 해도 상관하지 않겠다고 해요. 자신이 잘못한 것을 이야기하되, 자신의 허물만 이야기하지 말고 국가 정책을 제시하라고 합니다."

차클   정조가 욕을 상당히 많이 했다고 하던데, 사실인가요?

김   정치를 하려면 자신의 적들과도 소통을 해야 할 거 아니에요. 지금도 마찬가지죠. 한번은 정조가 노론의 영수인 심환지에게 편지를 보냅니다. 그런데 편지를 급하게 쓰다가 '뒤죽박죽'이라는 뜻의 한자가 생각나지 않았나 봅니다. 그래서 한자로 쓰다가 중간에 뒤죽박죽만 한글로 썼다고 해요.

차클   뒤죽박죽은 욕이 아니잖아요? 실제로 욕도 했나요?

김   네. 당시에 아주 목소리가 큰 젊은 학자가 있었어요. 그래서 그 사람에 대해 편지에 쓰면서 '호로자식 잘 좀 처리해'라고 썼다고 해요. 한글로 쓴 것은 아니고 한자로 '호로', 이걸 우리말로 하면 욕이 되는 것이죠. 또 심환지가 자신의 아들을 과거에 합격시켜달라고 부탁을 하자 정조가 답장을 보내는데요. '경의 아들을 이번에 합격시키지 못해서 정말 미안하다. 경의 아들이 백 등 안에만 들어왔으면 내가 합격시킬 텐데' 라고 씁니다. 백 등 안에 들지 못했다는 것을 조롱하는 것이죠.

차클 신하도 정조에게 말을 편하게 건넬 수 있었나요?

김 1786년(정조 10)에 정조는 자신에 대한 어떠한 욕을 해도 상관하지 않겠다고 해요. 자신이 잘못한 것을 이야기하되, 자신의 허물만 이야기하지 말고 국가 정책을 제시하라고 합니다. 그래서 신하들이 "전하의 정치는 글러먹었습니다"라고 이야기하기도 하죠.

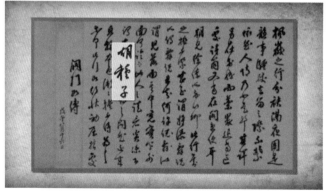

차클	임금과 신하가 정말 편안하게 소통한 모양입니다. 정조가 우스갯소리를 많이 했다는 얘기도 있는데 사실인가요?
김	채제공이 떡을 좋아했다고 해요. 한번은 정승과 판서들의 회의 자리에 놓여 있던 떡을 채제공이 정신없이 먹어치웠어요. 나중에 자기가 떡을 너무 많이 먹은 것에 놀라서 미안하다고 말하며 남은 떡을 내밀었다고 해요. 그러니까 다른 신하들이 남은 떡을 먹으라는 것이냐면서 난리가 났답니다. 그랬더니 정조가 "채 정승이 덕이 없어서 떡을 먹어 덕을 채우느라 그랬다"라고 말했다는 거예요. 그래서 신하들이 화를 풀고는 회의를 잘했다고 합니다. 다산 정약용이 이 장면을 듣고 기록을 해놓았어요.
차클	요즘 말로 아재 개그 아닌가요? 한편 드라마 〈이산〉의 내용처럼 정조가 성송연이란 한 여인만을 바라본 순정남이었나요?
김	먼저 정조가 남긴 글을 하나 보도록 하죠.

"살아 있는 나와 죽어 있는 네가 오랜 세월 동안 영원히 이어가니 나는 못 견딜 정도로 근심과 걱정이 많다."

김	바로 자기가 사랑하는 여인, 의빈 성씨에 대한 글입니다. 드라마 〈이산〉의 여주인공인 성송연의 원래 이름은 성덕임이에요. 양반집 딸은 아니고, 혜경궁 홍씨 집안에서 실무를 맡은 청지기의 딸입니다. 혜경궁 홍씨가 세자빈이 되어 궁으로 들어오고 나서 의빈 성씨가 열 살이 됐을 때 궁으로 불러들여요. 정조와는 어릴 적부터 가깝게 지냈겠죠.
차클	그럼 실제로도 두 사람이 사랑을 나누었나요?
김	네, 두 사람이 사랑을 나누는 방식도 굉장히 재미있어요. 정조가 이

렇게 말합니다. "내가 이 여인에게 수학을 가르쳐주면 금방 알아들었다." 둘이 만나서 대화하면서 수학을 가르친 거죠. 그렇게 사랑을 키우다 세손 시절에는 승은을 입히려고 해요. 그런데 저 여인이 거절을 합니다. 장차 임금이 될 동궁의 승은을 거절해요.

차클 왜 거절했을까요?

김 "지금 세자빈이 계시는데 제가 감히 동궁 저하와 만날 수 없다"는 겁니다. 그래서 정조가 여인의 뜻을 인정해줍니다. 사실 부인과는 정략결혼이었고 정조가 진심으로 사랑한 건 바로 이 여인이었습니다.

차클 그럼 정조와 의빈 성씨는 나중에 어떻게 되었나요?

김 의빈 성씨가 문효세자라는 아들도 낳습니다. 그런데 문효세자가 다섯 살 때인 1786년에 임신 9개월인 상태로 갑자기 죽습니다. 죽기 이틀 전에 정조가 찾아가니 의빈 성씨가 가만히 누워 있다가도 일어나 앉으면서 환하게 웃었다고 합니다. 그러고는 자신은 괜찮다면서 이곳에 찾아오지 말라고 하지요. 전하를 위해서 꼭 다시 일어날 거라면서요.

차클 정조는 의빈 성씨를 잊지 못했을까요?

김 의빈 성씨가 돌아가시는 날 아침에도 정조가 찾아갔어요. 그러니까 눈물을 흘리면서 전하의 아이를 낳지 못하고 죽는 것이 너무 죄송하다고 하지요. 그래서 정조가 살아야 된다, 살아야 된다고 말합니다. 그만큼 정조는 이 여인을 너무 사랑한 것이죠. 하지만 힘없이 정조에게 마지막 인사를 하면서 죽었던 거죠. 그러자 정조는 더 이상 국사를 의탁할 여인이 없다고 말합니다. 정조의 안타까운 사랑 이야기죠.

정조가 꿈꾸던 세상은 무엇인가

"정조는 미완의 개혁을 할 수밖에 없었어요. 개혁을 마저 이루지 못했습니다. 그럼에도 불구하고 정조는 왕으로서 최선을 다했어요. 백성들에게 인권이라는 의식을 일깨워 주고, 보다 더 잘살 수 있게 하고, 경제적으로나 군사적으로 특권계층을 사라지게 만들려고 한 것이죠."

차클	정조의 죽음과 관련해 여러 설이 있는데, 어떻게 죽게 된 것인가요?
김	대부분의 영화에서 정조가 독살되었다고 나오죠. 정조의 죽음과 관련해서는 세 가지 설이 있어요. 하나가 바로 과로사설입니다. 정조가 일을 너무 열심히 하다가 돌아가셨다는 거예요. 하루에 두세 시간밖에 잠을 자지 않고 일을 했으니까요. 정조가 일을 많이 한 것은 누구나 인정을 하죠.
차클	또 다른 설은 무엇인가요?
김	두 번째가 바로 의료사고설입니다. 정조의 체질 자체가 인삼과 맞지 않았다고 해요. 바로 부작용이 나타났다고 해요. 그런데 의관들이 계속해서 정조한테 인삼 농축액 같은 것을 먹였습니다. 그래서 정조가 그 부작용으로 죽게 되었다는 이야기가 있어요.

차클	한의학에서 높은 경지에 이른 어의가 있었을 텐데 그게 가능한 이야기인가요?
김	그래서 독살설이 떠도는 겁니다. 사실 정조는 종기 등의 병들을 갖고 있었어요. 그래서 수은이 함유된 연훈방(烟燻方) 치료를 받게 됩니다. 실록에도 그 내용이 나옵니다. 전하의 병의 근원을 해결했으니 전하가 쾌유될 것이라면서 신하들이 천세를 부르기도 합니다.
차클	그럼 어떻게 독살이 이뤄졌다는 것인가요?
김	《정조실록》과 이만수가 쓴 《정조행장》을 보면 마지막 날의 기록이 달라요. 정순왕후가 탕약을 들고 왔다고 합니다. 이게 바로 고농축액인데, 실록에는 그것을 의관들한테 주어서 의관들이 먹였다고 기록되어 있어요. 그런데 《정조행장》에서는 정순왕후가 직접 탕약을 들고 정조 침전으로 들어갔다고 기록되어 있습니다. 그 후 내관들을 다 내쫓고 아무도 없는 상태로 혼자만 남게 돼요. 얼마의 시간이 지나고 나서 정순왕후가 울면서 전하가 승하하셨다고 외치며 뛰어나옵니다. 그래서 신하들이 쫓아 들어갔다고 합니다.

차클	그럼 정순왕후가 죽였다는 것인가요?
김	이만수가 쓰길 정조가 죽기 직전에 수정전이라는 말을 꺼냈다는 겁니다. 당시 정순왕후가 살고 있던 전각 이름이 수정전이었거든요. 그러나 정순왕후가 실제로 정조를 죽였는지는 알 수 없는 거예요. 증거가 확실하지 않으니까.
차클	정조가 수정전이라고 말한 것은요?
김	그것만으로는 무슨 말을 하려고 했던 것인지 알 수 없어요. 수정전을 열심히 도우라고 한 것이라고 볼 수도 있는 거죠.
차클	그럼 정설로 받아들여지는 건 무엇인가요?
김	정설은 명확히 알 수 없다는 것이죠. 알 수 없지만 거의 대부분의 역사학자들은 독살보다는 정조가 열심히 일을 하다가 과로사로 죽은 것이 타당하지 않겠느냐고 보고 있습니다.
차클	정조의 죽음과 관련해 정약용이 남긴 시가 있다면서요? 그 내용은 무엇인가요?
김	정약용은 당시 의관들이 의도적으로 어약을 잘못 써서 죽였다는 내용으로 시를 씁니다. 그러니까 다산은 정조가 독살되었다고 생각한 것이죠. 그래서 정조의 죽음을 슬퍼하는 시를 남깁니다.

| 솔피 노래 |

정약용

큰 고래 한 입에 천석 고기 삼키니
한번 지나가면 고기 자취 하나 없어,
솔피 먹이 없어지자 큰 고래 원망하여

큰 고래 죽이려고 온갖 꾀를 짜내었네.

고래 우레처럼 물 울고 짖으며 물을 내뿜어

바다 물결 들끓고 푸른 하늘 무지개 일더니

무지개 사라지고 파도 차츰 가라앉아.

아 슬프도다. 고래 죽고 말았구나.

큰 바다 끝없이 넓기만 하여

지느러미 날리고 꼬리 흔들며

서로 좋게 살 수 있으련만

너희들은 어찌 그리 못 하느냐.

차클	정조가 자신의 뜻을 다 펼치지 못하고 죽은 데 대한 안타까운 심경이 이 시에서 느껴집니다.
김	솔피는 바로 노론의 세력들이고 솔피에 의해 죽임을 당한 고래는 바로 정조인 것이죠. 정조는 미완의 개혁을 할 수밖에 없었어요. 개혁을 마저 이루지 못했습니다. 그럼에도 불구하고 정조는 왕으로서 최선을 다했어요. 백성들에게 인권이라는 의식을 일깨워 주고, 보다 더 잘살 수 있게 하고, 경제적으로나 군사적으로 특권계층을 사라지게 만들려고 한 것이죠. 그 속에서 민국, 자신의 나라가 아니라 백성의 나라를 만들려고 참다운 노력을 하신 분이 바로 정조입니다.

왜
지금
이순신인가

김종대

일본군 위안부 피해 문제에 적극 대처하지 않는
정부의 무책임한 태도는 위헌이라는 따끔한 판결을 내리고,
대한민국 헌법 전문에 의거해 친일 재산을 몰수하는 규정은
합헌이라는 결정을 내리면서 역사에 남을 의미 있는 판결을 이끌어낸 소신 있는 법조인.
모든 판결을 철저히 헌법에 의거해 내린다는 원칙주의자.
김종대 선생님을 소개합니다.

왜 이순신을 주목해야 하는가

"이순신 리더십의 뿌리에는 사랑이 있거든요. 국민에 대한 사랑이요."

차클   왜 이순신 장군을 좋아하게 되셨나요?

김   한마디로 말하면 운명적으로 만났다고 생각해요. 군 법무관 시절에 정훈 교육을 맡게 되었어요. 어떤 강의를 해야 하냐고 물었더니, 마음대로 하라고 하더군요. 그래서 서점에 들렀는데, 처음 보고 집어든 책이 노산 이은상 선생의 《충무공의 생애와 사상》이라는 책이었습니다. 그때부터 이순신이라는 사람이 제 머릿속에 자리를 잡았어요. 지금까지 40여 년간 말이죠.

차클   퇴임 후에는 이순신 학교를 설립하셨다고 들었습니다. 그리고 그 계기가 세월호 참사 때문이라고요?

김   처음엔 이순신 학교를 만들려는 마음만 품고 있었죠. 행동으로 옮기지 못하고 있다가 교육부에 요청을 했어요. 대략 6개월 후에 교육부에서

답이 왔는데 첫째로 참 훌륭한 생각이라고 하더군요. 그리고 둘째가 중요한데요. 두고두고 연구하겠습니다, 라고 하더군요.

차클   그럼 결국 도움을 받지 못한 것인가요?

김   제가 거기서 많은 것을 느꼈습니다. 내가 이순신의 정신에 어긋나게 일을 시도했다고요. 이순신의 핵심 가치 중에 자력이라는 것이 있어요. 제 힘으로 해야 한다는 것이죠. 그래서 내 힘으로 하리라고 생각하고 있었는데 세월호 참사가 터졌어요. 그때 저는 쇠망치로 머리를 한 방 맞은 듯한 자극을 받았습니다.

      세월호 이야기가 나왔으니, 제가 하나 물어보죠. 우리 국민들이 촛불을 들었던 광화문에 이순신 동상이 있잖아요. 그럼 왜 그곳에 이순신 동상이 있는 걸까요?

차클   박정희 전 대통령이 이순신 장군을 존경해서 동상을 세운 것으로 알고 있습니다.

김   네, 그렇죠. 그런데 저는 오늘날 우리를 행복하게 만들어줄 수 있는 식으로 해석하자고 제안하고 싶어요. 이순신 리더십의 뿌리에는 사랑이 있거든요. 국민에 대한 사랑이요. 세종대왕도 마찬가지입니다. 세종대왕의 리더십의 기초에는 백성에 대한 사랑이 있었어요. 그런 의미에서 광화문 광장은 우리가 가장 존경하는 두 지도자의 국민에 대한 사랑이 흐르는 곳이라고 할 수 있습니다. 저는 광화문 광장의 의미를 그렇게 해석하고 싶어요.

차클   이순신 장군의 애민 정신을 확인할 수 있는 근거가 있나요?

김   당항포·안골포 해전 등의 기록에서 충분히 확인할 수 있어요. 당시 일본의 배 10여 척이 정박해 있었는데 우리 쪽에서 공격해오자 적은 배를 버리고 산으로 올라가 총을 쏘기 시작했어요. 그때 만약 일본의 배

열 척을 모두 불태워버리면 전과가 올라갈 텐데 이순신 장군은 아홉 척만 불태워버리고 한두 척을 남겨둘 때가 있었습니다.

차클 우리 군의 위력을 소문내도록 하려 한 것일까요?

김 그렇게 생각할 수도 있겠네요. 하지만 이순신의 생각은 그게 아닙니다. 나머지 배들을 불태워버리면 일본군이 타고 갈 배가 없잖아요. 배가 없으면 그들이 어디로 갑니까? 민가에 가서 우리 백성들을 해친다는 거예요. 열 척을 다 불태워버리면 내 전과는 올라가겠지만, 나는 전과를 올리기보다 내 백성을 살린다는 생각에서 그리한 것입니다.

차클 다른 장수들은 전과를 올리는 데 급급했다는 말씀이신가요?

김 다른 장수들과 이순신의 다른 점이 바로 이것입니다. 이순신 전략의 가장 밑바탕에는 사랑이 자리하고 있습니다.

인간 이순신은 어떤 사람인가

"발포영 뜰 앞에 오동나무 한 그루가 있었어요. 그런데 좌수사가 거문고를 만들기 위해 오동나무를 베려고 했어요. 그러자 이순신이 안 된다고 말했죠. 이 오동나무는 공물이라면서요. 이 나무를 심은 사람들의 뜻이 있을 것인데, 사사롭게 쓸 수 없다는 겁니다. 상사 눈에는 골치 아픈 사람이었죠."

차클   인간 이순신은 어떤 사람이었나요?

김   이순신은 1545년 음력 3월 8일생입니다. 어린 시절에는 너무 못 살았습니다. 할아버지는 참변을 당하시고, 아버지는 벼슬에 나서질 못하셨어요. 그러자 어머니가 친정집이 있는 아산으로 가족을 데리고 갑니다. 이순신은 그곳을 본가로 삼아 결혼도 하고요. 나중에 《난중일기》를 보면 아산을 고향이라고도 말합니다.

차클   어린 시절부터 남다른 모습이 있었나요?

김   군사놀이를 하던 이순신의 이야기가 있습니다. 땅에 줄을 그어놓고 진지를 만들어놨는데, 어른들이 그 줄을 밟은 거예요. 그러니까 이순신이 말하길, 눈을 뜨고도 남의 진지를 침범하느냐고 했답니다. 그러고는 그 눈을 향해 활을 겨누었다는 이야기가 전해지고 있어요.

차클	어린 시절부터 두려움이 없었군요?
김	열 살도 되지 않았던 때의 이야기인데, 굉장히 당돌해 보이죠? 스물여덟 살에는 무예를 수련해서 훈련원에서 과거시험을 보던 중에 말을 타고 기예를 부리다가 떨어져서 과락, 불합격을 하게 됩니다. 지금은 1년 만에 재수를 할 수 있지만, 당시에는 4년 기다려야 했어요. 그래서 서른두 살이 되어서야 비로소 무과에 합격하게 됩니다.
차클	그럼 무과에 합격하기 전까지는 백수였다는 말인가요?
김	그렇다고 볼 수 있죠. 무과에 합격한 다음에 함경도 동구비보 권관으로 발령이 났습니다. 거기서 초임을 잘 마치고 훈련원에 봉사로 배속되었고요. 그리고 충청 병사의 군관이 되어서 해미에서 몇 달 있다가 발포만호로 발령이 납니다. 요새로 치면 소령 정도 되는 높은 벼슬이에요. 비교적 빠르게 출세를 하게 되죠.
차클	출세를 하고 나서 별다른 문제는 없었나요?
김	발포에 있을 때 재미난 이야기가 있습니다. 발포영 뜰 앞에 오동나무 한 그루가 있었어요. 그런데 좌수사가 서문고를 만들기 위해 오동나무

를 베려고 했어요. 그러자 이순신이 안 된다고 말했죠. 이 오동나무는 공물이라면서요. 이 나무를 심은 사람들의 뜻이 있을 것인데, 사사롭게 쓸 수 없다는 겁니다. 상사 눈에는 골치 아픈 사람이었죠. 그 후로도 이런 일이 계속 있었어요.

차클 　정말 불의를 못 참는 사람이었군요?

김 　훈련원 봉사로 있을 때 직속 상관인 서익이라는 사람이 자신과 친한 사람을 월천, 즉 순서를 뛰어넘어 채용하려고 했어요. 이때도 이순신은 그것은 법에 어긋난다면서 거절해요. 그러자 서익은 크게 나무라지는 못 했지만 앙심을 품고 있었어요. 나중에 이순신이 발포만호가 되었을 때 군기 검열관으로 다시 마주하게 됩니다. 그때 이순신에게 복수를 해요. 정비가 제대로 되어 있지 않다는 이유로 이순신을 파면한 것이죠. 그때 첫 파면을 당합니다.

차클 　너무 교과서적으로 사시는 분 같네요.

김 　교과서 그 자체입니다. 어찌 보면 사회 적응 능력이 현저히 뒤떨어지는 사람이라고 할 수 있죠(웃음).

차클 　공을 세우기 시작한 것은 언제부터인가요?

김 　함경도에 가서 엄청난 공을 세워요. 그때 여진족의 추장 우을기내라는 사람을 사로잡았어요. 당시 하급 장교였던 이순신이 여진족의 추장을 붙잡아서 서울로 압송을 한 것입니다. 그런데 이런 공을 세우고도 표장을 받지 못해요.

차클 　음해하는 세력이 있었던 것인가요?

김 　이순신의 상사가 자기 허락도 받지 않고 공을 세웠다면서 무시해버렸어요. 그러던 중에 아버지가 돌아가셨습니다. 이순신은 삼년상을 치르러 아산으로 내려갔죠. 삼년상을 마치고는 다시 함경도로 가게 됩니

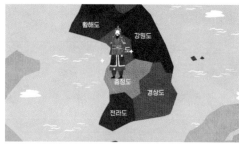

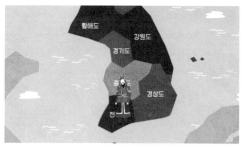

다. 그러자 여진족에서는 우을기내의 원수를 갚고, 때마침 추수한 곡식들을 뺏기 위해 기습 공격을 했어요. 그때 우리 백성 60여 명이 납치당하고 군사도 몇 명 죽었습니다.

차클　이순신이 가만히 있지 않았겠군요?

김　그렇죠. 그 사실을 알게 된 이순신은 당장 쫓아가서 여진족 대장들을 전부 다 활로 쏴 죽이고 백성들을 모두 데려옵니다. 그 과정에서 이순신 자신도 다리에 피를 흘리면서 분전했다고 해요. 그런데도 몇 명의 장수가 죽은 것을 가지고 패전이라면서 이순신에게 백의종군을 시킵니다. 물론 파면이 뒤따랐죠.

차클 이순신의 꼿꼿한 성품도 어려움을 많이 불러왔다면서요.

김 맞아요. 그 후에 이순신은 정읍의 현감으로 자리를 옮깁니다. 그때 정여립의 난이 나서 선조의 특명으로 정씨는 물론, 사돈의 팔촌까지 다 잡혀가 죽습니다. 왕의 명령이니 국사범인 것입니다. 약 1000명 가까운 사람이 죽어요. 함경도 때부터 이순신을 챙겨줬던 정언신 대감이란 사람이 있었는데, 그도 정여립과 가까웠고 같은 집안이라서 잡혀 들어갑니다. 그런데 정언신 대감이 감옥에 갇혀 있을 때 이순신이 면회를 갔어요. 죄가 있건 없건 간에 자신이 모셨던 상사가 감옥에 갇혀 있으니 인사를 드려야 하는 것이 맞다는 것이죠. 그것이 자신에게 어떤 결과를 초래하는지는 자신이 관여할 바가 아니라는 것입니다.

차클 말 그대로 원리원칙주의자였던 거네요.

김 한번은 조대중이라는 사람이 무안에서 기생과 길가에서 만났다가 헤어지면서 울었대요. 그런데 소문이 나길, 조대중이 정여립의 죽음을 슬퍼해서 울었다는 겁니다. 그래서 잡혀 들어가요. 결국 사형당하고 말죠.

나중에 금부도사가 조대중의 집을 압수수색하는데 수색을 마치고 돌아오는 길에 이순신을 만나게 돼요. 그런데 금부도사가 이순신에게 자신이 압수한 물건 중에 이순신이 조대중에게 쓴 편지를 발견했다면서, 오해를 살 수 있으니 자신이 빼주겠다고 말합니다. 그때 이순신이 뭐라고 말했겠어요? 당신이 압수한 그 편지는 이미 공물이니 사사롭게 빼주면 안 된다며 사양합니다. 만약 이순신이 그 편지를 받았다면 그 자체로 사형이었을 겁니다.

차클 이순신은 생전에 올바른 생활만 하고 잘못한 일이 전혀 없나요?

김 저도 어쩌면 이렇게 결점이 없는지 궁금했어요. 너무 결점이 없는 거예요. 그래서 재미가 없죠. 누구에게서라도 결점을 찾아내면 그걸로 인해 우리가 위로를 받을 수도 있잖아요. 그런 결점을 찾으려고 정말 애를 많이 썼어요. 그런데 결점을 찾을 수 없었습니다.

차클 그렇게 나랏일에 매진하셨다면 가정에는 충실하지 못했겠죠?

김 그렇지 않아요. 과연 400여 년 전에 부인의 생일을 챙겨준 사람이 있을까요?

차클 이순신 장군이 부인의 생일을 챙겨주셨다고요?

김 그럼요. 부인뿐 아니라 어머니는 말할 것도 없고 자식, 조카, 친척 등 가족들을 모두 챙겼고, 가정에 아주 충실했습니다.

조선은 왜 임진왜란을 막지 못했나

"나라와 백성은 놔두고 나만 편하면 된다는 생각을 하면 그렇게 돼요. 사심이 눈을 가린 것이죠. 자기 욕심이 눈을 가리면 사물이 바로 안 보입니다. 우리 역사의 큰 아픔이죠."

차클 이순신 하면 임진왜란을 빼놓을 수 없잖아요. 이순신 장군은 임진왜란이 터질 것을 미리 알고 있었을까요?

김 1592년 4월 13일에 임진왜란이 터집니다. 이순신은 임진왜란 발발 1년 2개월 전에 정읍에서 현감을 마치고 전라좌수사로 부임하는데 그때부터 전쟁을 예견하고 1년 2개월간 부지런히 준비했어요.

차클 이순신 장군 혼자서 전쟁을 준비했나요? 그럼 나머지 장군들이나 조정 차원의 준비는 없었던 건가요?

김 임진왜란 전에 황윤길과 김성일이라는 통신사가 일본으로 갔습니다. 1년 가까이 일본을 돌아보고 옵니다. 도요토미 히데요시를 만나고 온 거죠. 조정에서는 두 사신에게 전쟁이 일어날 것 같냐고 묻습니다. 그러자 정사인 황윤길은 틀림없이 일어날 것 같다고 하고, 부사인 김성

일은 일어나지 않을 것 같다고 말해요. 두 사람은 각각 서인과 동인에 속해 파벌이 갈리는데요. 이들이 각기 다른 말을 하자 조정에서 논의가 벌어집니다.

차클 어떻게 결론을 내렸나요?

김 왕이 결론을 내리죠. 결국 오지 않는다, 침략할 가능성이 없다고 결론을 냅니다. 그런데 당시에 어떤 지역에서는 성을 쌓고 있었거든요. 그런 것들도 모두 중단하라고 해요. 이것이 임진왜란 발발 1년 2개월 전 조선의 상황입니다.

차클 선조는 어떤 근거로 전쟁이 일어나지 않는다고 판단한 건가요?

김 일단 백성이 너무 불안해하는 것 같아서 그런 결론을 내린 겁니다. 눈앞에 보일 백성들의 혼란 같은 것들만 보였고, 1년 2개월 후에 목숨을 빼앗길 백성들의 환란은 생각을 못한 것이죠.

차클 어떻게 한 사람의 말만 듣고 전쟁을 준비하지 않을 수가 있죠?

김 나만 생각하면 그렇게 됩니다. 나라와 백성은 놔두고 나만 편하면 된다는 생각을 하면 그렇게 돼요. 사심이 눈을 가린 것이죠. 자기 욕심이 눈을 가리면 사물이 바로 안 보입니다. 우리 역사의 큰 아픔이죠.

차클 당시에 이순신 장군은 뭐라고 했나요?

김 그때 이순신은 좌수사였어요. 물론 조정의 결정에 따르지 않았습니다. 이순신은 전쟁이 난다고 생각했어요. 그때부터 1년 2개월간 전라좌수영을 지키기 위해 피나는 노력을 합니다. 당시에 나온 역작이 바로 거북선이고요.

차클 이순신 장군의 거북선은 어떻게 만들어지게 되었나요?

김 이미 180년 전에 거북선이라는 게 만들어져 있었어요. 하지만 그 후로 별다른 연구는 없었죠. 이순신이 그걸 새로 장안블 해낸 것입니다.

차클   전쟁이 일어나지 않는다고 말한 조정에서 지원을 해주기라도 했나요?

김   지원을 받지 못했습니다. 그런데 이순신이 왜 거북선을 만들었을까요? 사색당파가 싸우던 때고, 만약 실패하면 쓸데없이 군비를 낭비했다면서 어떻게 될지 모르는데 말이죠. 하지만 이순신은 당시 왜적에 대한 정보를 듣게 돼요. 왜적들은 임진왜란이 일어나기 50~60년 전부터 총을 사용하기 시작했어요. 그러자 이순신은 어떻게 해야 할지 고민합니다. 무사안일에 빠져 있는 사람이라면 고민을 하지 않아요. 이순신과 같이 나라 사랑에 정성을 다하는 장수는 고민하지 않을 수 없었겠지요. 활을 든 우리가 어떻게 총을 든 적을 맞아 싸워 이길 수 있을까 하고요. 이순신과 같은 고민을 하게 되면 창의력을 발휘하게 됩니다. 그래서 판옥선에 지붕을 덮고 쇠를 박아서 적의 총알을 막고, 적이 뛰어오르지 못하도록 만듭니다.

차클   정말 이순신 장군이 거북선마저 미리 준비하지 않았다면 전쟁의 결과가 어떻게 되었을지 모를 일이었겠네요.

이순신이 생각한 국가란 무엇인가

"백성의 생활에 관심이 많았어요. 일기에도 자주 등장하는데, 비가 오지 않는 가뭄이 계속되면, 백성들이 얼마나 안타까울꼬, 비가 와서 흡족하다, 비가 왔다 얼마나 좋아할까, 이렇게 수없이 일기에 썼어요."

차클   이순신 장군은 어떻게 부하들을 이끌어서 전쟁을 준비했나요?

김   저는 그 핵심이 설득력에 있다고 봐요. 이순신이 부하들과 소통을 아주 잘했거든요. 그런데 소통은 기술이 아닙니다. 처음에 사랑에 대해 말한 것을 기억하시나요? 소통도 사랑의 표현 방법 중 하나입니다.

차클   얼마나 소통을 잘했나요?

김   이순신은 부하들과 밥을 자주 먹었어요. 술도 자주 했고요. 활쏘기도 함께하고 노래를 듣거나 부르기도 하고 시도 읊었어요. 생일잔치도 해주었고요. 소통에는 여러 가지 방법이 있어요. 이순신은 적재적소에 맞는 소통 방법을 취하는 데 뛰어났던 것이죠. 그런 것들의 공통점은 사랑에서 시작한다는 것입니다.

차클   그런 면이 드러나는 에피소드가 또 있나요?

김	백성의 생활에 관심이 많았어요. 일기에도 자주 등장하는데, 비가 오지 않는 가뭄이 계속되면, 백성들이 얼마나 안타까울꼬, 비가 와서 흡족하다, 비가 왔다 얼마나 좋아할까, 이렇게 수없이 일기에 썼어요.
차클	요즘 말로 하면, 공감 능력이 좋다고 볼 수 있겠네요.
김	그렇죠. 이순신이 삼도수군통제사로 복직이 되어서 장수 몇 명을 데리고 옥과 지방을 지날 때의 일입니다. 옥과를 지날 때 나이 든 피란민들을 마주쳤어요. 그런데 이순신이 피란민들을 보더니 말에서 내려서 피란민의 손을 잡아요. 그러고는 십중팔구 전쟁은 머잖아 끝난다고 타일러요. 이게 바로 하마, 악수, 개유라고 이순신의 일기에 등장하는 이야기입니다. 하마, 말에서 내린다는 것은 말 위에서 굽어보지 않겠다는 거예요. 악수, 손을 잡는다는 것은 체온을 서로 나누는 겁니다. 개유, 상대방을 타이르는 것입니다.
차클	정말 백성들을 사랑하는 마음이 느껴지는 이야기네요.
김	내면이 사랑으로 차 있지 않으면 그런 제스처는 나오지 않아요. 그리고 이순신은 싸우는 이유를 알아요. 바로 이런 사람들을 위해서 싸운다고 말합니다. 만약 그들에게 길을 비키라고 하거나 내쫓거나 하면 목적을 잃어버리겠죠. 이순신에게는 백성을 살리고 위로하는 일이 목적이었어요.
차클	그런데 이순신 장군이 도망치는 부하들의 목을 쳤다는 이야기도 있어요.
김	영화에도 등장하는 이야기죠. 이순신이 전쟁을 앞두고 두려움에 떨고 있는 사람 하나의 목을 베지요. 수천 명이 출진 준비를 하고 있는데, 한 사람이 도망을 쳐요. 그럼 어떻게 되겠습니까?
차클	사기가 떨어질 수 있겠죠.
김	그래서 이순신은 도망친 사람을 기어이 잡아와서 목을 벱니다. 저는 이

차이나는 클라스

것이 이순신의 국민들에 대한 사랑의 표현이라고 봅니다. 모두 살아야

되잖아요. 대를 살려야죠. 그런 마음이기 때문에 이순신에게는 사나운

마음이 없었다고 봅니다. 자기 욕심을 채우려고 한 것이 아니에요.

조선의 왕과 신하들은 무엇을 하고 있었나

"선조에게 있어서 백성은 자기의 이익을 위해 존재하는 객체였습니다. 오로지 자기 생각만 합니다. 선조에게는 자주력이 없었어요."

차클	임진왜란 때 선조는 도대체 무엇을 하고 있었나요?
김	1592년 4월 13일에 고니시 유키나가가 이끄는 800여 척의 배가 1차로 부산 앞바다에 도착합니다. 곧 왜적들은 정발 장군을 치고 다음 날 동래부사 송상현을 치고 서울로 향합니다. 충주 전투에서 신립과 한나절 전투를 벌이죠. 그다음 날 아침에 선조는 보따리를 싸서 명나라를 향해서 갑니다. 그게 딱 20일 만입니다. 왜적들이 부산에 착륙해 한양을 점령하기까지 20일 걸렸습니다.
차클	어떻게 그렇게 빨리 점령당할 수 있나요?
김	고니시 유키나가도 기가 찼을 겁니다. 아무리 기동력이 좋아도 천 리 길을 어떻게 20일 만에 점령할 수가 있느냐. 게다가 한양성도 비어 있으니까요. 왕도 어디 가고 없는 거죠.

차클	선장 없는 세월호가 생각이 나네요.
김	그럼요. 너무 비슷한 게 많을 겁니다. 6·25 때와도 비교가 됩니다. 그때 전쟁이 일어나고 이틀 후에 대통령이 제일 먼저 피신합니다. 대전 쪽으로 피신해놓곤 방송에서 자신은 서울을 사수하고 있다고 말합니다. 국민 여러분도 직장을 사수하라고 해요. 국민들은 믿었죠. 하지만, 다음 날 또 그다음 날 보니까 장관들이며 국회의원들이며 다 도망가는 거예요. 뒤늦게 국민들이 한강을 건너 도망치려 하니까 한강 다리를 폭파해버려요. 거기서 수백 명이 죽었죠. 선조도 도망을 갈 때 사대문을 잠가버렸어요. 따라오지 말라고. 귀찮다고.
차클	우리 장수들은 어땠나요? 왜적에 맞서 싸웠나요?
김	제일 먼저 적에 맞서 싸워야 될 사람이 경상좌수영의 박홍이라는 수사였어요. 그런데 800척의 배가 대마도에서부터 밀려들어오는 것을 보면서 자신은 왕을 지켜야 한다고 서울로 가버립니다. 그런데 왜놈들이 배들을 쓰면 안 되겠다 싶어서 모두 불태워버리죠. 육군도 마찬가지예요. 울산 병영에 이각이라는 사람이 있었는데, 동래까지 왔다가 정발 장군이 죽었다는 소식을 듣고 왜적의 기세를 보더니 하필 자신이 이 꼴을 보려고 병사가 되었던가라고 하면서 자기 첩하고 관물, 비단을 싣고 도망을 갔어요. 이러니까 왜적이 그냥 막 치고 올라갈 수밖에요.
차클	전혀 싸우지도 않고 올라갔다고 봐야겠네요?
김	그렇죠. 뭐 그냥 뛰어갔다는 거예요. 이게 당시 조선의 상황이었습니다. 그러니까 명나라에서는 일본과 조선이 짠 것이 아닌지 의심했어요.
차클	선조는 어떤 마음으로 도망을 갔을까요?
김	선조에게 있어서 백성은 자기의 이익을 위해 존재하는 객체였습니다. 선조의 생각을 알 수 있는 일화가 있어요. 개성을 지날 때 물에 젖은

國事蒼黃日	나라는 갈팡질팡 어지러운데
誰能郭李忠	충신으로 나설 이 그 누구인가?
去彬存大計	큰 계책 아래 서울을 떠났지만
恢復仗諸公	회복은 그대들에게 달려 있나니
痛哭關山月	국경의 산에 뜬 달 보며 슬피 울고
傷心鴨水風	압록강 강바람에 아픈 이 가슴
朝臣今日後	신하들이여, 오늘을 겪고 나서도
寧復更東西	그래도 동인 서인 하며 싸울 것이오?

－ 임진년 6월 의주에서 지은 선조의 시

길을 만났습니다. 그때 선조는 이렇게 말했어요. '이 나라 백성들은 참 의리도 없다. 의리도 없다. 내가 가는데 물에 젖어 있으면 자기들이 여기에 엎드려서 내가 물을 밟지 않고 가도록 해야 될 거 아니냐'고요.

차클 　선조가 도망을 가면서 썼다는 시가 있다면서요?

김 　이 시에 선조의 내면이 드러나는데 얼마나 무책임한지 한번 보세요. 나라는 어지럽다, 자신이 나라를 구한다는 생각을 하지 않지요. 그 대신 충신으로 나올 이 누구인가, 그러고는 한양을 떠난 게 큰 계책이라고 말합니다. 오로지 자기 살 생각만 합니다. 그러고서 신하들이여 오늘을 겪고 나서도 그래도 동인 서인 하며 싸울 것이냐고 말하죠. 그런데 그 싸움을 자기가 시킨 거거든요. 자기는 완전히 빠집니다. 완전한 유체이탈이죠.

차클 　선조가 말한 큰 계책이라는 게 무엇인가요?

김 　중국의 힘을 빌려서 다시 나라를 찾는다는 것, 그것이 계책이었죠. 선조에게는 자주력이 없었어요. 부모국에 가서 죽을 수는 있어도, 이 나라에서 적에게 죽을 수는 없다는 겁니다.

　차이나는 클라스

이순신의 전략은 무엇인가

'원컨대 한 번 죽음으로써 기약하고 즉시 범의 소굴을 바로 두들겨 요망한 기운을
쓸어버리고 나라의 부끄러움을 만분의 일이나마 씻으려 하옵거니와'

차클	선조나 다른 장수들이 도망을 친 상황에서 어떻게 이순신 장군은 혼자 싸울 수 있었을까요?
김	《중용》에 무성무물이라는 말이 있습니다. 정성이 없으면 단 하나도 이룰 수 없다는 말입니다. 정성은 일이 있기 전에 철저히 준비하는 겁니다. 그리고 일이 있을 때 그 일에 일심으로 매진하고 전념하는 겁니다. 또 일이 끝나고 나면 결과는 나 몰라라 하는 거예요. 이게 정성스러운 사람의 마음가짐이에요. 이순신은 참으로 정성스러웠기에 그러했습니다. 그리고 이순신은 오직 일심으로 싸웠습니다. 목숨을 건 것이죠.
차클	이순신이 선조에게 바친 출사표 같은 것도 있었나요?
김	옥포해전 전에 이순신이 선조에게 장계를 올렸습니다. 그 장계문을 보면 마지막에 '원컨대 한 번 죽음으로써 기약하고 즉시 범의 소굴을 바

로 두들겨 요망한 기운을 쓸어버리고 나라의 부끄러움을 만분의 일이나마 씻으려 하옵거니와'라는 말이 나옵니다. 자신의 결의를 전하고 있는 것이죠. 일심으로 왜적들을 쓸어버려 나라의 원수를 갚겠다는 겁니다. 그리고 '성공과 실패 날쌔고 둔한 것에 대해서는 신이 미리 헤아릴 바가 아닙니다'라고 말합니다. 이기고 지는 것은 신경을 쓰지 않겠다는 것이고, 공이 나한테 돌아올지 말지도 신경 쓰지 않겠다는 것입니다.

차클   이렇게 이순신 장군이 왕실이나 조정의 눈치를 보지 않고 자신만의 길을 걸었던 비결은 무엇일까요?

김   군인의 눈은 오로지 적진으로 향해야 합니다. 군인의 눈이 정치 쪽으로 향하면 그 군인은 사심이 생기고 망가지게 되어 있어요. 이순신과 원균의 일화를 보면 그런 것들이 잘 드러나요. 명나라 율법에 상수공법이라는 것이 있었습니다. 적의 목을 몇 개 치느냐에 따라 공이 올라가는 것입니다. 그런데 원균은 공을 높이고 싶어 했어요. 반대로 이순신은 장수들에게 목 베는 데만 신경 쓰지 말라고 말했습니다. 싸워서 이기는 것이 중요하다고요. 장수들의 공은 자신이 다 지켜보고 적어놓을 테니 나를 믿고 열심히 싸우라고 합니다. 병사들이 그것을 믿고 싸워서 사천해전에서 승리를 하죠. 그런데 원균은 다음 날 아침 이순신에게 자신이 배 두 척을 못 챙기고 온 것 같으니 현장에 가보겠다고 말하곤 전장으로 향합니다. 그러고는 죽어 있는 병사들의 목을 몇 개 베어 공을 올리려고 했다고 해요. 이순신은 싸워서 나라를 지키고 백성을 구하는 것을 더 가치 있게 보았고, 원균은 자신의 공을 인정받는 것을 더 가치 있다고 여겼던 거지요.

차클   이순신 장군이 왜적을 막기 위해 세웠던 전략은 무엇인가요?

| 김 | 이순신은 4年간 한산도에 있으면서 견내량을 고수합니다. 지금의 통영대교 밑이라고 보면 됩니다. 그곳만 지키면 왜적들이 전라도 쪽으로 갈 수가 없습니다. 전라도로 가지 못하면 서해로도 못 가잖아요. 이순신이 그 길목을 막아버린 거예요. 하지만 이 전략 때문에 이순신은 고통도 많이 받습니다. 선조로부터 왜 싸우지 않느냐는 말을 듣게 됩니다. 원균이 선조에게 자신이라면 나가서 싸울 텐데 이순신은 길목만을 지키고 있다고 말했기 때문입니다. |

차클 그래서 원균이 대신 나가게 되었나요?

김 훗날 원균에게 대신 시키니 그도 또 나가질 않는 거예요. 결국 이순신이 견내량을 지킴으로써 호남을 지켜냅니다. 덕분에 호남의 곡창지대가 피해를 덜 입었죠. 조선이 7年 동안 전쟁을 치르는 동안 먹고 지낼 수 있었던 양식을 상당 부분 호남에서 대었거든요. 그래서 이순신은 '약무호남 시무국가', 즉 '만약에 호남이 없었다면 이 나라가 없었을 것'이라고 말합니다. 그만큼 중요한 역할을 이순신이 해낸 것입니다.

정유재란은 왜 일어났는가

"조선의 지도자들은 다시는 이런 침략을 받지 말아야 한다고 생각한 것이 아니었어요. 당시 류성룡의 《징비록》을 읽은 사람이 없었거든요. 그런 결과로 조선은 7년간의 전쟁으로 입은 고통을 약으로 받아들이지를 못 하죠. 그래서 300년 뒤에 다시 나라를 왜적에게 갖다 바치게 되는 겁니다."

차클	임진왜란을 일으킨 도요토미 히데요시는 어떤 인물인가요?
김	일본은 대륙으로 진출하려는 꿈을 항상 갖고 있는 섬나라죠. 대륙으로 진출하려면 제일 먼저 거쳐야 하는 나라가 어디입니까. 바로 조선이죠. 그래서 도요토미 히데요시는 임진왜란 이전부터 우리나라를 거쳐서 중국을 치겠다는 생각을 했습니다.
차클	일본의 다른 사람들도 그렇게 생각했나요?
김	도요토미 히데요시가 오다 노부나가에게 편지를 썼어요. 일본을 통일하고 나면 반드시 조선과 명을 침략해서 정벌하겠다고요. 당시 일본의 야망을 대표하는 지도자였죠. 결국 도요토미가 죽고 나서 대륙으로 진출하고자 했던 그 꿈을 일본의 후손들이 이어간 것이죠. 대동아공영이라는 명분의 발아가 이때부터 시작된 것이 아닌가, 라는 생각을 해요.

차클	《징비록》을 쓴 류성룡은 어떤 사람이었나요?
김	류성룡은 임진왜란 7년 중에서 5년 넘게 전시 재상을 지냈습니다. 그는 당시 사회적으로 신분이 극도로 나뉘어 있고, 부가 극도로 편중돼 있는 것이 임진왜란에서 우리가 전력을 확충하지 못하는 이유라고 생각했어요.
차클	사회의 양극화와 전쟁은 어떤 연관이 있나요?
김	당시에 양반은 군에 가질 않았어요. 세금도 전부 내지 않았죠. 그래서 류성룡은 양반도 군에 가고 세금을 더 내도록 개혁을 시도합니다. 그러다 보니 양반들은 류성룡을 없애려고 했어요. 전쟁이 막바지에 이르렀을 때 드디어 류성룡을 탄핵하기 시작합니다. 류성룡이 탄핵을 받고 한양을 떠나는 날, 이순신이 노량해전에서 전사를 하게 됩니다.
차클	조선의 희망이 사라진 것이군요.
김	조선의 지도자들은 이제 류성룡이 없어졌으니 다시 옛날로 돌아가자고 했어요. 다시는 이런 침략을 받지 말아야 한다고 생각한 것이 아니었어요. 그런 생각을 읽을 수 있는 것이, 당시 류성룡의 《징비록》을 읽은 사람이 없었거든요. 그런 결과로 조선은 7년간의 전쟁으로 입은 고통을 약으로 받아들이지를 못 하죠. 그래서 300년 뒤에 이순신이 쫓아낸 왜적에게 다시 나라를 갖다 바치게 되는 겁니다.
차클	이순신 장군이 치른 대표적 해전인 명량해전과 노량해전에 대해서도 설명을 부탁드립니다.
김	정유재란 중 치른 큰 전투가 바로 명량해전이고, 다음 해 치른 마지막 해전이 노량해전입니다. 고니시 유키나가는 간첩인 요시라를 시켜서 조선의 조정에 가토 기요마사가 쳐들어온다는 가짜 정보를 흘리죠. 그러자 선조는 이순신에게 먼 바다에서 왜적을 쳐버리라고 지시를 해요.

그런데 이순신이 정보의 출처를 알아보니 간첩으로부터 시작됐다는 게 밝혀집니다.

차클 이순신 장군은 선조의 명령을 따랐나요?

김 이순신은 그런 전투는 안 해요. 자기가 정보를 찾아서 전투를 하지, 남이 준 정보에 따라 전투를 하지 않아요. 그래서 이순신은 출전하지 않습니다.

차클 어명을 어긴 것 아닌가요?

김 왕으로부터 전달된 군령을 위반하면 사형이요. 그런데 이순신은 내가 죽고 조선 수군을 살리자고 마음먹은 거예요. 그래서 출정하지 않습니다. 그러니까 조정에서 당연히 이순신을 잡으러 오죠.

차클 이순신 장군은 순순히 잡혀갔나요?

김 순순히 한양으로 압송됩니다. 그런데 이순신이 압송당할 때 군사와 백성 중에 통곡하지 않는 사람이 없었다고 해요.

차클 옥고를 치르게 됐겠군요.

김 그때 이순신의 나이가 52세입니다. 노인이죠. 그런데 옛날의 고문 방

차이나는
클라스

식은 결국 죄인이 죽게 되어 있어요. '네 죄를 네가 알렸다' 하고 묻곤 모른다고 하면 안다고 말할 때까지 고문하는 겁니다. 결국 죄를 안다고 해도 죽여 버리죠. 특히 왕명을 위반한 죄인은 죽는 게 마땅하다고 여겼습니다.

차클 그런데 이순신 장군은 어떻게 풀려났나요?

김 여러 신하들이 목숨만은 살려달라고 선조에게 사정을 합니다. 고문 끝에 자칫 죽게 되면 다시 살릴 수 없으니 죽이지는 말아달라고 사정을 해요. 그러자 선조도 계급장 떼고 백의종군하라고 지시하죠. 그게 정유년 4월 1일입니다. 이때 이순신이 일기에 남기길, '옥문을 나왔다'고 해요. 그때부터 백의종군이 시작됩니다.

차클 이순신 장군이 백의종군하던 시기에 전쟁은 어떻게 되었나요?

김 원균이 한산도 통제사로 부임하게 돼요. 그때 원균은 이순신이 견내량만 지키는데 자신이라면 큰 배를 이끌고 넓은 바다에 가서 왜적을 바로 무찌를 수 있다고 말해요. 그래서 원균에게 왜적을 치라는 지시가 떨어지지만, 원균은 말을 바꿔 육군에게 먼저 왜적을 공격하라고 부탁을 합니다. 이렇게 원균이 머뭇거리자 권율이 원균을 불러들여서 곤장을 칩니다. 국군 총사령관이 해군 사령관의 곤장을 친 것이죠. 그러자 원균은 무작정 왜적을 치러 낮에 발진을 합니다. 그게 칠천량 해전입니다. 결국 원균은 모든 것을 잃고 자신도 목숨을 잃습니다.

차클 이순신 장군이 준비해둔 배, 군사, 군량미들이 대부분 손실되었겠네요?

김 이순신이 잡혀갈 때까지 모아 놓은 병력이 1만 8000명 정도 되었어요. 판옥선은 180척, 거북선은 3척이었고요. 그런데 거의 없어졌지요. 그리고 이순신이 4년 동안 한산도에 개설해놓은 엄청난 진지들도 배설이라는 경상도 수사가 12척의 배를 가지고 도망가면서 나 불태워버립니다.

이순신은 왜 다시 전장으로 돌아왔나

"첫째, 우리가 길목만 잘 지키면 한 명이 천 명을 감당할 수 있다. 둘째, 필사즉생 필생즉사. 즉 죽고자 하면 살길이 있다. 그러나 살고자 하면 죽는다. 여기서 우리 모두 나라를 위해 죽자고 말하는 것이지요. 셋째, 조금이라도 군율을 어기는 자가 있으면 처단하겠다. 이렇게 세 가지를 말하고 이제 싸우러 갑니다."

차클　　이순신 장군은 어떻게 다시 전장으로 돌아오게 되었나요?

김　　　8월 3일에 삼도수군통제사 재임명 명령이 내려옵니다. 이순신이 삼도 수군통제사 자리를 왜 또 받아들였을까요? 군사도 없고, 부임할 장소도 없습니다. 선조는 원균을 두둔합니다. 이럴 때 이순신은 왜 삼도수군통제사를 받아들일까요? 제가 이순신을 공부하면서 제일 먼저 생각한 것이 바로 이겁니다. 이 사람은 속도 없나? 그런데 이순신은 원망으로 인해 마음이 흔들리지 않아요. 굉장히 무서운 사람 아닙니까?

차클　　삼도수군통제사가 된 이후의 행보는 어떠한가요?

김　　　먼저 군사를 긁어모읍니다. 배설이 12척을 가지고 있다는 정보를 접하곤 회령포에 가서 12척을 긁어모으고, 백성들의 도움을 받아서 무기를 찾아내요. 그리고 이순신은 항상 솔선수범했습니다. 제일 앞에

서서 싸우죠. 12척의 배에는 모두 도망병만 있었거든요. 그런 도망병들이 앞에 나가서 싸우려 하겠습니까. 원균 밑에 있으면서 군인들의 군기가 다 빠져버렸어요.

차클 　많은 해전 중에 명량해전이 주목을 받는 이유는 무엇인가요?

김 　9월 9일에 왜적이 어란진까지 들어왔다는 보고가 들어옵니다. 이제부터 명량해전이 시작됩니다. 이순신은 우수영에 있는 백성들을 전부 뭍으로 올라가게 하고 목숨을 건 전쟁을 준비하죠. 9월 15일에 벽파진에서 우수영 앞쪽으로 전 진지를 옮깁니다. 왜적은 400척의 배를 이끌고 왔지만, 좁은 길목으로 들어올 수 있는 배는 중소형의 133척뿐이었어요.

차클 　수적으로 밀리는 상황에서 이순신 장군은 어떻게 싸울 수 있었나요?

김 　이때 이순신은 부하들에게 세 가지를 말합니다. 첫째, 우리가 길목만 잘지키면 한 명이 천 명을 감당할 수 있다. 둘째, 필사즉생 필생즉사. 즉 죽고자 하면 살길이 있다. 그러나 살고자 하면 죽는다. 여기서 우리 모두나라를 위해 죽자고 말하는 것이지요. 이순신은 살 생각을 안 했어요.

그러니까 필사즉생 필생즉사란 말을 아무 데서나 쓰면 안 됩니다.

차클 엄청난 결의가 담긴 말이군요.

김 그렇죠. 그리고 마지막으로 셋째, 조금이라도 군율을 어기는 자가 있으면 처단하겠다. 이렇게 세 가지를 말하고 이제 싸우러 갑니다.

차클 부하들은 이순신 장군의 말을 잘 따랐나요?

김 이순신의 수군이 명량까지 가서 한가운데 닻을 내리고 보니, 김억추라는 장군의 배가 750미터 정도 뒤처져 있었어요. 그리고 이순신이 아끼는 안위나 김응함의 배들도 싸움에 돌입할 자세가 되어 있지 않았습니다. 그러자 이순신은 혼자서 전쟁을 시작합니다.

차클 133척을 상대로 싸우는 것이 어떻게 가능했을까요?

김 한 시간 가까이 혼자서 전쟁을 해요. 그러다 도저히 안 되니까 초요기를 올립니다. 그리고 "내가 당장 뱃머리를 돌려서 너를 참해야겠지만, 돌릴 수가 없다" "너희가 도망간다고 어디서 살 거냐" 하고 고함을 지릅니다. 그러자 안위와 김응함이 움직이고 다른 배들도 움직여 싸움이 다시 시작됩니다. 이제부터 본격적인 싸움이 시작되는 것이죠.

차클 다른 배들의 합류로 전세가 쉽게 바뀌었나요?

김 이때부터 하늘이 돕기 시작합니다. 물의 흐름이 바뀐 것이죠. 왜적들은 물의 흐름이 바뀌어 자신들이 밀리는 것을 알게 되자 당황하기 시작합니다. 그들은 이곳의 지리를 몰랐으니까요. 군대가 당황하기 시작하면 별다른 힘을 못 씁니다. 그때를 노려 신나게 두드려 부수는 겁니다. 그런데 산 너머로 피신했던 백성들이 보기에 연기가 자욱하게 포격전이 벌어지는 것 같았겠죠. 그때부터 백성들은 이순신이 12척의 배로 10배가 넘는 적을 싸워 이길 리가 없다고 생각해 울기 시작했다고 해요. 그런데 바다의 연기가 걷히자 전혀 다른 상황이 보이기 시작

차이나는 클라스

한 겁니다. 우리 배는 기함을 비롯해 12척이 그대로 떠 있고, 왜적선은 절반 이상이 부서지고 나머지는 도망가고 있었던 거예요.

<table>
<tr><td>차클</td><td>12척의 배로 그 많은 배들을 무너뜨린 건 기적이라고 봐야 할까요?</td></tr>
<tr><td>**김**</td><td>그건 아직도 아무도 모릅니다. 명량해전에서 이긴 이유를 아는 전문가도 없습니다. 이순신이 우리한테 풀리지 않는 퀴즈를 준 것인지도 몰라요. 이 전투가 바로 명량해전입니다. 원균이 빼앗긴 바다를 이순신이 다시 찾아온 것이죠.</td></tr>
</table>

이순신은 어떤 죽음을 맞이했나

"이순신은 달랐어요. 7년 동안 죄 없는 백성들에게 엄청난 죄악을 저지른 적이잖아요. 이들을 응징하지 못하면 내가 조선의 장수가 아니라고 생각한 거죠. 이때 이순신은 편선불반이라는 말을 했어요. 단 한 척의 배도 그냥 돌려보내지 않는다고요."

차클	이순신 장군은 명량해전의 승리에 대한 보상을 제대로 받았나요?
김	전쟁이 끝났으면 포상이 있어야겠죠. 그런데 이순신이 승첩장계를 올렸어도, 선조가 반대를 합니다. 선조는 이순신이 사소한 적을 잡은 것에 불과하다고 여긴 것이죠.
차클	이순신 장군이 백성들의 영웅이 되는 것을 시기한 것일까요?
김	그런 심리도 있었겠죠. 그보다 선조는 기본적으로 자신을 보호해주는 대상을 명나라 군사라고 여겼어요. 그래서 이순신과 같은 장수는 가볍게 본 것이지요.
차클	다른 장수들도 포상을 받지 못했나요?
김	안위, 김응함 같은 사람들은 다 승진합니다. 하지만 이순신은 은 20냥을 받는 것에서 그칩니다. 반면 명나라에서는 이순신을 정말 좋아했어요.

차클	명에서는 이순신 장군을 어떻게 평가했나요?
김	원균이 패전하고 나서 바다가 비어버린 상태에서는 왜적들이 산동반도까지 바로 쳐들어갈 수 있습니다. 그래서 명에서는 진린이라는 장수를 보내서 바다를 지키게 하죠. 그런데 이순신이 다시 나타나서 바다를 잡아버린 겁니다. 명나라 입장에서는 얼마나 좋겠어요. 그러자 명의 양호라는 총대장이 이순신에게 붉은 비단 한 필을 편지와 함께 보냅니다. '내 마땅히 당신의 함대에 가서 당신 배에 이 붉은 비단을 걸어주고 싶다. 그런데 지금 갈 수 없으니 비단을 보낸다.' 장수에 대한 최고의 예우입니다.
차클	이순신 장군과 명의 관계를 좀 더 설명해주시죠.
김	진린이라는 명의 장수와 이순신 간에 일화가 많습니다. 일찍이 진린이 청파 뜰에서 왕에게 인사를 하고 내려가는데 우리나라 벼슬아치를 새끼줄로 끌고 갔답니다. 그걸 보면서 류성룡은 진린이 이순신을 지배해서 이순신은 힘도 쓰지 못할 것이라고 걱정했다고 합니다. 이제 수군도 끝났다고 생각한 거죠.

차클	진린이 류성룡의 걱정처럼 이순신 장군을 굴복시켰나요?
김	그런 진린이 고금도의 이순신 진지로 가게 됩니다. 그런데 이순신이 최대의 예우를 했어요. 진린도 이순신이 자신을 환대해주니 이순신이 대단하다고 칭찬하죠.
차클	전쟁에서는 서로 협력이 잘 되었나요?
김	명과 조선의 연합군이 처음으로 왜적과 싸운 절이도 해전에서 이순신은 송여종이라는 장수를 전투에 내세우고 명에서도 파총을 시켜서 전투를 합니다. 결과적으로 전투에서 이깁니다. 그런데 조선은 적의 목 70여 두를 따왔는데, 명나라 장수는 하나도 가져오지 못한 겁니다. 당시에 공을 계산할 때 적의 목이 중요했다고 앞서 말했죠? 그래서 진린이 노발대발하니까 이순신이 자신들이 가져온 목을 준다고 하죠. 이순신에겐 목의 수가 중요하지 않았던 것이죠. 그러자 진린이 이순신에게 완전히 반해버립니다.
차클	이순신 장군의 부하들이 가만히 있었을까요?
김	그러니까 전장에서 목숨 바쳐서 싸웠던 송여종이 화를 냈어요. 이때

차이나는
클라스

이순신이 다독이면서 한마디 합니다. 너의 공은 다시 또 써서 올려주겠다고요. 그러면서 중요한 말을 하죠. 썩은 고깃덩어리가 무엇이 그리 소중하냐. 이순신의 눈에는 왜적을 깨서 나라를 살리는 것 이외에는 아무 생각이 없었던 겁니다.

차클 자신의 사적인 욕망을 초월했군요?

김 그 뒤로 진린은 이순신을 노야, 우리말로 하면 어르신이라고 부릅니다.

차클 진린 외에 명의 군대와는 관계가 어땠나요?

김 장수들이야 이렇게 친하게 지냈지만, 명나라 병사들은 고금도에 있는 백성들을 마구 괴롭혔어요. 그러니까 이순신이 수하들에게 짐을 싸라고 지시하죠. 진린이 놀라서 이유를 물으니, 이순신 자신은 백성을 지키는 대장인데 백성들이 명의 병사들 때문에 못 살겠다고 하니 백성들과 함께 떠나겠다는 겁니다. 진린이 다시 이순신에게 떠나지 말라고 요청하니, 그럼 백성들을 괴롭히는 명나라의 군사들을 자신이 처단할 수 있게 권한을 달라고 합니다. 그러니까 진린이 이순신에게 명나라 병사를 통제할 수 있는 권한을 주게 되죠.

차클 노량해전에서의 이순신 장군은 어떠했나요?

김 무술년 8월 18일에 도요토미 히데요시가 죽습니다. 그러자 왜적들은 조선을 치는 것은 둘째 치고 빨리 본국으로 돌아가야겠다고 생각하죠. 조선에서도 히데요시의 죽음을 알게 되었습니다. 명나라에서는 퇴각하는 군대를 향해 목숨을 걸고 싸우려 하지 않았겠지만, 이순신은 달랐어요. 7년 동안 죄 없는 백성들에게 엄청난 죄악을 저지른 적이잖아요. 이들을 응징하지 못하면 내가 조선의 장수가 아니라고 생각한 거죠. 이때 이순신은 편선불반이라는 말을 했어요. 단 한 척의 배도 그냥 돌려보내지 않는다고요.

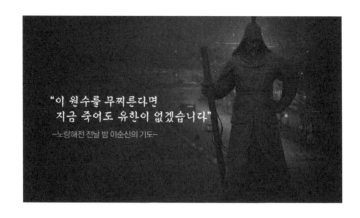

"이 원수를 무찌른다면
지금 죽어도 유한이 없겠습니다"
−노량해전 전날 밤 이순신의 기도−

차클	왜적들은 순순히 물러났나요?
김	왜적들은 진린과 이순신을 이간질하기 위해 진린에게 뇌물을 줍니다. 진린에게 배 한 척만 보내게 해달라고 해요. 그런데 진린의 사람들 중 몇몇이 이순신에게 와서 배가 한 척 빠져나간다고 알려줍니다. 그러자 이순신은 자신이 먼저 나서서 적을 쳐야겠다고 생각해 전략을 짭니다. 이때의 전투가 노량해전입니다. 원수의 배를 한 척도 돌려보내지 않고 이 원수를 다 갚기를 원한다. 하늘이여 내 소원을 들어달라고 빌죠.
차클	노량해전에서 이순신 장군은 어떻게 전사하나요?
김	왜적은 어떻게든 살아서 돌아가려는 전투였고, 이순신은 단 한 척도 돌려보내지 않으려 하는 전투니까 치열해질 수밖에 없었어요. 그야말로 육박전에 가까운 전투가 벌어집니다. 이순신은 북을 치면서 독려를 합니다. 그런데 해 뜨기 직전에 총알이 하나 날아와서 이순신의 심장을 맞힙니다. 이순신은 가빠진 호흡을 가다듬면서 최후의 명령을 내리죠. 지금 싸움이 한창 급하니 내가 죽었다는 말을 하지 말라고.
차클	이순신 장군이 죽고 난 뒤 조정에서 어떻게 반응했나요?

김	이순신이 죽고 6년 뒤에 선무일등공신으로 추증하죠.
차쿨	노량해전에서 이순신 장군이 자살한 거라는 설도 있던데요.
김	이순신이 자살했다고 말하는 사람이 있어요. 엄청나게 위험한 전투에서도 살아남았는데, 식은 죽 먹기나 다름없는 노량해전에서 왜 죽었느냐고요. 혹시 전투에서 살아남으면 선조가 틀림없이 죽일 것이니 자살한 것 아니냐고요. 그럴 바에야 자신이 죽고 가족들을 살리려 했다는 것이죠. 하지만, 제가 아는 이순신은 공심을 위장해서 사심을 내지 않는 사람입니다.

우리는 이순신에게
무엇을 배워야 하는가

"나는 역사에 남는 대통령이 될 것이라고 생각하는 것은 사심이 있는 것입니다. 이순신의 사고방식으로 보면 그런 말을 할 수 없어요. 그저 국민을 위해서, 나라를 위해서 목숨을 바쳐서 헌신하고 물러가면 끝인 것입니다."

차클 이순신 장군은 자신의 일기가 사람들에게 읽히게 될 줄 알았을까요?

김 만약 이순신이 사람들에게 보이기 위해서 기록을 했다면 자기 변명을 많이 썼을 텐데, 그런 기록은 없어요. 자기가 경험한 팩트를 적었다고 봐야 할 겁니다. 제가 알기론 그렇습니다.

차클 자신이 한 일들을 세세하게 적었다는 것은 누구에게도 마음을 터놓을 수 없어서 너무 고독하고 외로워서 혼자 쓴 것이 아닐까요?

김 그런 측면이 있습니다. 이순신이 스트레스를 얼마나 많이 받았겠어요. 저는 스트레스 해소법의 하나로 일기를 쓴 측면도 있다고 봅니다.

차클 이순신 장군의 초상화를 보면 굉장히 어진 얼굴인 것 같은데요. 실제로는 어땠을 거라고 생각하세요?

김 사실, 이순신의 초상화는 상상화입니다. 화가가 이순신에 대해서 공부하고 후손의 골상도 연구해서 그린 것이거든요. 그런데 이순신에 대해 공부를 하고 평하는 수많은 사람이 딱 하나 놓치지 않는 것이 있습니다. 바로 이순신이 깊은 수양을 쌓았다고 다들 입을 모아요. 이것을 빠뜨리는 사람은 없어요. 그런데 일본에서는 이순신의 얼굴을 무섭게 그리는 편입니다. 왜냐하면 그렇게 무섭게 그려야 저 사람에게 자신들이 졌다는 이유가 설명된다는 거예요. 얼굴이 고운 사람을 그려놓으면 왜 저런 사람한테 졌냐고 할 테니까요.

차클 그럼 실제로 일본 사람들에게 무섭게 느껴졌을까요?

김 한산해전은 와키자카, 구키, 가토라는 왜적 수군 장수가 연합해서 이순신을 죽이기 위해 쳐들어온 전투입니다. 그런데 이순신은 거북선을 앞세우고 학익진으로 왜적선 70여 척을 쳐부쉈고, 왜적 9000여 명을 죽였습니다. 그 뒤로는 일본 사람들이 이순신과는 붙을 생각을 하지 않고 일단 피하게 됩니다. 원래는 도요토미 히데요시가 우리나라에 들어오기로 했었어요. 그런데 이순신 때문에 들어오지 못한 겁니다. 바다를 못 건너는 거예요. 신하들도 자신이 없으니 권하지 못했던 겁니다. 이때부터 백성들이 이순신으로부터 엄청 위로를 받습니다. 그리고 의병을 일으키는 큰 동기가 됩니다.

차클 그럼 임진왜란은 누구의 승리라고 생각하세요?

김 우리가 이겼다고 볼 수도 있고 일본이 많은 것을 얻었다고 볼 수도 있어요. 그런데 저는 역사란 과거와 지금의 나 사이의 대화라고 생각해요. 아픈 과거는 아픈 대로 받아들이고, 그것을 받아들여서 더 나은 방향으로 나아가자는 것이죠.

차클 앞서 이순신 장군과 세월호를 연관 지어서 말씀하셨는데, 만약 이순신 장군이 살아계셨다면 이 사건에 대해 어떻게 생각하셨을까요?

김   저는 세월호 참사의 원인을 세 가지 주체로 파악합니다. 구호 책임을 진 공직자, 선장과 선원들, 선주 측. 이들이 자기만 살려고 했기 때문에 이런 참사가 일어난 것이겠죠. 만약 한 주체만이라도 이순신같이 자신을 던지고 내 이익을 던져버렸더라면 그 같은 참사는 일어나지 않았으리라고 봐요. 그럼 누구부터 시작해야 하느냐. 바로 지도자부터 나서야 합니다. 지도자부터 정신 자세를 바꿔나가야 돼요. 우리의 주인은 국민이라는 자세로 바꿔나가야 해요. 그렇게 위에서부터 아래로 물이 흘러야죠. 그래서 제가 만 명의 작은 이순신을 세상에 내보내기 위한 이순신 학교를 하고 있는 겁니다. 그들이 지도자가 될 때를 기다리면서요.

차클   몇백 년이 지난 지금도 이순신 장군은 우리에게 큰 위로가 되고 있는 것 같아요.

김   이순신은 글을 쓸 때 제일 마지막에 일심이라고 썼습니다. 일심. 이순신은 한 마음으로 살아가기를 자신의 지표로 삼고 산 것이죠. 오직 한 마음, 그것이 이순신을 성웅으로 만든 것입니다.

차클   오늘날의 지도자들이 이순신 장군에게서 무엇을 배워야 할까요?

김   우리나라 역사에서 항상 왕과 신하들은 하나의 그룹을 형성해서 지배층을 이루지 않았습니까. 그동안은 그들이 주권자 그룹이었습니다. 백성들은 그들을 위해 봉사하는 교화의 대상이고 통치의 대상이었죠. 그런데 우리나라가 군주국가에서 민주주의 국가로 바뀌면서 5000년 동안 지배만 받던 백성들이 주권자 그룹으로 올라온 것이죠. 이 나라의 주권자는 국민이고 모든 권력은 국민으로부터 나온다. 헌법에도 이렇게 쓰여 있잖아요. 그러면 이전의 왕과 그 신하들에 해당하는 사람들은 어떻게 되는 걸까요? 헌법 7조에 보면 잘 설명되어 있습니다. 대통령을 비롯한 국회의원, 판사, 검사, 모든 공직자는 국민 전체의 봉사자다, 라고요. 오늘날 지도자들은 봉사자라는 인식 전환을 해야 합니다.

차클 어쩌면 이순신 장군은 400년 전에 이런 세상을 이미 그리고 있었던 것이 아닐까요?

김 이순신이라는 사람은 국민을 충의 대상으로 생각하고 있었습니다. 나는 역사에 남는 대통령이 될 것이라고 생각하는 것은 사심이 있는 것입니다. 이순신의 사고방식으로 보면 그런 말을 할 수 없어요. 그저 국민을 위해서, 나라를 위해서 목숨을 바쳐서 헌신하고 물러가면 끝인 것입니다. 조선의 지도자들은 이순신을 잊어버렸었어요. 그래서 300년 후, 이순신이 쫓아냈던 그 나라에 우리나라를 우리 손으로 갖다 바치지 않았습니까. 그리고 36년간 노예생활을 하죠. 이제 더 이상 역사를 반복하면 안 됩니다. 다시 반복하면 안 됩니다.

차클 이순신 장군처럼 훌륭한 지도자를 뽑으려면 무엇을 봐야 할까요?

김 제일 좋은 것은 마음가짐을 봐야 하는데, 속마음을 어떻게 알겠어요. 지금 우리 사회에는 국민들을 위해 죽어줄 지도자가 없어요. 우리를 위해서 죽어줄 이순신 같은 지도자가 좀 나왔으면 하는 바람이 있습니다. 여러분은 그런 사람이 나오기를 바라는 마음과 동시에 여러분이 그런 사람이 되도록 한번 해보세요. 우리 모두 작은 이순신이 되어봅시다.

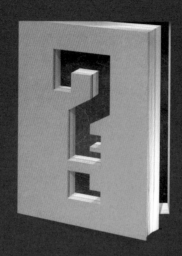

차이나는
클라스

4장

역사

민족에게
역사란 무엇인가

한명기

서울대 국사학과 졸업. 명지대 사학과 교수로 재직 중이고,
조선시대 대외관계사를 예리한 시각으로 연구해왔다.
역사 대중화에도 깊은 관심을 갖고 있는 정치, 외교사 전문가.
냉정한 시각으로 우리가 몰랐던 역사 속의 충격적 진실을 알려주실
역사학계의 권위자. 한명기 선생님을 소개합니다.

한반도 전쟁의 역사는
언제부터 시작되었나

"한반도는 강력한 중국의 영향력을 거의 직격 상태로 받을 수밖에 없었습니다. 반면 일본은 바다를 끼고 있어서 중국의 압력을 피할 수도 있고 또 시간을 가지고 천천히 대응할 수 있는 여유가 있었죠."

차클	한중일 3국의 역사를 살펴보아도 그렇지만 최근 우리와 중일 두 나라의 관계가 썩 좋진 않습니다.
한	2016년 말부터 한국은 중국과 일본으로부터 동시에 압박을 당하는 상황에 직면했습니다. 중국은 사드 배치를 계기로 경제적 보복에 나섰을 뿐만 아니라 방공식별구역에 전략폭격기를 출동시켜서 무력 시위까지 했죠. 또 일본은 부산 동구청 앞에 소녀상을 세웠다는 이유로 주한 일본대사를 소환했고, 한국이 독도를 무단 점거하고 있다는 내용으로 자국 중고생들에 대한 교육을 더 강화했습니다.
차클	미국의 역할도 기대할 수 없는 상황인 거죠?
한	동아시아의 기존 패권국가인 미국이 중국과 일본의 한국에 대한 압력을 조정해줄 것으로 기대하기도 했죠. 하지만 많은 사람이 우려했던

것처럼 트럼프 대통령도 불확실성을 너무 많이 보여줬기 때문에 미국의 리더십으로 과연 한국에게 가해지는 중국과 일본의 압력을 막아낼 수 있을까에 대해 상당히 우려하는 상황이 벌어진 거죠.

차클   동북아 3국의 복잡한 관계는 역사적으로 오래 이어져 왔나요?

한   과거 고대와 중세를 거치면서 한반도는 강력한 중국의 영향력을 거의 직격 상태로 받을 수밖에 없었습니다. 반면 일본은 바다를 끼고 있어서 중국의 압력을 피할 수도 있고 또 시간을 가지고 천천히 대응할 수 있는 여유가 있었죠. 예를 들어 통일신라시대에 경주에 황룡사라고 하는 절이 있는데 다 불에 타버리고 현재는 그 주춧돌만 남아 있지요. 그런데 한반도로부터 불교를 전래받은 일본에 가보면 천 년 가까이 된 목조 건물들이 지금도 즐비하게 남아 있어요. 그게 뭘 의미하겠습니까. 지금의 한중일 관계를 이해하려면 이런 지정학적 조건과 과거 고대사에 대한 인식을 함께 생각하는 것이 도움이 될 거 같아요.

차클   역사 속의 한중일 관계에 대한 얘기, 본격적으로 들려주시죠.

한   우리가 국사시간에 배우기를, 한반도에서 건너간 사람들이 일본 열도

차이나는
클라스

에 여러 가지 문화를 전파했다고 했죠. 마치 일본 열도의 문명은 한반도에서 건너간 사람들에 의해서 비로소 시작된 것처럼 배웠습니다. 주로 이렇게 한국이 문화적으로 우위에 있는 입장에서 한일 관계사를 설명해왔어요. 일본 사람들은 다르게 생각합니다. 일본에서는 한반도는 중국에 복속되어 있는 나라인 데 비해서 자신들은 일찍부터 천황이라는 존재를 통해서 중국과 대등한 국가로 자리매김했다고 생각해요.

차클　　관련 기록들이 남아 있나요?

한　　607년에 일본에서 수나라 양제에게 보낸 국서가 있습니다.

"해 뜨는 곳의 천자가 해 지는 곳의 천자에게 글을 보낸다. 별일 없으신가."

차클　　중국에서는 자신들을 해 지는 곳으로 표현한 것에 기분이 상하지 않았을까요.

한　　수나라의 양제로서는 해 뜨는 곳, 해 지는 곳이라는 표현 때문에 기분이 나빴다기보다는 일본 왕을 천자로 표현해서 자신들과 맞먹으려고 했다는 사실 자체가 마음에 안 들었을 겁니다.

차클　　일본이 중국과 맞먹으려 든 이유는 무엇인가요?

한　　7세기의 삼국 통일 전쟁 상황과 대단히 밀접한 관련이 있어요. 581년에 수나라가 중국 대륙에 등장해 점차 고구려에 압력을 가합니다. 고구려는 수나라의 압력에 대항하기 위해서 일본과의 관계를 안정시키거나 일본을 우군으로 끌어들일 필요가 점점 커졌죠. 일본이 보낸 국서를 수나라가 보기에는 고구려 배후에 일본이 있으니 고구려를 함부로 대하지 말라는 의미로 해석할 소지가 있습니다.

차클　　일본이 한반도를 보호하려 했다는 것인가요?

한　　일본이 우리를 보호했다기보다는 한반도에서 고구려·백제·신라 사이에 각축이 벌어지고, 수나라라는 강대국이 대륙에 등장하자 일본도 긴장하면서 친신라로 갈 것인지, 친백제로 갈 것인지 선택의 기로에 섰던 걸로 보입니다.

차클　백제와 일본이 긴밀한 관계를 맺지 않았나요?

한　　660년에 신라와 당나라가 연합해서 백제를 멸망시키죠. 그런데 백제가 멸망했을 때 의자왕의 아들인 부여풍이 일본에 가 있었어요. 당시 멸망한 백제의 지역에서 복신이라는 백제의 옛 장군이 신라와 당나라에 맞서서 백제 부흥운동을 벌이면서 일본에 부여풍을 돌려보내 달라고 했어요. 그래서 일본에서는 천황이 부여풍에게 옷과 관을 하사하는 의식을 취합니다. 그때 관과 옷을 하사했던 것을 근거로 자기들이 보다 높은 위치에서 백제를 국가로 새로 인정했다고 생각하는 것이죠.

차클　일본이 백제를 제후국으로 삼았다는 말인가요?

한　　그렇죠. 663년엔 일본이 2만 7000명의 대군을 백제 땅으로 출병시킵니다. 당시 백촌강이라 불렸던 금강 하구에서 백촌강 전투가 벌어졌는데, 신라와 당나라 연합군에게 참패하면서 결국 쫓겨납니다. 일본 사람들은 자신들이 한반도에 갖고 있던 영향력이 이 전투의 패배로 인해 완전히 사라졌다고 말합니다.

차클 당나라와 신라의 관계는 어땠나요?

한 668년엔 신라와 당나라 연합군이 고구려를 멸망시켜요. 신라는 당나라를 끌어들여서 삼국 통일에 성공한 셈인데 이후에 당나라가 마음이 달라지죠. 신라를 완전히 자신들에게 복속시켜야겠다고 생각합니다. 이때 또 반전이 일어나서 676년에 신라가 당나라 세력을 몰아냅니다.

차클 그렇다면 삼국을 통일한 신라와 일본의 관계는 어땠나요?

한 신라는 일본에 대해서 저자세를 취할 필요가 없었죠. 일본과 자신들이 대등한 국가인데, 왜 저자세를 취해야 하냐고 생각해요. 이런 식으로 신라가 뻣뻣하게 나오니까 일본에서는 신라를 건방지다고 생각합니다. 그리고 앞으로 천황을 모시고 있는 자신들에게 머리를 숙이는 내용의 국서를 가지고 오지 않으면 안 된다고 주장합니다. 그래서 8세기가 되면 신라와 일본의 공식적인 정치적 외교관계가 중단됩니다.

일본과의 악연은
언제부터 시작되었나

"조선시대에는 일본 사람들 중에서 자신들이 임진왜란 때 조선에 쳐들어간 것은 고려가 몽골을 끌고 자신들을 치러 온 것에 대한 보복이라고 얘기하는 사람도 있습니다."

차클	한중일 관계는 왜 이렇게 얽히고설키게 된 것인가요?
한	우리가 중국과 일본이라는 강국 사이에 끼여 있다 보니 과거 동아시아의 국제관계사를 놓고 보면 일정한 법칙성을 찾을 수 있어요. 중국과 한반도의 관계가 나쁠 때는 한반도와 일본 열도의 관계가 대체로 좋거나 현상을 유지합니다. 그 역도 성립돼요. 일본과 관계가 나쁠 때는 중국과의 관계는 좋거나 현상을 유지해요. 아무래도 한반도가 중간에 끼여 있는 존재라서 중국·일본과 모두 관계를 악화시키거나 나쁜 관계를 유지하면 국가 존속이 어려웠기 때문이라고 봐야겠죠.
차클	삼국시대 이후에도 이런 관계가 계속 이어지나요?
한	고려 초에도 일본은 중국 및 한반도와 외교 관계를 맺으려고 하지 않았어요. 그런데 13세기에 접어들면서 고려가 심각한 위기 국면에 빠

집니다. 1230년대 몽골이 고려를 침략하기 시작한 이후로, 전 세계 국가 중에서 몽골에 가장 격렬하게 저항해서 싸운 나라가 바로 고려입니다. 어쩌면 일본으로 향할 수 있는 몽골의 압력을 고려가 막아준 것이나 마찬가지예요.

차클 일본 입장에서는 고마워해야 하는 것 아닌가요?

한 문제는 몽골군이 침략할 때마다 고려가 아주 처절하게 약탈당하고 사람들이 끌려가고 죽거든요. 그래서 강화도로 건너간 고려 조정이 버티지 못하고 1270년에 육지로 돌아오기로 결정합니다. 그 이후 고려와 몽골이 연합해서 일본으로 두 번 쳐들어가죠.

차클 일본 입장에서는 고려를 좋아할 수 없었겠군요?

한 일본 역사에서는 이것을 원구(元寇)라고 부릅니다. 몽골이 세운 원나라의 침략을 지칭하는 말이죠. 그런데 원나라와 고려 연합군이 규슈 지역에 상륙을 했지만 태풍으로 인해 혼슈 지역은 공격도 못 해보고 완전히 실패로 끝나요.

차클 그때 태풍이 불지 않았다면 아시아의 역사가 완전히 바뀌었을 수도 있겠네요?

한 아마도 몽골이 일본을 제압했을 가능성이 높죠. 그래서 일본 사람들은 신이 일본을 가호하기 위해 바람을 불게 해줬다고 믿어요. 그래서 그 태풍을 신풍(神風), 즉 가미카제라고 부릅니다.

차클 그때부터 자신들을 '신의 나라'라고 생각한 것인가요?

한 그렇죠. '우리는 다른 나라와는 다른 신국이다'라고 여긴 겁니다. 게다가 고려가 몽골에 항복한 후긴 하지만, 어쨌든 몽골군과 함께 일본으로 쳐들어왔으니까 고려 역시 몽골과 한통속으로 일본을 침략한 국가라고 생각하죠. 조선시대에는 일본 사람늘 중에서 사신들이 임진왜란 때 조선에 쳐들어간 것은 고려가 몽골을 끌고 자신들을 치러 온 것에 대한 보복이라고 얘기하는 사람도 있습니다.

차클 일본과 좋은 관계를 회복하는 게 쉽지 않았겠네요.

한 사실상 8세기부터 14세기 후반까지 한반도와 일본의 공식적인 정치·외교적 교류 관계는 단절됩니다.

차클 이후 일본과 다시 교류를 시작한 데는 어떤 계기가 있었나요?

한 14세기 중반 이후, 고려시대 말에 한반도와 일본의 정치적 교섭이 다시 시작됩니다. 바로 왜구 때문이었습니다.

차클 왜구는 해적과 같은 개념이라고 보면 될까요?

한 맞습니다. 그런데 서양의 해적과는 조금 다릅니다. 왜구가 가장 극심했던 시기가 대략 1350년대에서 1380년대까지, 고려 말이었습니다. 수천 명의 왜구가 수백 척의 배에 말까지 싣고 다니면서 한반도부터 중국의 동남부 연해 지역을 마구잡이로 약탈을 해요.

차클 그 정도면 해군이나 다름없는 것 아닌가요?

한 그렇죠. 사실상 배를 타고 다니는 정규군이라고 얘기할 수 있을 만큼

차이나는
클라스

왜구의 위세가 대단했습니다. 그러니 고려에서는 왜구들이 남해안과 서해안 일대, 특히 강화도 일대로 몰려오니까 철원으로 수도를 옮겨야 된다는 위기론이 대두되기도 했습니다.

차클 　왜구가 일본 정부의 조종을 받은 세력은 아니었나요?

한 　고려는 1350년대부터 왜구로 인한 피해가 너무 커지자 통일신라 이후로 중단되었던 사신을 일본으로 보냅니다. 정몽주도 당시에 왜구 금지를 요청하기 위해서 일본에 갔어요. 그런데 당시 일본 수도였던 교토에 천황과 막부도 있었어요. 막상 사신들이 일본에 가보니까 막부가 분열되어 있고, 천황의 권위가 지방에까지 미치지 못하는 겁니다. 예를 들어 규슈나 쓰시마 지역 같은 곳까지 중앙 정부의 명령이 먹히질 않았던 거예요. 그러니까 14세기 후반에 한반도를 괴롭혔던 왜구는 자신들의 생계를 도모하기 위해서 해적질에 나선 것이지요.

차클 　그럼 우리 입장에선 별 부담없이 왜구를 토벌해도 되는 것 아닌가요?

한 　조선조에 들어서면 무력만 가지고 왜구를 막을 수 없다는 판단을 하게 돼요. 그래서 조선 정부에서는 왜구가 될 만한 자들에게 미리 경제적 기반을 제공합니다. 그러면 왜구 짓을 하지 않을 것이라고 생각해서 포용정책을 쓴 것이지요.

차클 　왜구를 포용했다고요?

한 　울산·웅천·부산, 즉 삼포 지역에 일본인들의 거주를 허용하고 토지를 나눠주고 결혼을 알선하고, 심지어는 조선에 복종을 맹세하는 사람에게는 벼슬을 주기도 해요.

차클 　어떻게 도적질하던 사람들에게 벼슬까지 줄 수 있나요?

한 　조선에서는 약탈이나 인명살상과 같은 피해를 입는 것보다 왜구를 포용해서 경제적 기반을 마련해주는 것이 평화를 유지하는 데 도움이 된

다고 생각했어요. 조선 정부에서는 대마도나 일본에 대해서 자신들이 더 우월하다는 인식을 가지고 있었거든요. 이렇게 포용정책을 취하면서 조선이 대국인 것처럼 행세할 수 있는 여지도 있으니까요.

차클　일본에서는 어떤 반응을 보였나요?

한　혹시 대마도에 가보셨나요? 대마도 섬 전체를 내려다보면 처음 가보는 사람도 '이 섬은 해적질 말고는 먹고살 방법이 없겠구나'란 생각을 하게 돼요. 농토는 보이지 않고 숲이 무성하게 우거져 있어요. 게다가 만이 굉장히 발달해서 배를 숨겨놓기에 너무 좋거든요.

차클　결과적으로 조선의 포용정책이 효과가 있었나요?

한　조선 정부가 회유책으로 접근하니까 대마도나 일본 서부 지역 사람들 중에서는 조선을 낙토, 즉 유토피아라고 생각하는 이들까지 있었어요.

차클　조선을 배신하는 일본인들은 없었나요?

한　한반도로 건너온 일본인들이 조선 사람과 잦은 접촉을 하게 됐겠죠. 조선어도 배우게 되고 반 이상은 조선인의 모습을 갖추게 되었을 겁니다. 그런데 부작용이 생깁니다. 조선의 지리 정보를 다 알게 되다 보니

　차이나는 클라스

사실상 스파이라고 할 수 있는 사람들이 양성된 것이죠. 실제로 임진왜란이 일어났을 때 왜관에 와 있던 일본인들이 일본군을 이끌고 서울까지 침략하는 가이드 역할을 하기도 합니다.

차클 포용정책이 도리어 임진왜란의 화근이 되었군요?

한 그렇다고 할 수 있죠. 더군다나 1540년대부터 동중국해의 변화가 일본으로 밀려옵니다. 1543년에 중국 선박 한 척이 마카오를 향해 항해하다가 갑자기 몰아친 태풍으로 인해 규슈 남쪽 섬에 좌초돼요. 이때 선박에 타고 있던 사람 중에 포르투갈 장사꾼이 있었거든요. 그에 의해 일본에 조총이 전해진 거예요.

차클 그래서 임진왜란 때 일본이 조총으로 무장할 수 있었던 것이군요?

한 조총은 순식간에 일본 열도로 퍼져나가서 일본 내란이 벌어지는 와중에 품질이 계속 업그레이드됩니다. 그 결과 임진왜란에서도 사용되죠. 당시 일본군을 막으러 충주로 향하는 신립 장군에게 《징비록》의 저자인 영의정 류성룡이 이렇게 물었다고 해요. 일본의 조총에 대한 대응책이 있냐고요. 그러자 신립 장군이 역사에 길이 남을 문제적 발언을 남깁니다. '그게 쏠 때마다 맞는답니까.' 이런 말을 남기고 내려가셨는데 결국 탄금대 전투에서 일본인에게 참패를 당하죠.

차클 일본이 임진왜란을 일으키는 데 조총이 결정적 계기가 된 건가요?

한 오다 노부나가가 죽은 후 도요토미 히데요시가 후계자가 되어서 1587년쯤에 일본을 통일합니다. 이제 겁이 없어지죠. 수십만의 병력을 갖추고 100년 가까이 내전을 치르면서 다져진 실전 경험에 조총이란 신무기까지 갖추니 명나라를 치겠다는 생각을 하게 됩니다. 일본군이 명을 치기 위해서 가장 빨리 가려면 바로 조선을 지나가야 했어요. 그래서 히데요시가 대마도 영주를 조선에 보내서 조신을 협박합니다.

차클 뭐라고 협박했나요?

한 일본이 표면적으로 내세운 말은 '가도입명', 조선의 길을 빌려서 명에 들어간다는 겁니다. 그런데 히데요시가 원래 요구한 건 그게 아니었어요. '정명향도', 우리가 명을 칠 테니 조선이 앞잡이가 되라고 한 것이죠. 근데 그 말을 전달한 대마도는 조선과 갑을관계에 있었습니다. 그래서 대마도 영주가 조선이 덜 기분 나쁘게 길을 빌려달라는 걸로 말을 바꾼 거예요.

차클 조선은 전쟁에 대한 준비가 전혀 돼 있지 않았죠?

한 당시 조선은 일본을 굉장히 우습게 알고 있었어요. 특히 16세기 후반 조선의 지식인 중에는 일본을 동해 끝에 있어도 그만, 없어도 그만인 나라로 봤습니다. 그런 DNA가 상당히 오래전부터 우리에게 있었어요. 조선은 중국 다음으로 혹은 중국에 버금가는 문명국가라는 우월의식으로 무장하고 있었기 때문에 히데요시가 일본 군대를 이용해서 명을 정복한다는 이야기 자체를 전혀 현실적으로 받아들이지 않은 겁니다. 그 결과 1592년 음력 4월 13일에 임진왜란이 시작되죠.

차이나는
클라스

명은 왜 조선을 배제했나

"명은 조선이 일본에게 엄청난 피해를 봤으니 자신들과 비교가 안 될 정도로 일본에 대한 적개심이 크다고 생각했을 겁니다. 그러니 협상 테이블에 조선을 앉히면 자기들이 구상하고 있던 협상의 틀 자체가 흔들린다고 본 것이죠. 그러니까 조선을 철저히 소외시킨 거예요."

차클	명은 조선을 도와주지 않나요?
한	전쟁이 시작된 뒤 선조가 서울을 버리고 의주까지 피신을 했어요. 조선은 당연히 명나라에게 원병을 청합니다. 그런데 명나라 내부에서는 선조라는 임금이 전쟁 발발 후 불과 17일 만에 일본군에게 한양을 함락당하고 의주까지 쫓겨 왔다는 사실을 믿을 수 없다고 생각합니다. 그래서 선조에게 사신을 보내서 선조의 얼굴을 그려오게 합니다. 그 얼굴을 보고 선조가 맞다고 확인한 후에야 비로소 군대를 보내요.
차클	기막힌 일이네요. 어쨌든 명 입장에서도 조선을 도와야 하는 상황 아니었나요?
한	만약에 조선이 일본에게 완전히 넘어가게 되면 일본군이 압록강을 건널 가능성이 크죠. 남만주의 개활지에 조총을 가진 일본군이 들이오게

되면 백만 대군을 동원해도 이를 막아내기 어렵다고 판단한 겁니다. 명의 입장에서는 조선을 일본의 침략을 막을 완충지로 여겼던 것이죠.

차클   결국 자신들의 이득을 위해서 군대를 보낸 것이군요.

한   1592년 7월쯤 조승훈이라는 장수를 통해서 3000명 정도의 병력을 보냅니다. 그런데 조승훈은 일본과 싸워본 적이 없었어요. 그래서 무리하게 기마대로 평양성을 공격했다가 3000명이 몰살당합니다. 그래서 명은 그다음에 조선으로 5만 1000명의 군대를 보냅니다.

차클   명의 무기가 일본의 조총보다 못했나요?

한   그때 명은 포르투갈에서 들여온 서양식 대포인 블랑기포를 들고 옵니다. 공교롭게도 임진왜란에서 포르투갈의 대포를 끌고 온 명과 포르투갈 사람이 전해준 조총을 들고 온 일본이 한반도에서 맞붙은 것이죠.

차클   왠지 사드 배치 상황이 떠오르네요.

한   어쨌든 1592년 12월에 조선에 들어왔던 명군은 1593년 1월 7일엔 평양성을 공격해서 일본군을 이깁니다. 이제 전세가 역전되어서 일본군이 서울 쪽으로 도망을 치기 시작해요. 이때 조선은 승기를 잡았으니 일본군을 부산까지 몰아붙여서 전쟁을 조기에 끝내겠다는 희망을 품어요.

차클 그런데 조선의 희망처럼 전쟁이 끝나지 않았군요?

한 일본군을 추격하던 이여송의 명군이 파주의 벽제에서 벌어진 전투에서 일본군에게 참패합니다. 그 이유가 여러 가지인데 먼저 대포의 부피가 크고 무거웠어요. 대포를 우마차에 싣고 가는데 소가 하루에 얼마나 걷겠어요. 그러니 명군의 추격이 더딘 것을 보고 일본이 기습을 해서 명군이 패합니다. 이여송은 파주에서 개성으로 도망치고 전쟁은 순식간에 다시 교착상태에 빠집니다.

차클 이후 전쟁은 어떤 식으로 전개됩니까?

한 조선의 입장에선 재앙적 사태가 일어나요. 명나라 정부에서 벽제 전투에서 패전한 이후엔 일본군과 더 이상 전투를 하지 말라고 명을 내립니다. 임진왜란이란 전쟁이 동아시아 전체, 나아가서 오늘날 한반도를 둘러싼 국제관계를 이해하는 데 굉장한 시사점을 주는 전쟁이라 할 수 있습니다. 명에서는 자기들의 참전 목표가 이미 달성됐다고 본 거예요. 명의 입장에서는 오랑캐끼리의 싸움에 끝까지 목숨 걸고 싸워서 인적, 물적 피해를 볼 필요가 없다고 판단한 겁니다. 그래서 휴전협상을 통해서 전쟁을 끝내는 방향으로 국면을 전환시키려 합니다.

차클 조선의 입장에 대한 고려는 전혀 없었군요.

한 조선 정부와 신료들로서는 엄청나게 충격을 받을 수밖에 없죠. 그래서 영의정 류성룡이 이여송을 찾아가 명군을 동원해서 일본군을 나라 밖으로 몰아내달라고 부탁합니다. 그러자 이여송이 류성룡과 호조판서 같은 조선의 대신들을 자신의 앞에 무릎을 꿇게 합니다. 그러고선 왜 자신들에게 필요한 군량이나 군수물자를 제때에 대지도 않으면서 대

차클	약소국의 설움을 실감했겠군요.

국의 군대에게 싸우라고 강요하느냐고 호통을 치죠.

한 그때 류성룡은 아무런 말도 못하고 눈물을 흘릴 수밖에 없었다고 합니다. 자신이 느낀 치욕이나 굴욕감은 차치하고 모든 문제는 결국 우리 스스로 해결할 수밖에 없다는 냉엄한 현실을 직시하게 됐다고 말하죠. 바로 이러한 인식을 너무 절절히 했기 때문에 그가 훗날《징비록》을 쓰게 됐다고 할 수 있어요.

차클 그럼 명과 일본은 결국 휴전을 하게 되나요?

한 전략적 차원에서 명은 일본과 전투를 중지하기로 합니다. 그런데 명과 일본이 내세운 조건이 각기 달랐어요. 명의 입장에서는 도요토미 히데요시를 일본 국왕으로 승인해주겠다는 것 하나만 들어주겠다고 했어요. 그런데 일본은 승전국인 자신들의 요구 조건을 다 들어줘야 한다고 주장한 것이죠. 일본의 첫째 조건은 명나라 황제의 딸을 일본 천황에게 후궁으로 줄 것. 둘째는 경상도·전라도·충청도·경기도를 일본 영토로 넘겨줄 것. 셋째는 만약에 일본이 조선에서 완전히 철수하면 조선의 왕자 한 명, 대신 한 명을 감사 사절로 일본에 파견할 것이었습니다. 이런 조건을 어떻게 수용할 수 있겠어요. 조선의 입장에서만 봐도 침략한 놈들이 철수하면서 피해자들에게 감사 사절을 보내라는 요구는 받아들일 수 없는 것이죠.

차클 명은 일본의 요구를 들어줬나요?

한 명의 입장에서도 황당하죠. 명나라 협상 대표가 황제에게 가서 딸을 일본 천황의 후궁으로 보내라는 말을 할 수 있겠어요? 그러니까 양자의 조건에 타협의 여지가 없으니, 계속 시간만 끈 겁니다.

차클 명과 일본 사이 협상에서 조선의 입장은 전혀 반영되지 않았겠죠?

한	명은 조선이 일본에게 엄청난 피해를 봤으니 자신들과 비교가 안 될 정도로 일본에 대한 적개심이 크다고 생각했을 겁니다. 그러니 협상 테이블에 조선을 앉히면 자기들이 구상하고 있던 협상의 틀 자체가 흔들린다고 본 것이죠. 그러니까 조선을 철저히 소외시킨 거예요. 조선의 입장에서는 영토를 빼앗길지도 모른다는 공포심에 휩싸일 수밖에 없는 상황이었어요.
차클	결국 협상의 결과는 어떻게 되었나요?
한	1593년 4월에 양쪽 협상 대표가 잠정적으로 합의를 합니다. 일본군은 서울에서 경상도로 철수해 장기 협상에 대비합니다. 명은 필요 병력만 남기고 요동으로 철수하기로 합니다. 하지만 실제로 일본군은 도요토미 히데요시가 죽는 1598년까지 부산과 울산 사이에 싱을 쌓고 지리를 잡습니다. 그리고 조선인을 잡아가고, 경주의 불국사 같은 곳을 습격해서 문화재를 약탈하죠. 명도 마찬가지였어요. 싸움은 하지 않고 적군하고 대치만 하고 있으면서, 조선의 여성들이나 민간인에게 극심한 피해를 입혔죠.

차클	명이나 일본이나 조선에 피해를 준 건 마찬가지네요.
한	더욱 기가 막힌 일은 충주에서 남한강을 건너 남쪽으로 가려는 일본군을 조선군이 공격하려고 하자, 수백 명의 명군이 몰려나와서 일본군이 안전하게 강을 건너도록 도와주었다는 겁니다. 이 상황을 류성룡이 글로 남겼습니다. '일본군은 안전하게 한강을 건너서 문경새재를 넘어갈 때 노래 부르고 춤추며 넘어갔다'고요.
차클	조선의 조정에서는 아무것도 할 수 없었나요?
한	선조가 오죽 답답했으면 명나라 군대가 원수 같은 일본군과 싸우게 만들 수 있는 방법이 무엇일지 고민을 했다고 해요. 그래서 차라리 자신이 일본에게 항복하는 것이 어떨지 생각까지 했다고 합니다. 참 졸렬한 생각이죠.
차클	조선이 항복을 하면 상황이 나아질 수 있었을까요?
한	일본은 조선의 항복을 받으면 명나라로 쳐들어갈 태세를 보일 것이고 그러면 명군이 어쩔 수 없이 일본과 싸울 것이라고 생각한 것이죠. 그나마 조선의 입장에선 운이 좋았던 건 1598년에 히데요시가 죽습니다. 만약 조선이 두 나라 군대 사이에 끼인 채 몇 년 더 시달렸다고 한다면, 아마 내부적으로 붕괴됐을 가능성도 배제할 수 없어요.
차클	임진왜란도 일종의 대리전이었다고 볼 수 있을까요?
한	조일전쟁으로 시작됐지만 엉뚱하게도 1593년 벽제 전투 패전 이후 사실상 중일전쟁의 성격이 굉장히 강해졌죠. 한반도의 전쟁에 주변 강대국이 개입하게 되면 전쟁의 당사자인 한민족의 의지나 생각과 관계없이 이들 강대국의 이해관계에 따라서 우리 운명이 결정될 수 있다는 사실을 임진왜란 휴전협상 과정에서 확인할 수 있습니다.

차이나는 클라스

우리는 왜 전쟁을 반복하는가

"징비라는 말은 과거의 잘못을 잘 돌아봐서 미래에 대비하라는 것입니다. 그런데 왜란이 끝나고 나서 조선이 징비의 정신을 제대로 계승하지 못했습니다. 《징비록》이라는 책이 그렇게 중요한 내용과 화두를 담고 있음에도 불구하고, 왜란 이후에 조선 사람들은 징비록을 거의 읽지 않았던 거 같아요."

차클 히데요시가 죽고 나서 일본은 어떻게 되었나요?

한 일본에서 히데요시의 죽음을 가장 당혹스럽게 여겼을 지역이 어디였을까요? 바로 대마도입니다. 히데요시가 죽자마자 대마도에서는 조선에 사절을 보냅니다. 당시 조선에선 대마도에 대한 적개심이 하늘을 찌를 때여서 대마도의 사신을 죽여버립니다.

차클 대마도에서는 무슨 생각으로 사신을 보낸 것인가요?

한 자신들이 당장 굶어죽게 생겼거든요. 그래서 애초에 사신이 죽을 것을 알고도 보낸 것입니다. 계속 사신을 부산에 보내서 자신들의 잘못을 용서해달라고 하죠. 그런데 조선에서는 적개심이 워낙 크니까 대화를 하지 않으려고 합니다. 그러자 대마도는 무역을 재개하지 않으면 다시 조선을 치자고 일본 본토에 얘기하겠다는 협박을 합니다.

차클	그래서 대마도의 요청을 받아들이게 됐나요?
한	조선에선 고민에 빠졌습니다. 여기에 얽힌 재미난 에피소드를 말씀드리죠. 부산에 대마도 사신이 올 때마다 전쟁을 일으킬지도 모른다고 협박을 하니까 조정에서 논의 끝에 묘책을 냅니다. 아직 평안도 일대에서 명군이 철수하지 않았으니 일본이 재침하면 명군이 일본을 쓸어버릴 것이라고 사신들에게 전한 겁니다. 그러자 대마도 사신이 순순히 돌아갑니다. 그런데 6개월 후에 사신이 또 찾아옵니다. 이번에도 조선 측이 명군을 들먹이니까 대마도 사신이 평양 근처에서 가져온 이정표를 꺼내들더래요. 직접 가봤는데 명군이 평안도 근처에 없다는 것을 확인했다면서 말이죠.
차클	아주 집요하네요. 그만큼 조선과의 교역이 대마도에 절실했던 모양입니다.
한	그래서 조선에선 조건을 걸었습니다. 먼저 조선과 국교를 재개하고 싶다는 국서를 보내라고 합니다. 또한 일본이 패배했다는 것을 인정하라고 합니다. 조선은 일본의 막부가 이것을 받아들이지 않을 거라고 생각했죠. 두 번째 조건은 더 흥미롭습니다. 임진왜란 당시인 1592년 7월에 일본군이 서울에 왔을 때 선정릉을 파헤쳤습니다. 그런데 보물은 커녕 별게 없으니까 왕의 관을 팽개쳐놓은 채 가버린 겁니다. 그때 무덤을 파헤친 놈을 잡아서 보내라는 것이 두 번째 조건이었어요.
차클	일본에서 두 가지 조건을 받아들였나요?
한	조선은 일본이 이들 조건을 수용하지 않을 거라고 판단했어요. 그런데 대마도에서 이 조건을 다 맞춰 옵니다. 당시 일본 본토 도쿠가와 막부 명의의 국서를 대마도가 조작을 해서 갖고 온 거예요.
차클	조선에서는 위조 사실을 몰랐나요?

차이나는
클라스

알고 있었죠. 대마도는 국서 외에 감옥에 수감된 죄수 중 두 사람을 뽑아서 선정릉을 파헤친 범인이라며 보내기도 합니다. 그런데 그중 한 사람은 나이를 보니 임진왜란 때 열 살 정도밖에 되지 않았다고 해요. 조선의 입장에서는 가짜란 것을 알면서도 체면을 유지하는 선에서 일본과의 관계를 재개하기로 한 겁니다. 전쟁 후유증도 복구해야 하고, 일본과의 국교 단절 상태로 계속 협박받는 상황을 방치할 수도 없었던 거죠.

차클　어차피 가짜로 충족시킬 거라면 조선이 굳이 조건을 내걸 필요도 없었던 게 아닐까요.

한　임진왜란 이후 처음으로 1607년에 조선에서 일본에 통신사를 보냅니다. 통신사 이름이 회답겸쇄환사(回答兼刷還使)였어요. 그러니까 우리가 일본에게 엄청난 피해와 고통을 당해서 국교를 재개할 생각이 눈곱만큼도 없는데 일본이 먼저 항복했다는 표시로 국서를 보내왔다, 그러니 회답을 하고 잡혀간 포로를 교섭해 데려오기 위해 보낸 사신이라는 거죠. 다시 말해 사신을 보내고 싶어 보내는 게 아니라 우리 국가를 위해

보내는 거라는 명분을 세우기 위해 사신 이름을 회답겸쇄환사라고 한 거예요.

차클 실리보다 명분이 중요했다는 것인가요?

한 그렇죠. 조선은 명분을 중시한 나라니까요. 지금도 어쩌면 우리가 압도적으로 국력이 세다면 강하게 나갈 수 있겠죠. 그런데 어려운 조건들이 여러 가지가 있잖아요.

차클 전쟁을 치르고서도 제대로 된 반성이 없었던 건가요?

한 조선의 지정학적 조건이 엄중해서 늑대가 물러가니 호랑이가 나타나게 됩니다. 즉, 일본이 물러가고 누르하치가 등장해 1636년에 병자호란이라는 전쟁을 겪게 되죠. 또 20세기 초에는 일본에 강제 병합돼 식민지가 됩니다. 그래서 우리가 임진왜란을 돌아볼 때 류성룡이 《징비록》을 쓰게 된 이유를 생각해볼 필요가 있습니다. 류성룡은 명과 일본 사이에 끼여서 자위 능력이 없는 약소국의 재상으로서 느꼈던 설움과 비참함을 후손들이 되풀이하지 않도록 회고록이자 비망록인 책을 쓴 것입니다.

차이나는
클라스

차클	그런데 또 침략을 당한 것 보면 《징비록》도 효과가 없었네요.
한	징비라는 말은 과거의 잘못을 잘 돌아봐서 미래에 대비하라는 뜻입니다. 그런데 가장 아쉬운 점은 왜란이 끝나고 나서 조선이 징비의 정신을 제대로 계승하지 못했다는 것입니다. 《징비록》이라는 책이 그렇게 중요한 내용과 화두를 담고 있음에도 불구하고, 왜란 이후에 조선 사람들은 징비록을 거의 읽지 않았던 거 같아요.
차클	《징비록》만 제대로 읽었어도 향후 한일 관계의 양상이 많이 달라지지 않았을까요.
한	맞아요. 정작 조선 사람들은 《징비록》을 무관심하게 방치했는데 1712년에 사신이 일본 오사카에 갔을 때 번화한 상업지구 난전에서 징비록을 잔뜩 쌓아놓고 파는 장면을 목격하게 됩니다. 이 사람들이 얼마나 충격을 받았겠어요. 조선에서는 존재감 자체가 사라진 《징비록》이라는 책을 피해자인 우리가 아닌 가해자인 일본이 가져다가 출판해서 읽고 있었으니까요. 저는 한일 간에 외교적 현안이 생길 때마다 우리가 일방적으로 일본에게 밀려왔던 이유 중 하나가 바로 과거를 기억하고, 현실을 철저하게 분석하고 미래에 대비하는, 이른바 징비 정신이 일본보다 모자란 것 때문이 아닌가 하고 생각합니다. 왜란 이후에 국교를 재개하는 과정도, 그 이후에 다시 침략을 받은 것도, 또 최근에 위안부 협상에서 기대에 못 미치는 결과를 얻은 것도 그렇습니다. 징비 정신의 부족에 대한 반성은 꼭 필요하다고 봅니다.

언제까지 강대국에
끌려다녀야 하는가

"약소국이 강대국을 움직일 지렛대가 없으면 내정을 원활하게 움직이는 리더십이라도 있어야 합니다. 아니면 내부가 통합되어서 한목소리를 낼 수 있을 만큼 탄탄해야 합니다."

차클   '역사를 잊은 민족에게 미래는 없다'는 말이 떠오릅니다.

한   그렇죠. '붉은 악마'가 일본과의 축구 경기에서 '역사를 잊은 민족에게

미래는 없다'는 현수막을 내걸었던 적도 있죠. 그러자 일본 응원단에서는 2차대전 당시에 침략 근성을 노골적으로 드러냈던 욱일기를 내거는 걸로 응수했습니다. 물론 국제축구연맹에서 둘 다 압수했죠. 스포츠 경기장에 정치적 구호나 색채를 담은 응원도구를 들고 오면 안 된다는 규정에 따른 것입니다. 그러자 '붉은 악마'에서는 이순신 장군과 안중근 의사의 영정을 들고 나왔죠. 한국과의 과거사에서 자행했던 잘못에 대해 미안하다는 생각을 하라는 의도에서 그런 것이겠죠.

차클　우리가 역사를 잊고 지내는 걸 보여주는 사례가 또 있을까요?

한　8월 29일이 무슨 날인지 혹시 아세요? 우리가 일본에게 강제로 국권을 강탈당한 날이에요. 이날 즈음엔 방치돼 있는 독립운동 관련 유적에 대한 뉴스가 종종 나오곤 해요. 언젠가 양재동의 시민의 숲에 있는 매헌 윤봉길 의사 기념관에 대한 보도를 봤는데요. 화면에 비친 기념관의 모습은 잔뜩 곰팡이가 피어 있고, 윤봉길 의사가 친필로 쓴 노트에도 곰팡이가 피어 있어서 글자를 알아볼 수 없을 정도였어요.

차클　정부에서 관리를 하지 않은 건가요?

한	전기세를 한 3개월 내지 못해서 한전에서 전기를 끊었다고 하더군요. 게다가 구청이나 서울시나 보훈처에서는 서로 책임을 떠넘기는 듯한 발언을 했어요. '붉은 악마'는 우리에게 피해를 끼친 사실을 일본인들이 잊지 말라는 뜻에서 현수막을 내걸었겠지만, 엄밀히 따져보면 '역사를 잊은 민족에게 미래는 없다'는 말을 한국인 스스로 더 철저하게 기억해야 한다고 봐요. 우리가 얼마나 철저하게 징비정신을 계속 유지할 것인지가 굉장히 중요하다는 생각이 들어요.
차클	다시 본론으로 돌아가서 임진왜란 이후의 조선 얘기를 해주시죠.
한	조선 주변의 국제적 환경은 조선의 의도와는 전혀 다른 방향으로 흘러갔습니다. 만주에서는 누르하치가 이끄는 여진족 세력이 급속하게 커져 후금이라는 새로운 독립국가를 만듭니다. 후금은 조선에게도 위협이 될 뿐만 아니라 임진왜란 참전으로 국력이 약화된 명나라에게도 상당한 위협으로 등장해요.
차클	조선이 명과 후금 사이에서 또 혼란을 겪나요?
한	명과 후금에 또 끼이게 되죠. 그런데 진시황부터 시진핑까지 중국의

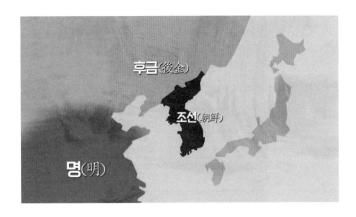

역대 왕조나 정권들은 자신의 손에 직접 피를 묻히지 않고 오랑캐를 이용해 오랑캐를 견제한다는 전략을 썼어요. 바로 '이이제이(以夷制夷)' 전략이죠. 왜란 이후 명나라는 조선과 후금을 싸우게 만들어서 이이제 이하겠다는 외교적인 구상을 아주 노골적으로 드러내기 시작합니다.

차클 왜란 이후 아직 회복이 덜 됐을 텐데 조선이 후금과 싸울 여력이 있었나요?

한 조선의 입장에서는 임진왜란이 끝나고 내부 상처도 치유되지 않은 상태에서 후금과 싸우다 망할 수도 있잖아요. 그런데 조선의 지배층 중에는 명나라가 우리의 은인이니 도와야 한다는 사람들도 있었어요.

차클 반대하는 사람은 없었나요?

한 광해군이 반대를 했어요. 광해군은 후금과 싸우다 망하면 누가 책임질 것이냐고 생각했죠. 그래서 광해군과 신하들 사이에서 참전 여부를 놓고 굉장한 논쟁이 벌어집니다.

차클 당시 광해군은 왜 반대를 했나요?

한 광해군은 왜란 당시 일선에서 지휘를 해봤고, 명나라 사람들과 잦은

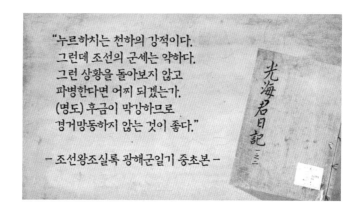

"누르하치는 천하의 강적이다.
그런데 조선의 군세는 약하다.
그런 상황을 돌아보지 않고
파병한다면 어찌 되겠는가.
(명도) 후금이 막강하므로
경거망동하지 않는 것이 좋다."

― 조선왕조실록 광해군일기 중초본 ―

접촉을 통해서 그 누구보다 국제 정세에 대해 민감하게 인식하고 있었어요. 그런데 문제는 대다수 지식인이 명을 은혜를 베푼 나라, 우리가 섬겨왔던 나라라고 생각해서 오랑캐와의 싸움에 우리가 주도적으로 참여해야 된다고 생각했다는 것이죠.

차클 그럼 결국 후금과 전쟁을 벌이나요?

한 결국 명의 압박을 이기지 못하고 1619년에 1만 5000명의 군대를 만주로 보냅니다. 광해군은 끝까지 군대를 보내지 않으려 했어요. 비록 명나라에게 은혜를 입은 건 있지만 조선이 망하는 상황은 피해야 한다는 게 광해군의 생각이었습니다. 하지만 결국 인조반정이라는 쿠데타를 통해 조카인 인조에게 왕위를 빼앗깁니다.

차클 광해군까지 사라진 뒤엔 조선이 명나라에 더 기울었겠군요.

한 인조가 권력을 잡았지만, 즉위 후에 권력의 정통성을 유지할 수 있을지에 대한 콤플렉스가 있었습니다. 인조는 그런 이유 때문에라도 명나라 쪽으로 기울어질 수밖에 없었던 겁니다. 명 입장에서도 조선을 길들일 수 있는 카드 하나를 손에 쥔 거죠. 인조를 책봉해주고 승인해줄 테니 자신들의 외교정책에 순응하겠다는 제스처를 분명히 취하라고 한 것입니다.

차클 한 사람의 권력 의지 때문에 외교의 카드 하나가 날아간 셈이네요.

한 결과적으로는 그런 측면이 있죠.

차클 왜 조선은 왕이 되는 것까지 다른 나라의 승인을 받아야 하나요?

한 명나라나 청나라·수나라·당나라는 당시 동아시아의 국제 관계에서 절대 강자였습니다. 이들 나라의 황제는 천자라고 해서, 하늘로부터 천명이라는 위임을 받은 것이라고 생각했어요. 자신이 하늘로부터 위임을 받은 천자기 때문에 모든 사람이 기본적으로 자신의 신하라는 의식을 갖는 겁니다.

차클   조선 입장에서도 그들 국가의 승인이 중요했던 이유가 있겠죠?

한   주변에 외부의 경쟁자들이 많지 않겠어요? 그럼 경쟁자들보다 내가 가장 앞선 권력을 가진 자라고 하는 점을 과시하기 위해서는 가장 센 자의 인정이 중요합니다. 그러니 조공을 하고 승인을 받는 책봉이라는 시스템이 동아시아의 고대에서부터 죽 이어져 온 것이죠.

차클   인조 즉위 후 새롭게 떠오른 후금과 사이가 나쁠 수밖에 없었겠네요?

한   광해군 때에는 양다리를 걸쳤지만, 이제 다른 방향으로 가게 되죠. 그런데 시간이 흐를수록 후금이 힘을 키우면서 명에 대한 군사적 압력을 강화해요. 인조반정 무렵에는 더욱 세집니다.

차클   명은 후금을 견제하지 않았나요?

한   역사적으로 여진족은 수렵 채취와 무역에 의존해서 살던 민족이에요. 주로 산삼·모피·진주를 채취해서 명나라 및 조선과의 교역을 통해서 농산물·면제품·소금 등을 획득했었죠. 그런데 명나라 입장에서는 자신들과 교역을 하고 있는 만주족(여진족의 후신)의 힘이 세지니까 교역을 끊기 시작합니다. 후금에 대한 경제 제재에 돌입한 것입니다.

차클   그래서 후금이 조선을 공격하기 시작한 것인가요?

한   사람이 소금이나 곡기를 끊고 살 수 없잖아요. 1627년경이 되면 후금은 명의 금수조치 때문에 더 이상 견디기 어려울 정도로 경제적 곤경이 심해집니다. 그런데 조선은 자신들과의 무역에 응하지 않고 명나라 편만 들 거든요. 그러니 조선을 침략해옵니다. 그게 바로 정묘호란입니다. 바로 후금이 경제적 활로를 타개하기 위해 벌인 전쟁이라고 볼 수 있죠.

차클   또다시 한반도에서 전쟁이 시작됐군요.

한 후금의 군대가 황해도선까지 밀고 내려오니까 인조는 강화도로 피신을 합니다. 그러자 후금에서는 강화도에서 나오지 않으면 경상도와 전라도까지 내려가서 조선을 쑥대밭으로 만들겠다고 협박을 합니다.

차클 그래서 인조가 협상에 나섰나요?

한 조선은 후금의 군대를 철수시키면 무역을 해주겠다고 합니다. 그런데 후금은 자신들이 전쟁에서 이겼으니 형이 되고, 조선이 아우가 되는 형제 관계를 맺자고 제의를 해요. 그래서 정묘호란이 끝나고 조선은 후금과 형제 관계를 맺고 평화를 얻습니다.

차클 그럼 명과의 관계는 어떻게 되나요?

한 조선과 명은 임금과 신하의 관계에 있으니 이때부터 조선은 대외적으로 이중의 위치에 있게 됩니다. 명에게는 신하, 후금에게는 동생이죠. 그러면 조선이 외교적으로 취할 수 있는 가장 상식적인 방법은 명과도 잘 지내야 하고, 후금과도 잘 지내야 하는 것이겠죠. 그리고 조선은 이후 실제로 명과 후금 모두와 잘 지내려고 엄청난 노력을 합니다.

차클 정묘호란 이후에는 어떻게 되나요?

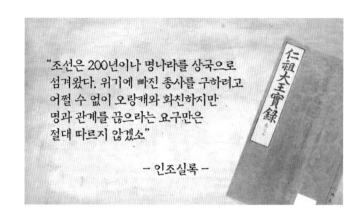

"조선은 200년이나 명나라를 상국으로
섬겨왔다. 위기에 빠진 종사를 구하려고
어쩔 수 없이 오랑캐와 화친하지만
명과 관계를 끊으라는 요구만은
절대 따르지 않겠소"

- 인조실록 -

한　조선의 노력에도 불구하고 정묘호란 이후 후금의 국력이 점점 더 커지면서 조선은 결국 명과 후금 사이에서 선택의 기로에 내몰리게 됩니다. 명을 계속 위협하던 후금은 1635~1636년을 지나면서 스스로 제국을 칭하게 됩니다. 그러면서 국호를 청이라고 하죠.

차클　그럼 조선은 또다시 복잡한 외교 관계 속 선택을 강요받게 됐겠네요.

한　조선에게 다시 선택의 시간이 다가온 거예요. 두 제국을 섬길 것이냐, 아니면 명을 계속 섬길 것이냐. 이 무렵인 1636년에 후금에서 용골대라는 사신이 옵니다. 당시에 인조의 부인이 죽어서 형제 관계인 후금이 문상을 온 것입니다. 문상을 오는 김에 자신들이 황제국이 됐다는 사실도 함께 통보하기 위해서 온 거죠.

차클　당시 조선의 분위기는 어떠했나요?

한　대부분의 신하들은 후금의 사신이 서울에 입경하는 것을 엄중히 차단하고 서울에 오는 즉시 목을 쳐서 소금에 절인 뒤 명나라에 보내서 모든 관계를 끊자고 말합니다. 상황이 이러니 용골대는 말을 훔쳐 타고 도망을 쳐요.

차클	사신을 내쫓았으니 후금에서 가만히 있었을까요?
한	그래서 인조가 의주나 평양에 있는 지휘관들에게 문서를 보냅니다. 이제 곧 후금의 침략이 있을 가능성이 크니 잘 대비하라는 것이죠. 그런데, 이 문서를 전달하던 사람들이 용골대에게 붙잡혀서 왕의 서신을 빼앗긴 거예요. 조선의 본심을 확인한 용골대는 자기 나라 황제에게 조선과 더 이상 타협의 여지가 없다고 보고합니다. 그러고 나서 압록강이 얼기 시작한 1636년 12월에 병자호란이 터집니다.
차클	조선이 전쟁을 자초했다고 봐야 할까요?
한	후금을 막을 군사적 여력이 없는 상태기 때문에 외교를 선택해야 했지만, 전쟁을 선택한 경우라고 할 수 있습니다.
차클	조선에서는 명이 도와줄 거라고 생각했을까요?
한	약소국이 강대국을 움직일 지렛대가 없으면 내정을 원활하게 움직이는 리더십이라도 있어야 합니다. 아니면 내부가 통합되어서 한목소리를 낼 수 있을 만큼 탄탄해야 합니다. 그런데 조선에서 어떤 대안을 미처 마련하기 전에 청이 너무 쏜살같이 쳐들어오는 바람에 인조는 강화

차이나는
클라스

도로 가는 것조차 포기하고 남한산성으로 들어갔죠.

차클　남한산성에서 얼마나 버티게 되나요?

한　1만여 명의 병력에 45일 분의 식량밖에 없었어요. 무엇보다 겨울 추위에 대한 대비가 전혀 되어 있지 않았습니다. 산에서 병사들이 보초를 서는데, 이틀 정도 지나니까 온몸에 동상이 퍼지고, 손과 발을 절단해야 될 정도로 심각한 상태가 된 병사들이 속출했어요. 결국 인조는 47일을 버티다가 1637년 1월 30일에 삼전포라는 나루터에서 청나라 황제에게 항복을 합니다. 그러면서 세 번의 큰 절을 올리고 아홉 번머리를 조아리는 치욕을 겪어요. 그래도 인조는 최악은 면했다고 여겼을 거예요. 왜? 자기 권력은 끝까지 유지했으니까요.

차클　청은 조선의 항복을 받아내고 순순히 물러났나요?

한　청은 한족에 비해 소수민족이었어요. 그래서 조선에 쳐들어온 김에 노동력과 군사력으로 활용하기 위해서 최대한 많은 조선인 남녀를 붙잡아서 심양으로 끌고 갔어요. 그런데 청군이 철수할 때가 겨울이었어요. 거기다 심양까지 800킬로미터를 가야 하는데 사람들에게 제대로

된 잠자리와 먹을거리를 줄 리가 없죠. 그래서 상당수가 끌려가는 도중에 얼어 죽고, 굶어 죽고, 감시를 피해 탈출을 하다 붙잡히면 발 뒤꿈치를 도끼로 잘리는 끔찍한 상황이 벌어져요.

차클   당시 민초들이 겪은 전쟁의 참상이 별로 알려지지 않은 것 같아요.

한   병자호란을 연구하고 교육하면서 인조의 삼전도 항복만 이야기했지, 민간인들의 이런 피해에 대한 이야기를 거의 하지 않았다고 봅니다. 역사를 있는 그대로 가르치지 않았다고도 할 수 있는 거죠. 전쟁을 초래한 책임이 있는 인조가 항복한 뒤 자신도 피해자라고 강조한 것은 백성들의 비난과 원망을 피하기 위한 일종의 정치적인 코스프레였다고 생각합니다.

차클   나라가 백성을 지켜줄 힘이 없는 상황이 반복되네요.

한   결국 병자호란도 임진왜란과 같은 속성을 가지고 있어요. 떠오르는 일본이 명에 도전하는 상태에서 명을 선택한 조선이 임진왜란을 겪었잖아요. 이번엔 떠오르는 청과 기울어지는 명 사이에서 선택의 기로로 몰렸던 조선이 병자호란을 겪은 것이죠. 주변에서 강대국의 힘의 교체가 일어날 때의 대응이 얼마나 중요한지를 뼈저리게 느낄 수 있는 사례가 바로 두 전쟁입니다.

우리의 미래를 왜
그들에게 맡겨야 하는가

"우리가 일본과 직접 싸워 연합국의 일원으로 인정받지 못한 상황에서 일본이 미리 항복해버리니까 연합국의 강대국끼리 전후질서를 새로 짜는 과정에서 한반도의 의사는 전혀 반영되지 않을 수 있겠다고 생각한 것이죠. 그리고 그 우려가 현실로 나타난 거예요."

차클	병자호란이 끝나고 나서 조선과 청의 관계는 어떻게 됐나요?
한	명이 내란으로 망하자 청은 북경을 접수합니다. 이제 청의 입장에선 조선을 위협할 필요가 없었어요. 조선이 한 번 굴복을 했고, 자신들은 이제 대국이 됐으니까 조선에 대해 좀 풀어주는 정책을 취한 거죠. 그런데 조선 내부에서는 중화(中華) 국가인 명나라가 사라졌으니 조선 말고는 문명국은 남아 있지 않다는 식의 문화적 우월감에 빠집니다.
차클	답답하네요. 그러다 또 위기를 맞게 되는 것 아닙니까.
한	그런 문화적 우월감이 현실을 냉정하게 보지 못하게 막죠. 자신들의 바람을 투영해서 바깥세상을 보게 됩니다.
차클	당시 조선의 주변 환경은 어떠했나요?
한	19세기에 영국은 청나라에게 아편을 밀매하기 시작하죠. 그러나 아편

전쟁으로 영국이 청나라를 한 방에 보냅니다. 이렇게 서양 세력이 본격적으로 동아시아로 밀려올 때, 조선은 서양에 대한 인식을 정확히 하지 못한 반면, 일본은 서양에 대한 면역력을 어느 정도 키웠습니다. 그런 일본과 조선은 새로운 상황 변화에 대한 대응 역시 다를 수밖에 없어요.

차클 　다시 일본이 강대국으로 등장하게 되나요?

한 　일본 입장에서는 아편전쟁에서 청나라가 깨지니까, 청나라를 우습게 보기 시작합니다. 그리고 동시에 영국이나 서양 열강은 굉장한 강자라고 인식하죠. 그래서 일본의 사무라이들은 서양에 대한 위기의식을 굉장히 강하게 느끼기 시작합니다. 일본 내부에서 외적 압력에 제대로 대처하지 못하는 막부 정권을 갈아치워야 된다는 인식이 커져가요.

차클 　일본은 어떻게 서양과 교류를 하게 됐나요?

한 　1858년에 미국과 일본은 불평등 조약을 맺습니다. 미군이 요코하마에 나타나서 함포로 위협을 하자 문호를 개방한 거예요. 또한 오늘날 극우파의 원조가 되는 사상가들 중에 요시다 쇼인이라는 인물이 있는데 그가 지금의 야마구치현 하기시에 '송하촌숙(松下村塾)'이라는 강습소를 엽니다. 이곳에서 이토 히로부미, 기도 다카요시, 야마가타 아리토모 등 향후 조선 침략의 앞잡이가 되는 자들을 키워내죠.

차클 　송하촌숙에선 무엇을 가르쳤나요?

한 　한마디로 요약하면 미국이나 영국 같은 서양 오랑캐에게 빼앗긴 이권을 일본의 힘으로 되찾을 능력은 없다는 것입니다. 그러니 서양에 비해 훨씬 약한 조선과 청을 공격해서 서양에게 빼앗긴 이권을 벌충해야 된다는 것이죠. 이런 사고방식을 가르친 거예요.

차클 　어떤 근거로 그런 교육을 한 것인가요?

한   요시다 쇼인은 고대 시절의 한반도가 일본에 복종했었다고 믿으며 조선 침략을 부추기는 논리를 만들었어요. 이른바 '정한론'입니다. 그에 따라 일본 내에서 조선을 정벌하자는 움직임이 나온 겁니다. 그러면서 미국이 일본을 개항시킨 것을 모방해서 조선을 강제로 개항시키는 강화도조약을 1876년에 체결해요.

차클   조선은 일본의 꿍꿍이를 알아차리지 못했나요?

한   19세기 후반의 조선 내정은 외부의 급격한 환경에 대처할 만큼 건전하지 않았어요. 당시 고종이나 민씨 정권은 제대로 리더십을 확보하지 못한 상태였어요. 게다가 뇌물이나 청탁으로 한 자리씩 얻어서 지방에 파견되는 수령들이 농민들에게 규정 이외의 세금을 걷거나, 수탈을 일삼았습니다. 그런 모순을 해결해달라고 일어난 것이 바로 전봉준이 이끄는 동학농민운동이었습니다.

차클   동학농민운동은 어떻게 진행되었나요?

한   전봉준이 이끄는 농민군이 전주를 점령합니다. 농민군을 쉽게 막을 수 없다고 판단한 민씨 정부는 청나라 정부에게 군대를 보내서 농민군을 진압해달라고 말하죠. 그런데 청군이 들어올 것이 예상되자 일본도 참전을 합니다.

차클   또다시 한반도에 일본이 발을 들이게 되는 거네요.

한   충청남도 아산 앞바다에 가면 풍도라는 섬이 있습니다. 그 섬 근처에서 일본 해군이 숨어 있다가 청나라 수송선을 기습 공격합니다. 당시 일본은 이참에 조선에서 청을 몰아내고, 조선을 자기들 관할권에 넣겠다는 계획을 다 세운 상태였어요. 일본군은 인천 등지를 거쳐 군대 수천 명을 서울로 집결시키고, 남산에 포대를 배치합니다. 남산에서 경복궁을 정소준한 상태에서 일본을 받아늘일지 말지를 결정하라, 받아들이지 않으면 경복궁을 쑥대밭으로 만들겠다고 협박을 합니다.

차클 그래서 조선의 조정은 일본을 받아들였나요?

한 결국 일본의 요구에 굴복하고, 타의에 의한 개혁인 갑오경장을 추진하게 돼요. 이렇게 일본이 조선을 침탈하는 지경에 이르니까 해산했던 농민군이 다시 봉기를 합니다. 일본군을 나라 밖으로 몰아내자는 것이었죠. 농민군은 애국적 열정이 넘치는 애국자들이었습니다. 하지만, 농민군의 병력이 압도적으로 많았어도 일본군에게 대도살을 당하는 사태가 벌어집니다.

차클 당시에 청은 어떤 상황이었죠?

한 일본군이 본격적으로 북쪽으로 올라가면서 청과 일본이 청일전쟁을 치르게 됩니다. 결론적으로 일본이 청일전쟁에서 청나라를 이기죠. 해전에서도 이기고, 육지에서 벌어진 전투에서도 만주까지 밀고 들어갔어요. 그러자 청나라 협상 대표였던 이홍장이 시모노세키로 가서 대만을 일본에게 넘겨주고, 2억 냥의 배상금을 지급하는 굴욕적인 강화조약을 맺어요.

차클 조선은 아무런 자구책도 모색하지 못했나요?

한 청일전쟁 이후 일본의 압력이 점점 커지고 강하게 다가오니까, 고종은 미국이 일본을 막아줄 거라고 기대를 했어요. 1882년에 조선과 미국이 조미수호조약이라는 것을 맺었거든요. 조약의 내용 중에 조선이 침략을 받을 경우 미국이 거중조정(居中調停·제삼자가 국제 분쟁을 일으킨 당사국 사이에 끼어 분쟁을 평화적으로 해결)을 하고 도와준다는 항목이 있었어요.

차클 그래서 미국은 조선을 도와줬나요?

한 당시 미국 대통령이 시어도어 루스벨트였어요. 그런데 이 사람은 조선의 기대와는 전혀 다른 생각을 갖고 있었습니다. 제임스 브래들리가 쓴 《임페리얼 크루즈》라는 책을 보면 루스벨트는 자신이 살아 있는 동안 일본이 조선을 식민지로 장악하는 모습을 보고 싶다고 말했다고 해요. 이런 사고방식을 갖고 있는데, 고종과 조선은 그에게 도움을 기대하고 있었던 것이죠.

차클　조선이 일본의 식민지로 전락하는 데 미국의 역할도 있었던 거네요.

한　시어도어 루스벨트는 윌리엄 태프트 육군장관을 도쿄에 보내서 가쓰라 다로 일본 총리와 '가쓰라-태프트 밀약'을 체결해 일본의 조선 지배를 용인하고 자신들은 필리핀을 식민지로 장악하게 됩니다. 그러고 나서 일본은 러일전쟁 승리 후 불과 5, 6년 뒤에 조선을 식민지로 장악합니다. 그다음부터 일본은 완전히 폭주를 하죠.

차클　일본이 폭주했다는 것이 어떤 의미인가요?

한　미국이나 영국 같은 나라에 노골적으로 도전하게 되죠. 그 상태에서 1941년 진주만 기습을 통해서 일본이 태평양 전쟁을 일으킨 겁니다. 결국 일본의 폭주가 2차대전으로 확장되면서 미국이 본격적으로 참전하게 됩니다. 결국 미국이 투하한 원폭 두 발을 맞고 일본이 항복하게 되죠.

차클　일본의 항복 소식을 접한 국내의 반응은 어떠했나요?

한 　당시 충칭에서 대한민국 임시정부를 이끌고 있던 백범 김구 선생은 일본 천황의 항복방송을 접하고 나서 환호보다는 우려를 했다고 합니다. 우리가 일본과 직접 싸워 연합국의 일원으로 인정받지 못한 상황에서 일본이 미리 항복해버리니까 연합국의 강대국끼리 전후질서를 새로 짜는 과정에서 한반도의 의사는 전혀 반영되지 않을 수 있겠다고 생각한 것이죠. 그리고 그 우려가 현실로 나타난 거예요.

차클 　또다시 한반도의 권리를 빼앗기게 되었다는 말씀이시군요?

한 　1945년 8월 15일에 천황이 옥음(玉音) 방송으로 항복을 선언했습니다. 일본이 패전국이 된 것이죠. 승전국의 우두머리는 미국이고요. 미국은 곧바로 일본에 맥아더 원수를 파견해서 점령 통치하기 시작합니다. 사실상 일본을 지배하는 일인자가 맥아더가 된 겁니다.

게다가 천황 히로히토가 맥아더의 집무실에서 찍은 사진을 보고 일본 사람들은 굉장히 큰 충격을 받아요. 맥아더라는 점령군 사령관 앞에서 천황이 꼼짝도 하지 못하니까요. 또 당시 일본 육군 군령부장이 미군의 미주리함 함상에서 항복문서에 서명하는 장면을 봐도 일본에 대한 점령 통치가 시작된 당시의 분위기를 알 수 있어요.

차이나는
클라스

한반도의 진짜 주인은 누구인가

"과거를 철저하게 반성하고 미래에 또 다른 문제가 발생하지 않게끔 노력해야 합니다. 역사와 현실을 있는 그대로 받아들이는 양식과 혜안이 필요하다는 것입니다. 다시 강조하지만 역사를 잊은 민족에게 미래는 없습니다. 이 말을 주변 국가에게 할 것이 아니라 우리 스스로에게 던져야 합니다."

차클   미국은 일본을 왜 점령 통치하려고 했나요?

한   일본이 영원토록 미국에게 도전하지 못하도록 철저하게 개조하는 것을 점령 통치의 기본 목표로 삼았습니다. 《일본군사사》라는 책을 보면 1945년에 일본이 미국에게 항복했을 당시의 일본 군대가 720만 명에 달했어요. 태평양 전쟁에 참전한 군대, 한반도를 지배하기 위한 군대, 관동군, 남지 파견군, 지나 파견군 등을 다 합치면 700만 명이 넘었어요. 미군 군정 입장에서는 군인들부터 무장해제를 시키는 것이 급선무였습니다.

차클   군대를 무장해제시킨 다음에는 무엇을 했나요?

한   제일 심각하게 생각한 것은 일본의 헌법이었습니다. 메이지 시대에 이토 히로부미 주도로 만든 헌법 자체에 문제가 있다고 봤어요. 일본이 주변을 침략하고 미국에도 도전하는 폭주를 감행하게 만든 근본 원인이 바로 메이지 헌법이라고 판단한 것이죠.

차클 그럼 일본의 헌법에 미국이 손을 댔나요?

한 맥아더가 1946년에 부하들을 소집해서 일주일 만에 헌법을 새로 만들었습니다. 그 헌법이 지금 일본에서 사용하는 헌법입니다. 미국이 만들어준 헌법을 사용해야 했던 일본인들의 충격은 엄청났지요.

차클 미국이 만든 헌법의 주요 내용은 무엇인가요?

한 과거 이토 히로부미가 중심이 되어서 만든 메이지 헌법과는 세 가지 측면에서 근본적으로 달랐습니다. 첫째, 천황을 격하시켜야 일본이 다시는 잘못된 길로 가지 않을 것이라고 생각했습니다. 둘째, 과거 헌법에 비해서 훨씬 민주적인 요소들을 많이 끌어들였어요. 예를 들면 여성들에게 참정권을 부여한 것이죠. 마지막으로 일본에게 침략을 받은 한국이나 중국 같은 동아시아 국가들에게 가장 중요한 조항을 헌법에 넣었어요. 헌법 9조에 일본은 군대를 가질 수 없고 전쟁을 벌일 수 없다고 명시합니다.

차클 일본으로서는 치욕적인 헌법이었겠네요.

한 네, 그렇죠. 헌법 9조는 침략에 대한 페널티인 거죠. 전쟁과 무력에 의한 위협 또는 무력 행사는 영구히 포기한다. 그리고 방어전쟁 이외에는 어떤 형태의 전쟁을 할 수 없다. 이렇게 만든 겁니다. 일본을 무장할 수 없는 국가, 전쟁을 할 수 없는 국가, 군대를 가질 수 없는 국가로 만들어버린 것이죠.

차클 헌법을 바꾼 것 이외에 다른 조치는 없나요?

한 당시 미 군정이나 미국 정부 내에서는 일본이 침략했던 나라의 생활수준보다 경제적으로 잘 살면 안 된다고 생각하는 사람들이 있었어요.

그리고 그것을 미국이 조정해야 한다고 생각했죠. 《중국의 붉은 별》
이라는 책을 쓴 에드가 스노라는 기자는 일본의 산업시설을 침략 받
은 국가로 이주시켜야 한다고 했어요. 이 말은 곧 일본이 전쟁을 일으
켜서 주변 국가들에게 엄청난 고통을 끼친 전범 국가니까 탈탈 털어서
알거지로 만들어야 한다는 것이었습니다.

차클 만약 그렇게 되었다면 지금의 일본과 또 다른 모습이 됐겠네요?

한 지금처럼 독도가 일본 땅이다, 위안부를 강제 연행한 적이 없다는 식
의 이야기도 하지 않았겠죠. 그리고 아마 독일처럼 유대인 위령비 앞
에 가서 무릎 꿇고 사과를 했을지도 몰라요. 근데 문제는 일본에 대한
개조계획 자체가 난관에 부딪힙니다.

차클 어떤 문제가 발생하나요?

한 2차대전에서 승리한 나라들끼리 새로운 전후질서를 새로 구축하게 되
죠. 그런데 소련이 동유럽을 중심으로 세력을 키워가면서 미국과 소련
의 대결인 냉전으로 이어지게 됩니다. 더욱이 1949년 중국까지 공산
화되면서 미국은 이제 소련, 중국이라는 두 공산대국을 견제해야 하는
입장이 됩니다. 그래서 대일본 전략에 변화가 생긴 겁니다.

차클 미국은 어떤 선택을 하나요?

한 일본을 '알거지'로 만들면 중국이나 소련이라는 공산국가를 견제하는
데에 보조 공격수로 쓸 자원이 없어지겠죠. 이처럼 역사는 냉전 시스
템의 도래와 함께 매우 이상한 방향으로 흐릅니다. 거기다 미국이 일
본에 대한 페널티 정책을 되돌리게 된 결정적인 계기가 발생합니다.
바로 1950년에 한반도에서 6·25 전쟁, 한국전쟁이 일어난 겁니다.

차클 역사의 아이러니가 아닐 수 없네요.

한 북한 인민군이 남침해서 며칠 만에 낙동강 전선까지 빌고 내려오잖이

요. 한반도 전체가 적화 통일될 위기에 처하니까 미국은 군대를 일본 본토에서 한반도로 이동시킵니다. 그렇게 일본의 치안유지 병력을 한 반도로 차출하고서 7만 5000명 병력의 경찰 예비대라는 조직을 만듭니다. 이 경찰 예비대는 과거 경찰이었거나 공직 경험을 가진 사람, 또는 군인 중에서 뽑을 수밖에 없었죠. 이 경찰 예비대가 나중에 자위대가 됩니다.

차클   자위대가 한국전쟁 때문에 탄생했다니 놀랍네요. 자위대는 사실상 군대나 다름없잖아요.

한   헌법 9조에 군대를 가질 수 없다는 조항이 있으니 방어적 개념에서 자위라는 말을 쓸 수밖에 없는 것입니다. 그래서 자위대의 탱크도 전차라고 부르지 않아요. 전차라고 하면 헌법 위반이 되니까, 특차라고 부릅니다. 눈 가리고 아웅인 거죠.

차클   결국 한국전쟁이 일본을 재무장시킨 것이라고 봐야 할까요?

한   맞습니다. 우리가 일본에게 당했던 것을 복수하기는커녕 일본을 무장 해제시킬 수 있는 기회를 날려 버린 거예요.

차클   일본이 한국전쟁을 통해 이득을 본 것이 더 있다면서요?

한   한반도에서 전쟁이 본격화되고 낙동강 전선에 미군이 본격적으로 투입되면서 전차나 장갑차나 수송차량 등 각종 군용 차량이 필요해졌어요. 그래서 부산과 가까운 일본 규슈 등지에 있는 일본의 공장들, 특히 도요타 자동차 공장에 군수 물자를 대거 발주합니다. 덕분에 도요타 자동차는 망하기 직전에 부활하게 되죠. 심지어 또다시 가미카제가 불기 시작했다는 말까지 나옵니다. 신풍이 불어서 도요타를 포함한 일본을 살려줬다고요.

차클   일본이 얼마나 이득을 본 것인가요?

한	1950년 초에 일본의 외환보유액이 대충 1억 달러밖에 안 됐어요. 한국전쟁이 터지고 돈을 벌기 시작하자 1년 만에 외환보유액이 9억 달러가 됩니다. 와다 하루키라는 일본의 석학은 일본이 다시 이웃나라의 피값을 토대로 부활의 길로 접어들었다고 말하기도 했습니다. 사실 맞는 말이죠.
차클	한국전쟁을 계기로 미국은 일본을 파트너로 받아들이게 된 건가요?
한	그렇죠. 한국전쟁이 벌어지고 있던 1951년에 미국은 일본을 탈탈 터는 알거지 정책을 완전히 포기합니다. 너무 세게 개혁을 몰아붙이면 소련이나 중국을 견제하는 보조 공격수로 쓰기 어렵다고 판단해서 일본에 대한 정책을 풀어주는 방향으로 역행하게 되죠. 그래서 일본에 대한 군정 통치를 종식하고 일본을 전범국가가 아닌, 일종의 동맹국이자 파트너로 재위치시키는 샌프란시스코 강화조약을 체결해요.
차클	그 바람에 한국과 일본 간 과거사 문제가 꼬이게 됐군요.
한	그래서 오늘날 한일 양국 간 해결되지 못한 많은 문제가 미완성의 상태로 남게 됩니다. 미국이 일본의 과거에 대한 면죄부를 줬다고 이야기할 수 있죠. 결국 강화조약에 초대받지 못한 한국은 일본과의 관계를 알아서 해결해야 되는 과제로 떠안게 된 겁니다.
차클	안타깝네요. 한편 한국전쟁은 어떻게 휴전이 되었나요?
한	유엔군이 본격 참전하면서 1950년 9월 28일에 서울이 수복됩니다. 그리고 국군과 유엔군이 북진을 하는데, 이듬해인 1951년 1월 4일에 중공군이 다시 서울까지 내려오죠. 서울 사람들이 피란길에 오르는 1·4 후퇴가 바로 이때입니다. 그다음에 전투가 소강상태로 바뀌자 미국과 중국이 휴전협상에 돌입합니다. 마치 벽제 전투 패전 이후에 일본과 명나라가 휴전협상에 돌입했던 것을 연상시키죠. 결국 그때 이뤄

진 휴전이 지금까지 이어져 온 것입니다.

차클 　냉전 이후의 동아시아 정세는 어떻게 진행되었나요?

한 　그로부터 세월이 흘러서 냉전 체제가 무너지고 소련이 해체됐잖아요. 그러고 나서 미국이 세계의 유일한 초강대국으로 떠올랐다가 2000년 대에 접어들면서 중국이 확 떠오릅니다. 미국은 오바마 행정부 때 동아시아로의 회귀, 그리고 재균형 정책 등을 내세우면서 중국을 견제하려는 움직임을 본격화하죠. 그런데 2015년 말 아베 신조가 집단적 자위권이라는 개념을 들고 나옵니다. 동맹국이 다른 나라로부터 공격받을 가능성이 있다면 일본이 그 나라를 선제공격할 수 있다는 식으로 헌법의 해석을 바꾸겠다고 선언한 겁니다. 그런데 전쟁을 할 수 없도록 한 일본의 헌법을 누가 만들어주었죠? 바로 미국이죠. 우리가 아는 상식으로 보면 미국이 어떻게 해야 정상일까요?

차클 　일본에게 압박을 가해야 하지 않나요?

한 　일본을 견제하고 나서야 정상이라고 할 수 있을 텐데, 오바마 행정부는 그러질 않습니다. 중국이 새로운 패권 국가로 떠오를 가능성이 농후해졌으니 그걸 견제하는 과정에서 일본의 재무장을 허용할 수 있다는 식으로 방향을 튼 겁니다. 그러나 여전히 일본이 과거사 문제를 부정하고 있고, 말끔하게 앙금이 해결되지 않은 상태다 보니 한국·중국·북한 입장에선 받아들이기가 힘들죠. 일본의 이 같은 행보가 동아시아의 질서를 근본적으로 바꿀 수 있는 거예요.

차클 　한반도 주변 국가들의 이해관계가 기나긴 역사를 통해 현재까지도 복잡하게 얽혀 있다는 사실이 놀랍습니다.

한 　삼국시대의 한중일 관계에서 시작해서 1500년 이상의 한중일 관계사를 살펴봤는데요. 여기서 중심이 되는 코드를 집어낼 수 있어요. 한반도는 늘 주변 강대국의 역학관계 변화에 따라 선택의 기로로 내몰릴 가능성이 대단히 크다는 것. 그리고 준비되지 않은 상태에서 선택의 기로에 내몰렸을 때 어김없이 심각한 고통을 겪었다는 겁니다. 그런데 지금 동아시아 정세는 중국의 자신감, 미국의 조바심, 일본의 초조함이 맞물려서 긴박하게 돌아가고 있습니다. 현대사와 지난 1500년 동안의 한중일 삼국의 관계사를 돌아보면 우리의 당면 과제를 몇 가지로 요약할 수 있어요. 첫째, 주변 동향에 대해서 민감하게 주시하는 예민한 촉을 가져야 됩니다. 둘째, 그런 촉을 통해 얻은 판단을 기준으로 과거를 철저하게 반성하고 미래에 또 다른 문제가 발생하지 않게끔 노력해야 합니다. 역사와 현실을 있는 그대로 받아들이는 양식과 혜안이 필요하다는 것입니다. 다시 강조하지만 역사를 잊은 민족에게 미래는 없습니다. 이 말을 주변 국가에게 할 것이 아니라 우리 스스로에게 던져야 합니다.

우리는 왜
그날을 잊어서는
안 되는가

황석영

8·15 광복부터 6·25 전쟁, 4·19 혁명, 5·16 쿠데타와 같은
굵직한 국내 사건부터 천안문 사태, 베를린 장벽 붕괴까지
역사적 사건의 현장을 모두 지켜본 분.
격동의 근·현대사를 온몸으로 부딪쳐 온 역사의 증인 황석영 선생님을 소개합니다.

우리 근대사의 상처는 무엇인가

"우리의 모든 우여곡절의 시작이 광주에서 시작했다는 것, 그래서 광주야말로 한국 민주주의가 늘 돌아봐야 하는 자기반성의 가치입니다."

차클   오늘 강연 주제로 광주항쟁을 정하신 특별한 의미가 있나요?

황   현대 우리가 살고 있는 삶의 질서가 시작된 곳이 바로 광주입니다. 전 세계가 모두 근대화를 겪잖아요? 그런데 우리의 근대화는 왜곡된 역사예요. 우리의 근대화야말로 왜곡된 근대화고, 처음부터 잘못된 근대화의 성격을 갖고 있습니다.

차클 우리의 근대화가 왜곡된 근대화라는 말씀은 정확히 어떤 뜻인가요?

황 근대화의 가치가 무엇일까요? 기본적으로 인권, 평등, 자유 같은 개념들을 확인해 가는 과정이에요. 그런데 우리는 근대화의 기본 가치가 되는 민주화와 민주주의를 억압하면서 근대화를 수행했기 때문에 왜곡될 수밖에 없었어요. 그리고 거기에 남아 있는 상처가 즐비합니다.

차클 구체적으로 어떤 상처가 있을까요?

황 박정희 장군으로부터 비롯된 1차 군부의 개발 독재, 전두환으로부터 비롯된 2차 신군부의 개발 독재까지 30년이나 지속된 군부 독재의 시대가 있겠죠. 그 가운데 광주항쟁이 터졌습니다. 광주의 피의 대가로 1987년 6월에 형식적인 민주주의를 얻었죠. 그전까지는 민주주의가 제대로 실행되지 않았어요.

차클 우리의 역사에서 광주는 얼마나 중요한 의미인가요?

황 우리의 모든 우여곡절의 시작이 광주에서 시작했다는 것, 그래서 광주야말로 한국 민주주의가 늘 돌아봐야 하는 자기반성의 가치입니다. 광주항쟁의 가치를 우리가 늘 유념하고 있어야 된다는 의미에서 광주라는 주제는 중요해요.

차클 그렇군요. 우리 역사와 맞물린 선생님의 개인사도 궁금합니다.

황 저는 1943년 만주 장춘에서 태어났어요. 외가는 평양이고요. 아버지가 남쪽에 직장을 구했다고 하셔서 우리 식구는 남으로 내려오기로 했습니다. 저는 어머니 등 뒤에 업힌 채 아버지랑 누나들과 함께 소풍을 가는 것처럼 위장을 하고 연백평야를 건넜어요. 당시에는 소련에서 38선을 관리하고 있었거든요. 아직 정부가 수립되지 않았던 때였고, 남쪽은 미군들이 관리하고 있었죠. 그때까지만 해도 38선 관리가 허술했습니다. 그 오목한 38선을 넘던 기억이 굉장히 서정적인 장면으

로 뇌리에 박혀 있어요.

차클　혹시 아직도 만주를 마음속에 고향으로 품고 계신가요?

황　《바리데기》라는 소설을 쓰기 위해서 두만강과 압록강에서 취재를 했을 때였어요. 제가 살던 지번을 찾아가 보니 전부 밀어버리고 공원으로 바뀌어 있더군요. 이곳이 내 고향이려니 하는 생각이 전혀 안 들더라고요. 결국 제 고향은 서울이죠. 네 살 때부터 살았으니까. 특히 영등포에 가면 굉장히 정다워요.

차클　서울과 관련된 어린 시절 추억이 많으신가요?

황　재미있는 얘기를 하나 하지요. 저는 농촌 출신도 아니고, 토박이도 아닙니다. 한마디로 떠돌이예요. 그중에서도 산업도시만 돌아다니면서 자랐어요. 만주에서도 그렇고 한국에서도 신흥 산업도시, 특히 식민지 군대가 만든 영등포에서 오래 살았죠. 그런데 제가 1985년 일본에 갔을 때 깜짝 놀랐어요. 도쿄에서 조금 떨어진 니시코야마라는 작은 읍내를 방문했는데, 거기에 영등포가 있는 거예요. 음식점 안에 휘장을 두른 모습이나 상인들이 '싸구려, 싸구려' 하면서 호객하는 모습들이 영등포시장하고 똑같은 거예요.

차클 어린 시절 영등포에서 자란 기억이 많이 남아 있으시군요?

황 다른 사람들은 고향이라고 하면 물레방아나 기와집을 떠올리는데 나는 어쩌다가 이런 모습을 떠올리게 되었는지 스스로 한탄한 적이 있어요. 결국 저는 근대의 자식인 거죠.

차클 한국전쟁에 대한 기억은 많이 남아 있으신가요?

황 북한군들이 밀고 내려와서 서울을 점령하고, 한강 다리가 폭파되자 우리 가족은 피난을 가기로 했어요. 그런데 배를 타고 남쪽으로 가려면 인천으로 가야 하는데 양쪽이 모두 전선이 되어버린 거예요. 그러니까 피난 가던 동네 사람들이 모조리 도로 밑으로 물이 흐르는 시멘트 노관에 들어가서 숨어 있었죠. 그런데 한밤중에 북한군인지 국방군인지 알 수 없는 정찰대가 왔어요. 전등을 비추면서 다 나오라고 하기에 끌려 나갔습니다. 그때 아버지가 흥분하고 긴장해서 내쉬는 숨소리가 '쿵, 탕, 쿵, 탕' 이렇게 들렸던 걸로 기억돼요.

차클 얼마나 공포스러웠을지 상상이 갑니다.

황 장교인지 하사관인지 모를 지휘관이 대뜸 "이승만 박사를 지지하냐, 김일성 정부를 지지하냐"고 묻더라고요. 그런데 그가 인민군 정찰대인지 국방군 정찰대인지 모르는 상황이잖아요. 우리가 대답을 머뭇거

리니까 이놈이 대답이 없다고 총을 철컥 하는 거예요.

차클　그래서 어떻게 됐나요?

황　나는 기억이 없는데, 그때 아버지가 우리들은 정치를 모르는 양민이니 누구를 지지해야 될지 가르쳐 달라고 하셨다고 해요. 그러니까 그 지휘관이 사람들에게 전부 다시 노관으로 들어가라고 했답니다. 그때 아버지가 참 지혜가 있었다고 어머니는 자랑삼아 얘기하시곤 하죠.

차클　전쟁의 한복판에 계셨던 것이네요?

황　그때 정말 많은 주검을 보게 됩니다. 너무 흔했어요. 길거리를 가다 보면 파괴된 탱크 위에 반쯤 타버린 시신들이 많이 걸쳐 있었죠. 그런 곳의 주변에서 아이들이 서성거리면서 장난도 치고 그랬어요. 그러니까 초등학생 때의 모든 놀이가 이미 체험의 수준을 넘어선 거예요. 그래서 전쟁을 겪은 우리 또래의 아이들이 대부분 조숙했어요.

차클　학창 시절 겪으신 사건들이 선생님의 인생을 결정적으로 바꿨다고 들었습니다.

황　그래요. 사실상 저의 성향을 결정짓는 사건들이죠. 제가 고등학교 2학년 때 4·19가 터졌습니다. 당시에 저는 경복고등학교를 다니고 있었는데, 청와대 바로 옆이잖아요. 그때 아마 네 시간째였는데 총성이 들리기 시작했어요. 서울대생들이 밀고 들어오면서 사격이 시작되었어요. 당시 부민관이라고, 지금 서울시의회로 쓰고 있는 건물이 국회의사당이었어요. 그리고 플라자호텔 근처에 육군방첩대 건물이 있었죠. 그 방첩대 건물 2층에서 시위대를 향해 총을 쏘아댔죠. 마침 그때 저와 친구들이 그쪽 길로 내려오고 있었어요. 그런데 갑자기 '따다다다' 소리가 들리면서 사람들이 고개를 숙이고 뛰기 시작하는 거예요. 순간 제 친구 하나가 그냥 푹 꺾어지듯이 쓰러졌습니다. 친구와 제가 둘

이서 일으켜 보니, 총알이 관자놀이를 통과했더군요. 친구를 일으키자 피가 덩어리져서 콸콸 쏟아졌어요. 그래서 모자로 막았죠. 그 친구를 둘이서 옮기는데 교복이 피에 다 젖을 정도였어요.

차클　친구의 사망을 목격한 것이 굉장한 충격이었을 것 같습니다.

황　우리는 부상자나 사망자를 실어 나르는 사람들을 따라갔어요. 이미 사망자를 늘어놓고 시트를 씌워놓은 곳에 이르렀을 때 친구와 저는 수도를 틀어놓고 울면서 피가 묻은 교복을 빨았어요. 근데 핏물이 한참 흘러 내려가더군요. 고등학교 소년 둘이서 그 옷을 빨았어요. 아직도 생생하게 기억에 남아 있습니다.

차클　친구의 죽음이 작품 활동이나 그 뒤의 행보에 많은 영향을 미쳤나요?

황　영향을 크게 줬지요. 우선 고등학교 제도 교육에 대해서 굉장히 넌더리를 내게 됐어요. 그 이후로 오랫동안 우리나라 고등학교 교육은 군사 교육이었어요. 월요일마다 군사 퍼레이드를 하고, 군사훈련 받고, 집총훈련 받았죠. 학생복도 일본에서 넘어온 군복이었으니까요. 그런 고등학교의 제도 교육을 못 견디겠더라고요. 그래서 학교에 가지 않고

산에 가서 한 열흘 지냈어요. 중간시험도 안 봤죠. 결국 낙제했어요.

차클 학교생활 외에도 달라진 게 있었나요?

황 독서 경향도 많이 달라졌어요. 어린 시절에 이미 문학책이나 시집을 건너뛰고 사회과학책이나 어른들이 보는 《사상계》 같은 잡지들을 보았죠. 고등학생으로선 별로 걸맞지 않게 바깥세상에서 벌어지는 일에 대해 관심을 많이 갖게 되고, 신문도 열심히 봤습니다. 그러고는 학교에 가지 않고 한 1년여를 밖에서 떠돌았어요. 마지막에는 동래 범어사에 가서 행자 노릇도 하죠.

죽음 앞에서도
우리가 지켜야 할 것은 무엇인가

"절을 하면서 미안하다고 잘못했다고 했어요. 당신을 만나기에 앞서 먼저 사과하
겠다고 그런 거예요. 우리가 일본에 당한 것만 생각할 게 아니라 베트남에 대한
미안함과 사과하는 마음을 가져야 된다고 봐요."

차클	베트남전에는 어떻게 참전하게 되셨나요?
황	그렇게 방황하고 떠돌아다니다가 군대를 가게 됐어요. 신체검사를 세 번 기피해서 남들보다 3년 정도 늦게 갔죠. 무슨 생각이 있어서 거부하거나 그런 것은 아니고 단순히 게을러서요. 그런데 예전에는 그러면 잡으러 왔어요. 그러면 6개월 살고 나가야 되니까 해병대 모집하는 것을 보고 자원을 했어요. 해병대도 무용을 자랑하려고 간 것은 아니고 쫓기듯이 간 것이죠. 그렇게 베트남에 가게 됐어요.
차클	베트남 전쟁에서도 많은 일을 겪으셨겠어요.
황	베트남 사람들이 죽어간 모습들을 아주 생생하게 많이 봤습니다. 그리고 대대적인 군사작전으로 살육이 벌어지는 것도 봤고요. 한번은 군대가 휩쓸고 지나간 마을을 들어가게 됐어요. 그곳에 있던 교회에 들어

가는데 순간 깜짝 놀랐습니다. 기계소리 같은 것이 왱, 하고 나는 거예요. 천장은 온통 새까맣고요. 올려다보니까 그게 다 파리였던 거예요. 시신들이 널려 있으니까 파리 떼가 엄청나게 몰려들었던 겁니다. 그런데 그곳에서 작업을 하고 휴식을 하는 중에 C-레이션(미군 전투식량)도 먹고 해야 하잖아요. 그러면 인기척 때문에 파리들이 막 날아올라요. 파리가 시체에도 앉았다가 음식에도 앉았다가 하는 걸 보면서 그냥 먹는 거예요.

차클 그때의 심경이 어떠셨나요?

황 제일 무서운 것은 아무 감정이 없어지는 겁니다. 무의미해지는 것. 저는 늘 베트남을 생각할 때마다 우리가 잊지 말아야 할 것이 있다고 생각해요. 우리는 일본한테 당한 얘기만 늘 하잖아요. 그런데 우리도 베트남에 가서 못된 짓을 많이 했거든요. 한번은 2000년대 들어서 '노모어 블러디 아시아(No More Bloody Asia)'라는 주제로 대담을 한 적이 있어요. 그때 베트남에서 바오 닌이라는 작가가 왔어요. 그런데 그가 17세에 북베트남 소년병으로 참전했다고 하는 거예요. 따져보니까 세가 있었던 호이안 부근의 전선과 겹치는 겁니다. 저와 총을 맞대고 있었던 거예요. 그래서 제가 바오 닌에게 큰절을 했습니다. 절을 하면서 미안하다고, 잘못했다고 했어요. 당신을 만나기에 앞서 먼저 사과하겠다고 그런 거예요. 우리가 일본에 당한 것만 생각할 게 아니라 베트남에 대한 미안함과 사과하는 마음을 가져야 된다고 봐요.

차클   베트남에 갔다 온 군인들이 다시 사회에 적응하는 데 굉장히 어려움을 많이 겪었다고 하는데 선생님도 그러셨나요?

황   저도 똑같아요. 그런데 제가 언젠가 그런 말을 했어요. 저는 글을 쓰면 치유가 돼요. 글을 쓰는 것이 자기를 치료해 가는 과정이 된 거죠. 베트남에서 겪은 일을 소설로 옮겨 쓰면서 자기 치유를 한 셈입니다.

차클   젊은 시절의 선생님을 붙잡아준 것은 무엇인가요?

황   저는 기독교 집안에서 자랐지만 종교가 없습니다. 저 스스로 종교가 없다고 생각을 하는데도 불구하고 급해지면 기도를 하게 돼요. 베트남에서도 그런 경험이 있었어요. 적의 박격포가 날아와서 터질 때 제가 이런 기도를 했어요. '저 지금 죽으면 안 됩니다. 좀 더 좋은 글을 쓰고 죽어야 됩니다. 하나님 저를 살려주시면 제가 반드시 살아남아서 좋은 글 쓰겠습니다.' 이렇게 기도를 했다는 거 아닙니까. 부끄러운 얘기죠. 겉으로는 그렇게 티를 내지 않고 아닌 척했지만, 대단한 문학주의자였던 거예요. 그게 생의 목표였어요. 청년 시절을 돌이켜보면 그렇게 선언을 한 적이 있어요.

차클   지금 선생님의 모습을 보면 그 기도가 이루어진 것 아닌가요?

황   그 선언은 제가 작가가 되면 저의 인생과 저의 작품이 합치되는 삶을 살겠다는 것이었습니다. 하지만, 그게 쉬운 일이 아니거든요. 작가와 그가 쓰는 작품의 세계, 그리고 그의 일생이 어떻게 합치가 됩니까. 그걸 합치시키려고 하는 것이 얼마나 만용이냐고요. '그래, 그럼 겪어봐라 이놈아'라는 대답과 함께 벌을 받은 거죠. 어떻게 하면 문학으로부터 도망쳐서 딴짓 좀 해볼까 하면 늘 잡혀 온단 말이에요. 그렇게 잡혀오는 집이 문학이에요. 결국 문학이라는 집으로 잡혀 오게 돼버리는 생애가 아니었나 싶어요.

차클   베트남 전쟁 이후의 시간은 어떠셨나요?

황   베트남 전쟁 이후에 다른 작가가 돼서 돌아오게 됐어요. 이전에는 아주 개인적인 소재 또는 탐미적인 이야기에 잡혀 있었는데, 이후에는 아시아라든가, 사회라든가, 내가 혼자 살고 있는 게 아니라든가 이런 인식을 갖고 소설을 쓰기 시작한 거예요. 그러고 있을 때 1970년 11월에 전태일이라는 평화시장 노동자가 분신을 하는 사건을 마주하게 됩니다.

역사의 현장에서
나는 무엇을 할 수 있는가

"나는 작가니까 대중을 통해서 대중과 함께해야 한다고 생각했죠. 내가 가지고 있는 기량, 즉 감동도 주고 정서도 전하는 작업을 통해서 많은 사람을 조직할 수 있지 않을까 하고 생각했어요."

차클   전태일 열사가 어떤 영향을 주게 되었나요?

황   초등학교만 중퇴한 젊은이가 자기도 대학생 친구가 있었으면 좋겠다고, 노동법을 자기에게 자세히 알려줬으면 좋겠다고 하면서 함께 일하던 여공들의 노동조건을 개선하려고 항의를 하다가 죽어요. 지식인 사회는 전부 충격을 받았습니다. 우리 사회의 한쪽에서 사람들이 저러고 있는 동안 우리는 무엇을 했나 라면서요.

차클   당시의 사회 분위기는 어땠나요?

황   제1차 5개년 경제계획이 발표되고 노동집약적인 품팔이 노동에서 공장제 노동으로 이동할 때죠. 그 직전까지는 전 국민의 80퍼센트가 농민이었어요. 산업화가 되면서 노동자, 농민, 도시빈민으로 바뀌게 되었죠. 박정희 정부의 근대화 정책이 만들어낸 사회였어요.

차클   선생님은 어떤 활동을 하셨나요?

황   많은 지식인, 종교인들이 말하자면 민주화 내지는 인간적인 근대화를 어떻게 만들어낼 것인가에 대해서 고민하기 시작했어요. 저도 그중의 한 사람으로서 《객지》라는 작품을 발표했습니다.

차클   박정희 정부에 대한 사회적 저항운동은 어떻게 전개됐나요?

황   당시는 유신이 선포되고 민주주의가 완전히 종신 대통령제로 전환되던 때였어요. 유신헌법에 대해 비판해도 걸리고 논의만 해도 걸리는 시기였죠. 무조건 시키는 대로 해야 됐어요. 그래서 종교인, 언론인, 대학교수, 지식인, 예술인, 문인들이 재야라는 것을 형성하게 됩니다. 말하자면 유신에 반대하는 세력입니다. 이들 사이에서 두 가지 활동 노선이 있었어요. 강력하게 싸우는 조직을 만들어서 지하에서라도 싸워야 한다, 즉 레지스탕스가 되어야 한다고 말하는 쪽이 있었고, 또 하나는 현장에 뛰어들어 대중화 운동을 해야 된다고 말하는 쪽이 있었죠.

차클   선생님은 어느 쪽 노선이셨나요?

황   나는 작가니까 대중을 통해서 대중과 함께해야 한다고 생각했죠. 그래

서 구로공업단지를 찾아가게 됩니다. 구로공단에 들어갈 때 굉장히 쉽게 취직을 했어요. 제가 몇몇 고등학교에서 퇴학을 당하고 최종적으로 공업학교 야간부 토목과를 졸업한 것으로 되어 있었거든요. 게다가 해병대 병장으로 제대를 했잖아요. 그러니까 회사에서는 저를 잘 키우면 반장 역할을 시키고 노동자 하부 구조에서 굉장히 유능한 관리자로 일할 것 같다고 생각한 거죠.

차클 구로공단에선 무엇을 느끼셨나요?

황 그때 사건이 하나 터졌어요. 누가 무슨 텍스트를 잘못 갖고 있다가 발각이 되어서 각자 알아서 도망가게 돼요. 그러고 나서 제가 반성을 했어요. 노동운동을 한다는 것이 작가나 문화인이 갑자기 현장에 나가 노동자를 설득해서 될 일이 아니라고요. 노동자 스스로 자각하고 수십 년 동안 인생을 바쳐야 한다는 것을 깨닫게 되었어요. 우리가 지금 아는 노동운동가들만 해도 명문대 다니다 때려치우고 이름 없는 노동자로 수십 년을 바쳐서 일가를 이루고 그랬던 거예요.

차클 구로공단 이후에는 어떤 선택을 하시게 되었나요?

황 문화운동이라는 것을 생각하게 됩니다. 내가 가지고 있는 기량, 즉 감동도 주고 정서도 전하는 작업을 통해서 많은 사람을 조직할 수 있지 않을까 하고 생각했어요. 사실 우리나라뿐만 아니라 다른 나라에서도 계몽이나 혁명을 많이 했습니다. 일제 때도 많이 있었어요.《상록수》에 나오는 농민운동이나 야학도 다 그런 것이거든요.

차클   4·19, 베트남 전쟁, 전태일 열사의 죽음과 같은 역사의 수레바퀴 가운데에 계셨잖아요. 그런 선생님이 어떤 사랑을 하셨는지에 대해서도 궁금해집니다.

황   아주 중요한 얘기죠(웃음). 그런데 돌이켜보면 연애 문제 같은 데에는 좀 덤덤했던 거 같아요. 집중이 안 되었다고 할까요. 마음속에 다른 것이 있었어요. 그게 문학이었던 거 같아요. 문학에 대한 욕심. 그래서 깊은 사랑을 못 한 아주 불행한 사람입니다.

차클   그럼 문학을 사랑하셨다는 것인가요?

황   그런 셈이죠. 하지만 젊은 날에는 그런 것을 얘기하기가 쑥스러웠어요. 우리가 제일 싫어하는 게 문학주의거든요. 그래서 전 글 쓰는 것을 신비하게 생각하지 말자고 지금도 얘기해요. 문학을 얘기하는 게 쑥스러워서요.

차클   문학을 얘기하는 게 쑥스럽다…하지만 질문을 많이 받지 않으세요?

황   지금도 늘 독자들이 도대체 작가들은 어떻게 글을 쓰냐고 물어봐요. 그럼 창작론을 이야기해야 하고 복잡해집니다. 그래서 전 딱 한 문장으로 정리를 해요. 글은 왼쪽에서 오른쪽으로 쓴다. 그게 맞지 않아요? 왼쪽에서 오른쪽으로 쓰는 것.

차클   에이, 정말 비결이 뭔지 알려주시죠.

황   그럼 한 가지 더 얘기하도록 하죠. 글은 엉덩이로 쓴다. 글을 쓰려면 오랜 시간 앉아 있어야 되니까요. 이 말은 글쓰기가 하늘에서 천둥치듯 영감이 떨어진다는 식으로 얘기하지 말자는 겁니다.

차클   공감이 가는 말씀입니다. 그럼 이제 선생님이 쓰신 작품에 대한 이야기도 부탁드립니다.

황 1974년에 한국일보를 창간한 백상 장기영 선생을 만났어요. 제가 장길산이라는 의적 이야기를 쓰려고 한다는 얘기를 들었다고 하시더군요. 그러면서 문학지보다 일간지에 연재하는 게 좋겠다고 하셨어요. 그래서 한국일보에 《장길산》을 쓰게 됩니다.

차클 《장길산》을 연재하면서 아무 문제가 없었나요?

황 처음에 얘기했듯이 저는 전통사회를 잘 몰랐어요. 그게 제 약점이었습니다. 저는 아스팔트 보이, 도시 사람이었잖아요. 그래서 토박이의 삶을 모르는 거예요. 농사를 어떻게 짓는지, 농촌공동체가 어떻게 돌아가는지를 몰랐던 겁니다.

차클 그래서 농촌으로 가셨나요?

황 가장 전통적인 모습이 남아 있는 호남 쪽으로 가보자고 생각했어요. 사실 제가 대학교 때부터 연극을 했어요. 연출도 해봤고 여러 작업을 해서 그쪽으로 자신이 있었죠. 그래서 문화패라는 개념을 만들고 조직하기로 한 거예요. 호남에 가서 문화운동의 근거지를 만들고 전국적으로 확대해보기로 마음을 먹었습니다.

차클 호남에서 처음 간 곳이 어디였나요?

황 해남으로 갔어요. 해남에 가보면 우슬재라는 몇백 년 된 길이 있어요. 남도 천리길이라고도 하는데, 다산 정약용이 내려왔던 길이고, 추사 김정희도 이 길을 통해서 제주도로 갔어요. 우슬재에서 내려다보면 그곳에 마치 잃어버린 고향 같은 읍내가 하나 있습니다. 제가 고향이 없는 사람인데도 내 고향이 저랬으면 좋겠다는 생각을 하게 됐어요.

차클 문화운동은 어떻게 진행되었나요?

황 하루는 시인 김남주가 저를 찾아왔어요. 당시 김남주는 전남대 영문과를 다니는 도중에 〈함성〉라는 유인물을 학내에 뿌린 것 때문에 잡혀 들어갔다가 나와서 고향에서 활동을 하려고 준비 중이었어요. 제가 글을 쓰면서 농민들을 조직해서 뭘 좀 해보고 싶다고 이야기했고, 김남주도 함께하자고 하게 된 것이죠.

차클   문화패 활동에 사람들이 많이 참여했나요?

황   제일 먼저 시작한 게 약방 주인, 수의사, 학교 선생님들처럼 그 동네에서 공부를 좀 한 사람들을 모으는 거였어요. 그러고는 독서회를 만들었죠. 사람들은 그 모임을 사랑방 농민학교라고 불렀어요. 장날마다 우리 집에서 모여서 책 읽은 것을 돌려보고 이야기를 했는데 그 지역 출신들을 하나 둘 끌어모으다 보니까 한 200여 명이 된 겁니다. 그래서 그해 가을에는 해남 농민잔치라는 것을 기획했습니다.

차클   농민잔치는 어떤 활동을 했나요?

황   상여를 지고 돌아다니는 길놀이를 했어요. 장례문화의 형식을 띤 길놀이로 일종의 시위를 한 겁니다. 당시에 농협이 자치기관의 말단에서 농민들과 부딪히는 상황이었거든요. 그래서 농협을 의인화해서 '농협은 죽었다'는 메시지를 전하는 장례식을 한 것이죠. 길놀이를 하면서

해남 전체를 한 바퀴 돌았어요.

차클 농민들 입장에서는 답답함을 해소하는 일이었겠네요?

황 굉장히 여파가 컸어요. 기획 때 전남대나 조선대, 광주에 있던 젊은이들도 많이 보러 왔어요. 그들이 와서 보니까 근사하거든. 그래서 자기들도 하겠다고 나섰습니다. 문화운동하겠다고 모여든 조선대, 전남대 학생들을 김남주와 김상윤이 한 달 동안 훈련을 시켰어요.

차클 그 학생들과는 어떤 활동을 하셨나요?

황 마당극 공연을 했어요. 그 기간에 저는 광주로 올라와 현대문화연구소라는 것을 만들었어요. 그렇게 문화패가 형성되었는데, 1979년 10월 26일 박정희 대통령이 김재규에게 암살을 당했어요. 그러면 당연히 민간에게 정권을 이양하고, 유신헌법 철폐하고, 민주화 수순을 밟았어야죠. 그런데 전두환을 비롯해서 신군부가 정권을 장악하는데, 그게 12·12예요. 최규하를 대통령 권한대행으로 세워놓고 전두환이 뒤에서 보안사령관과 중앙정보부장 서리를 동시에 겸임하면서 권력을 쥐게 되죠.

우리는 왜 광주를 기억해야 하는가

"광주에 가보고서야 사람들이 엄청나게 죽었다는 것을 알게 됐어요. 현장에 있던 사람과 서울에 있던 사람이 보고 접한 게 전혀 달랐던 거예요. 그래서 '아, 이게 서로 뭔가 다르구나'라고 생각했죠. 책을 모으고 글을 쓰면서 훨씬 많이 알게 됐어요."

차클	박정희 대통령 암살 후 군정이 다시 들어올 것이라고 예상하셨나요?
황	박정희의 5·16 쿠데타 때도 군정이 한 2년 갔거든요. 그래서 한 1년 정도 갈 줄 알았어요. 그럼 그동안 우리는 민주화 세력을 끌어모으는 역할을 하면 되겠다고 생각했죠. 그래서 현대문화연구소에 소극장을 만들자고 제안을 했어요.
차클	왜 소극장을 만들려고 했나요?
황	현장 공연을 돌아다니는 문화패의 근거지로 삼으려고 했죠. 그런데 소극장을 시작하려고 하던 시기에 소극장의 전세금이 필요했어요. 때마침 서울의 출판사에서 출판 계약금을 안 보내는 거예요. 그래서 5월 16일에 서울로 올라와서 17일에 신촌 근처 주점에서 친구들하고 술을 먹고 있었죠. 그런데 저녁 예닐곱 시쯤 어떤 젊은이가 뛰어 늘어오

더니 저에게 '황 선생님이시죠?'라고 묻는 거예요. 전국 대학생 지도부가 이화여대에서 모임을 하고 있었는데, 계엄사의 합동수사반이 덮쳤다고 하더군요. 그래서 사방에 전화를 해봤더니 다 잡혀갔다는 겁니다. 신군부가 17일 밤 12시 계엄령을 전국으로 확대하기에 앞서 재야 인사들을 예비검속으로 다 잡아 가둔 거예요. 어쩌다 보니 저만 서울에 남게 된 겁니다.

차클   그 소식을 접하고 선생님은 어떤 일을 하셨나요?

황   이튿날인 5월 18일 광주에서 민주항쟁이 시작됐어요. 그래서 시민사회단체나 종교계에서 몇 사람이 모여서 광주로 내려가야 한다느니, 가면 안 된다느니 설왕설래를 했어요. 그러다가 광주에서 일어난 일을 알리는 역할을 누군가 해야 되지 않겠냐고 해서 남게 되었죠.

차클   광주 소식은 어떻게 전해졌나요?

황   암암리에 유인물이 올라왔어요. 그렇게 해서 광주에서 무슨 사건이 터지고 있는지 알게 됐고요. 외신기자들이 기독교계 인사들에게 소식을 전해 주기도 했어요. 가톨릭이나 개신교 쪽에서는 '오늘 처음으로 사상자가 발생했다' 등의 소식을 실시간으로 알고 있었죠. 그럼 우리는 그걸 그대로 받아서 유인물에 담아 서울 사람들에게 알렸습니다.

차클   광주 사람들은 어떻게 되었나요?

황   광주가 대대적으로 진압되자 도망자들이 광주에서 올라왔어요. 그들을 서울에서 나눠 숨겨줘야 했죠. 여학생들은 수도원에 위탁하기도 했어요.

차클   당시 광주에 가족 분들이 계셨던 거 아니에요?

황   네, 집에 있었죠. 얼마간 시간이 흐른 뒤 아내와 어머니와 아이들이 함께 있던 집으로 내려갔습니다. 광주에 가보고서야 사람들이 엄청나게

죽었다는 것을 알게 됐어요. 현장에 있던 사람과 서울에 있던 사람이 보고 접한 게 전혀 달랐던 거예요. 그래서 '아, 이게 서로 뭔가 다르구나'라고 생각했죠. 책을 모으고 글을 쓰면서 훨씬 많이 알게 됐어요.

차클 선생님께서 알게 되신 5·18 전후의 광주 상황을 좀 더 자세하게 얘기해주셨으면 합니다.

황 17일에는 군대가 도서관에 있던 학생이나 학생회를 급습해서 모조리 연행했어요. 그리고 학교를 점령했습니다. 학생들이 18일(일요일)에 모여서 '비상계엄 해제하라' 등등을 외치고 있는데, 공수부대가 와서 마구 패기 시작했어요. 학생 중에 부상자가 많이 나오기 시작하면서 거리로 밀려나오게 되죠. 19일에는 공수부대가 학생뿐만 아니라 시민들이 모여 있으면 시위를 했든 하지 않았든 무조건 그냥 팼어요. 그리고 살상이 벌어지기 시작하죠.

차클 군대가 사람들을 죽일 마음을 갖고 있었다는 것인가요?

황 그들은 물푸레나무로 만든 몽둥이에 쇠심을 박아서 폭동진압용으로 썼어요. 인마 살상용인 것이죠. 그 몽둥이에 맞으면 어깨가 주저앉아요. 정통으로 맞으면 물론 즉사하죠.

19일에는 백주대낮에 벌어지고 있는 살상행위들을 많은 시민이 목격하게 됩니다. 이때부터 광범위하게 저항이 일어나기 시작하고 죽기 아니면 살기 식으로 싸우게 되죠. 이른바 생존권 투쟁인 겁니다. 클라이맥스는 20일 광주역 전투였어요. 군 보급품을 모두 광주역에서 받았는데 그것을 빼앗으려고 한 거죠.

차클 광주에서 언제 최초로 발포를 했는지에 대해서 말이 많은데요.

황 밀고 밀리는 싸움이 있던 중에 최초의 발포가 일어났어요. 그리고 희생자가 많이 생기자 광주 시내 운수 노동자들이 동참하게 됐어요. 택시운전사들이 부상자를 싣고 가면 군인들이 차를 세워서 끄집어 낸 다음에 또 때리고 질질 끌고 갔습니다. 결정적으로 20일 저녁에는 운수 노동자들이 무등경기장에 모였어요. 택시 200대에 시외버스, 고속버스 운전사들까지 모였죠.

차이나는 클라스

차클	택시와 버스의 합세로 시위의 양상이 바뀌었나요?
황	택시라는 것은 그 자체로 자기 생계고 전 재산일 수도 있잖아요. 온 식구에 대한 책임을 지고 있는 건데, 거기다 자기 목숨까지도 던진 거예요. 생명과 재산을 걸고 덤빈 거란 말이죠. 20일에 택시와 버스로 진격한 것이 결정적이었어요. 21일에는 본격적인 조준사격이 벌어져요. 그러자 시민들이 '우리들에게도 무기가 있어야 된다'는 생각에 외곽으로 나가서 예비군 무기고를 탈취해 시민군을 조직하게 되죠.
차클	조준 사격하기 전에도 시민들을 곤봉이나 대검으로 진압했다니 믿어지지 않습니다.
황	원래 공수특전단은 민간인을 상대로 투입해서는 안 되는 군대예요. 특수부대 아닙니까. 지금도 한쪽에서는 광주항쟁을 폭도라고 하는데 실제로 폭도는 군인들이었어요. 이미 도덕적으로 판명이 난 거잖아요. 역사적으로 12·12는 반란군, 군사반란이었다고 단죄를 하고 있고, 전두환이나 노태우도 군사반란죄로 최고 사형을 받았다가 사면이 된 겁니다. 그러니까 말하자면 그 당시 군대는 국민의 군대가 아니고 폭도로서, 비정통적 군대로서, 반란군으로서, 일부 신군부라는 정치 일파의 사병으로서 폭력을 저지른 거예요.
차클	당시에 투입된 특공대도 사람인데, 어떻게 그토록 심하게 시민들을 대할 수 있었을까요?
황	그럴 수밖에 없어요. 계엄사의 자료를 보면 계엄령이 떨어지기 전부터 엄하게 훈련시켰다고 합니다. 마치 사냥에 내보내기 전에 사냥개를 조련시키는 것처럼 거의 몇 주 동안 충정훈련을 시켜요. 아주 험하게 훈련을 시켜서 적개심을 키우죠. 그러면 데모하는 사람들을 모조리 죽일 듯이 대하게 됩니다. 게다가 아이러니컬하게 작전명이 '화려한 휴가'

잖아요. 끔찍해요.

차클 그토록 심각한 광주의 상황을 바깥에선 전혀 알 수 없었나요?

황 5월 19일 자 신문을 보면 광주에 대한 소식은 한 줄도 실리지 않았어요. 광주에서 사람이 죽고 지금 엄청난 일이 벌어지고 있는데 말이죠.

차클 부모님에게 5월 18일에 무엇을 하셨는지 물어보니 회사에 나갔다고만 하시더라고요.

황 다른 지역은 오히려 평온했어요. 대학가나 중요 지역에서는 총검을 든 공수부대가 탱크를 앞세우고 점령하고 있었으니까요. 게다가 방송과 언론은 모두 통제되어 있는 상태였습니다.

차클 선생님은 광주의 소식을 접하고 어떤 행동을 하셨나요?

황 광주에 와보니 모두 죽고 구속되고 아무도 없었습니다. 정말 자책할 수밖에 없었죠. 그래서 여럿이 모아온 자료를 취합해 대표 집필하는 책임을 기꺼이 떠맡게 됐습니다. '임을 위한 행진곡'을 제작한 것도 그래서입니다.

차클 내가 아니면 누가 하겠느냐, 라고 생각을 하셨던 이유가 있을까요?

황 광주가 끝난 다음에 살아남은 사람들의 1차적 임무는 광주를 알려야 한다는 것, 광주의 진실을 알려야 한다는 것이었어요. 내가 광주에 큰 빚을 졌다거나 하는 문제가 아니라 동아시아의 작가, 특히 분단된 한국의 작가는 당연히 그래야 한다고 생각했던 것이죠. 요즘도 농담 삼아서 한국 작가는 역사라는 엄처시하에 산다, 라고 얘기를 해요. 한국의 작가는 자유를 쟁취할 수가 없어요. 예를 들어 바위에 대해서 쓴다거나, 순수한 내 사랑에 대해 쓸 거라고 할 수도 있잖아요. 그게 작가의 자유 아니겠어요? 그런데 이 한국이라는 땅에서는 그러지 말라는 겁니다. '너 정말 그럴 거야? 그럴 수가 있어? 네가 같이 살면서?' 이런

	심리가 있어요. 내가 사람이라면 내가 해야 할 일이 있지 않느냐 하는 것이 이 땅에서는 늘 따라다녀요.
차클	다시 광주항쟁 얘기로 돌아가보죠. 시민군이 무장하기 전까지는 조직적인 저항이 없었나요?
황	조직적인 저항이 이뤄지질 않습니다. 그런데 쥐도 궁지에 몰리면 물지 않겠어요? 진압할 때 주모자 같은 사람을 끝까지 쫓아가서 살상을 하는 식인데, 그렇게 당하기만 하면 사람들이 달라지죠. 도망가다가도 돌아서서 덤비기 시작합니다. 시민들도 식칼이나 곡괭이나 쇠파이프 같은 것으로 무장을 하기 시작해요.
차클	시위를 하는 사람이 아닌데도 폭행을 당했다는 것이 사실인가요?
황	그런 사람들이 한둘이 아니에요. 가정집에 들어가서 시위자건 아니건 젊은 사람이 있으면 다 끌고 나와서 팼어요.
차클	시위 진압이 목적 아니었나요?
황	당시 외신기자들은 군인을 폭도라고 묘사했어요.
차클	군인들은 도대체 왜 그랬던 걸까요?
황	빨갱이들이 광주를 점령하고 소동을 일으키고 있다는 교육을 받고 내려온 것이죠.
차클	그런 이야기는 어디서 시작된 것인가요?
황	군의 명령계통에서 그렇게 얘기한 겁니다.
차클	있지도 않은 이야기를 지어낸 것인가요?
황	그럼요.
차클	어떻게 같은 국민에게 그런 행동을 할 수 있었을까요?
황	인간적으로 도저히 승복할 수 없는 분노, 사람이 할 짓이 아니라는 분노가 일 수밖에 없어요.

차클	그럼 시민군에는 어떤 사람들이 주로 가담했나요?
황	가구공, 음식점 종업원, 단순노동에 종사하는 청소년 같은 20대 초반의 청년들이 항쟁에 참여했어요.
차클	계엄군이 철수한 건 언제쯤인가요?
황	21일에 전남도청에서 철수를 했어요. 도청에 쌓아놨던 시체들이나 서류들을 싣고요.
차클	계엄군이 거기서 후퇴를 한 이유가 무엇인가요?
황	시민들이 그냥 물러날 것 같지 않고, 쌍방에 사상자가 너무 발생할 것 같았겠죠. 일부 시민군이 화순에서 가져온 경기관총 2대를 도청이 내려다보이는 전남의대 부속병원 옥상에 거치를 했었어요. 계엄군 입장에서는 도청이 위험한 장소가 됐고, 더 이상 도청을 지킬 수 없게 됐다고 판단했을 겁니다. 그래서 광주 봉쇄작전으로 방향을 바꾸면서 언론 통제를 하게 된 겁니다. 광주 바깥은 말하자면 평화로운 세상이었거든요. 광주에서 무슨 일이 벌어지고 있는지 관계자들 이외에는 몰랐으니까요.
차클	광주를 봉쇄하기 시작했을 때 내부에서는 어떤 일이 있었나요?
황	22일부터 재야에 있는 종교인, 신부, 대학교수, 목사 등의 사람들이 시민수습위원회를 만들어서 계엄사령부와 접촉을 합니다. 총기를 반납할 테니 계엄령을 해제하라고 요구하죠. 사과도 받고 진상도 밝히고 책임자 처벌해야 한다는 정당한 요구를 한 거예요.
차클	시민들의 생각을 제대로 반영한 움직임이었나요?
황	말하자면 촛불시위처럼 시민궐기대회라는 걸 하게 됩니다. 도청 앞 광장에서 시민들이 발언할 수 있는 자리를 만들었어요. 어떤 폭력을 당했는지, 누가 죽었는지 등등 모든 사람이 나와서 이야기하는 자리

였습니다.

| 차클 | 그러한 집회도 국내 언론이나 방송을 통해 보도되지 않았겠죠? |

황 그럼요. 그래서 광주 시민들이 외신기자들을 잘 대해줬어요.

차클 외신기자들을 통해서 알게 된 소식에 미국은 어떤 반응을 보였나요?

황 묵인했어요. 그뿐 아니라 '한국에서 치안을 유지하려고 하는 것에 대해 반대하지 않는다'고 했어요. 그런데 공수특전단과 육군 사단을 움직이는 것은 다른 문제잖아요. 이 사실을 통해서 두 가지를 알 수 있어요. 2017년에 공개된 CIA 정보보고서에 의하면 CIA 자료, 미국 국가안보회의 자료, 특별정보보고서가 백악관에 올라갔어요. 그 자료들은 공통적으로 북한의 동향을 다루고 있었어요. 그런데 그 내용은 북한이 광주항쟁에 대해서 개입하지 않았다는 거였어요. 이것을 역으로 보면 미국이 승인했던 것과 북한 특수부대가 와서 광주항쟁을 일으켰다거나 북한의 지령을 받았다는 것은 성립이 되지 않죠.

차클 그런데 왜 자꾸 북한 세력이 주도했다는 이야기가 나오나요?

황 광주항쟁은 좌우의 문제가 아닙니다. 이건 홀로코스트 같은 거예요. 휴머니티의 기본적인 문제입니다. 아무리 인류가 나쁜 짓을 많이 했어도 이런 일을 해서는 안 돼요. 하지만 길거리에 나와 있는 임신부를 쐈다는 것은 실제로 일어난 사실이잖아요.

차클 전두환의 입장에서는 외신기자들이 광주항쟁을 보도하게 되면 결국 자신의 정통성이 훼손된다는 것을 몰랐을까요?

황 정통성 같은 것을 생각했다면 그렇게 군대를 보내지 않았을 겁니다. 경찰이 있잖아요. 기본적으로 민간인에게는 경찰을 보내서 해결하려고 노력해야죠. 공수특전단을 보냈다는 것은 다른 세력을 믿을 수 없었다는 거예요. 그들이야말로 믿고 쓸 수 있는 세력이라고 본 거죠.

차클	계엄군이 광주에 남아 있던 시민군을 제압하는 건 언제인가요?
황	27일 새벽까지 도청에서 방송을 맡던 여학생이 마지막 날에 절규를 합니다. 빈 거리를 돌면서 계엄군이 들어온다고, 하지만 우리는 도청을 지킬 거라고 방송을 하죠.

광주 시민 여러분, 지금 계엄군이 쳐들어오고 있습니다. 계엄군의 총칼에 죽어가고 있는 우리 형제자매들을 살려주십시오. 우리는 도청을 끝까지 사수할 것입니다. 우리 형제자매들 잊지 말아주십시오.

차클	결국 27일에 계엄군이 마지막 진압을 하게 되었군요.
황	새벽 3시부터 작전을 개시해서 밤 10시 반에 다 끝나요. 전남도청뿐만 아니라 광주공원, 계림동 일대, 시내 전체를 일제히 동시에 진압하

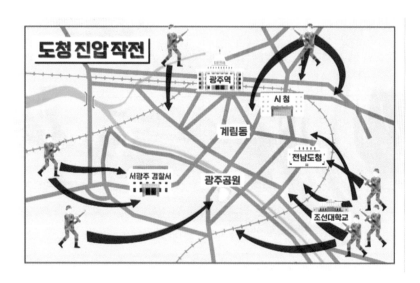

차이나는
클라스

죠. 서치라이트를 비추면서 스피커로는 완전히 포위됐다는 방송을 틀었어요. 시민군 측은 칼빈총으로 서치라이트를 쏴서 깨뜨리는 걸로 순순히 항복하지 않겠다는 대답을 보냈죠. 그러자 계엄군이 도청 뒤편에서부터 밀고 들어왔어요.

차클   끝까지 무력으로 진압한 거예요?

황   끝까지 무력으로 진압을 했죠. 수류탄을 터뜨리거나, 보이는 족족 총으로 쏘기도 했죠. 간혹 좋은 상대를 만나는 경우에는 총을 던지면 살려줬어요. 사는 자와 죽는 자가 엇갈리는 순간이었죠.

차클   마지막 진압에서 사상자가 많이 나왔나요?

황   그때 한 30~40명이 죽었어요. 당시 젊은이들, 생각 있는 학생들, 그리고 수많은 이름 없는 노동자들은 배우고 못 배운 것을 떠나서 모두 같은 생각이었어요. 그냥 그곳을 떠날 수 없다고요. 그곳을 지키자고 생각했죠. 모든 것이 끝났다고 총을 내려놓고 갈 수 없었던 거예요. 시난 며칠 동안 수많은 사람이 죽었지만 전혀 사과나 처벌이 이뤄지지 않았으니까요.

차클   끝까지 남은 사람들은 어떤 마음으로 그곳에 남았던 걸까요?

황   윤상원을 비롯한 젊은이들은 차라리 그곳을 지키다 죽어야 한다고 생각하기도 했어요. 그곳을 지켜서 죽는 사람이 있어야 항쟁이 완성되고, 훗날 이 일을 기억하면서 역사적으로 풀어나가려는 사람들이 생긴다고 생각했죠. '만약 우리가 그냥 가버리면 수많은 죽음의 의미가 없어진다'고요. 아주 비장한 마음이었지요.

아픔의 역사와 마주하는
올바른 자세는 무엇인가

"자기 운명에 얽매인 채로 이 시대를 살아갈 것이냐고 말하더군요. 당신은 작가 아니냐고 물었어요. 그때 제가 할 말을 잃었죠. 맞는 얘기였으니까요."

차클   광주항쟁이 끝나고 나서는 어떤 일들을 하셨나요?

황   82년에 유가족들이 망월동에 묻힌 영령들을 위해서 추도회를 하려고 했는데, 이것을 막더군요. 어떻게든 집회를 하려면 핑계를 만들어야 하잖아요. 그래서 항쟁 막바지에 도청에서 죽은 윤상원과 광주항쟁 직전에 들불야학에 들어가서 일도 하던 박귀순이라는 전남대 여학생의 영혼 결혼식을 하기로 했어요. 유가족들에게 이런 이야기를 하니까 너무 좋아하는 거예요. 그래서 유가족들이 처음으로 모여서 실컷 울었어요. 당시 '임을 위한 행진곡'도 만들었죠. 그걸 계기로 전국에 알려야겠다고 생각해서 카세트테이프로 만들었어요.

차클   함께 만드신 분들은 누구인가요?

황   YMCA 사건 때 백기완 신생이 굉장히 고문을 낭했어요. 그 양반이 상

원도에서 몇 년 동안 요양을 했는데, 그곳에서 바람이 불면 가문비나무나 전나무가 흔들리는 소리가 들렸다고 해요. 그게 사라져간 동지들의 외침으로 들렸다고 해요. 그걸 계기로 백 선생이 쓴 시에 살을 붙여서 가사를 썼지요. 그리고 김종률이라는 학생이 작곡을 했고요. 그때 저는 최대한 슬프게 만들어달라고 얘기를 했어요.

차클   요즘 노래와는 느낌이 조금 달랐나요?

황   원래는 느린 노래였는데, 요즘은 행진곡풍으로 바뀌었죠. 그래서 임을 향한 행진곡이 돼버렸어요. 하지만 원곡의 분위기는 상당히 비장해요. 원래 장송곡 같은 것이었으니까요.

차클   광주 희생자들을 추모하기 위해 만든 노래인데 왜 어떤 사람들은 북한을 찬양하는 노래라고 말하나요?

황   광주항쟁을 껄끄러워하고 왜곡시키려는 세력들이 그런 것이죠. 그리고 북한을 다녀온 적이 있는 제가 만들었다고 하니, 김일성의 지령을 받아서 노래를 만들었을 거라고 주장하는 겁니다.

차클   북한에 가신 것과 노래를 만드신 것을 엮을 여지가 있긴 한가요?

황	앞뒤가 안 맞는 주장이에요. 제가 노래를 만든 것은 1982년이고, 방북을 한 것은 1989년이에요. 제가 고정간첩이 아니고서야 어떻게 북에서 지령을 받을 수 있었겠어요?
차클	북한에서도 광주항쟁과 관련된 움직임이 있긴 했다죠?
황	북한에서 광주항쟁을 가지고 영화로 만들겠다고 하더군요. 나중에 범민족대회 같은 행사에서 시사회를 했는데, 제목을 '임을 위한 행진곡'에서 '교향시'로 바꿔놓은 거예요. 그리고 북한 작가와 제가 공동 각색을 한 것으로 해놨더군요.
차클	선생님이 작업에 참여하셨던 것인가요?
황	아니죠. 그래서 제가 왜 공동 각색자로 들어가 있냐고 물었어요. 그랬더니 북한의 이춘구 작가라는 사람이 광주항쟁을 기록한 제 책인 《죽음을 넘어 시대의 어둠을 넘어》를 참고로 해서 만들었으니 제 이름을 같이 넣었다는 겁니다. 그럼 '임을 위한 교향시'란 제목은 어떻게 붙게 된 것이냐고 물었어요. 그랬더니 윤이상 선생이 광주항쟁 터지고 나서 '광주여 영원히'라는 교향시를 발표한 얘길 꺼내더군요. 아마도 북한에서는 황석영과 윤이상이라는 사람을 이용할 필요가 있다고 봤겠죠.
차클	무단으로 선생님의 이름을 쓴 것에 대해 항의는 하지 않으셨나요?
황	항의를 했죠. 취소하지 않으면 기자회견을 해서 모두 말해버리겠다고 했어요. 그랬는데 아무런 반응이 없는 거예요. 그래서 제가 다 말해버렸죠. 억울한 일이 한두 가지가 아니었어요.
차클	광주항쟁에 대한 기록인 《죽음을 넘어 시대의 어둠을 넘어》를 집필하게 된 과정을 좀 더 자세히 말씀해주시면 좋겠습니다.
황	광주항쟁 이후에 광주의 젊은이들과 '일과 놀이'라는 문화운동팀을 만들어서 그림, 8mm 영화, 마당극 등을 통해서 광주를 알리기 위한 문

화적 작업을 했어요. 저는 중단됐던 《장길산》 연재를 다시 시작했죠. 그 책을 1984년 여름에 낸 뒤 이제 10년 만에 돈이 좀 생기는가 싶었어요. 그런데 1984년 가을에 몇몇 사람들이 찾아왔어요. 도청에서 마지막까지 총 들고 있었던 정상령과 정영호가 찾아와서 광주항쟁을 집대성하는 기록을 만들어달라고 부탁을 하는 겁니다. 그래서 제가 안 하면 누가 하겠냐고 대답을 했죠.

차클　　처음 자료들을 접했을 때 어떤 마음이셨나요?

황　　자료들을 보면서 울었어요. 그때까지도 여전히 제가 몰랐던 일들이 너무나 많았던 겁니다. 개인들이 겪었던 일들 때문에 너무 가슴 아픈 거예요. 가령 남편을 기다리던 부인이 걱정돼서 집 앞에 나와 있다가 총에 맞아 죽었다고 해요. 그때 애가 들어서 있을 때여서 배 속에서 아기가 뛰고 있었다는 겁니다. 묘비에도 적혀 있어요. '여보, 우리 저 세상에서 만나요.' 그런 것을 보면서 눈물이 안 나겠어요?

차클　　책을 쓰는 과정에서 탄압이 있지는 않았나요?

황　　이 책을 준비하던 팀이 세 팀이었어요. 최종 자료가 저에게 넘어왔는데,

차이나는
클라스

	제가 그들의 이름이나 조직의 배경을 알면 안 되잖아요. 저에게 절대 말하지 말라고 했어요. 그리고 원고를 자필로 다시 쓰겠다고 했어요.
차클	수많은 사람이 위험해질까 봐 그러신 거죠?
황	그래서 저를 찾아온 것 아니겠어요?
차클	선생님이 공을 가로채려고 그런 거라고 말하는 사람들도 있다던데요.
황	그렇게 생각할 수 있죠. 저는 평생 구설수에 시달려서 별로 놀라지 않아요. 지금도 구설수 속에서 살고 있잖아요.
차클	책을 출판하는 데 어려움은 없었나요?
황	책이 나올 무렵에 두 군데 인쇄소에서 찍었어요. 그런데 먼저 찍은 곳이 당국에 걸린 거예요. 그래도 2만 부가 살아남아서 풀려나갔죠. 당시에는 대학교 앞에 사회과학 서점들이 있었어요. 서점에서 학생들에게 이런 책이 나왔다고 알리기 시작하면서 이 책이 퍼지기 시작했어요. 그다음에는 복사기로 복사를 해서 퍼져나갔죠. 그런 식으로 전국적으로 단숨에 퍼져버렸어요.
차클	집필 과정에서 자료나 원고를 빼앗기는 일은 없었나요?
황	책이 풀리자마자 우리 집을 덮쳤죠. 사람들이 들이닥쳐서는 화단까지 꼬챙이로 쑤시고 했어요. 근데 당시 아이들 엄마가 머리를 썼어요. 집 마당 광의 슬레이트 지붕을 들어서는 그 밑에 쫙 깔고 지붕을 덮어버렸다고 합니다. 그래서 무사했죠.
차클	그럼 선생님은 어떻게 붙잡히신 거예요?
황	제가 자수를 했어요. 출판사 사장도 한 열흘 도망 다녔어요. 그러다가 책이 무사히 퍼져나간 것을 확인하고 자수를 했습니다. 저도 한 달쯤 됐을 때 자수를 했어요.
차클	한잰 당시 광주에 계시지 않았던 것이 흔스럽다고 하셨는데, 책 작업

을 통해서 마음이 좀 나아지셨나요?

황   죽은 사람들도 중요하지만 살아남은 사람도 기억을 해야죠. 그리고 글
재주가 있으면 글로 남겨야 되는 겁니다. 아무튼 저는 항쟁의 기록을
쓸 수 있었던 걸 다행이라고 생각합니다. 그래도 당시에는 힘들었어요.

차클   자수 이후에 감옥에 가신 것이 아니라 해외로 나가시게 된 건 어떤 이
유 때문인가요?

황   말하자면, 해외로 추방을 당한 것이죠. 그때 처음으로 서구사회를 보
게 됐습니다. 당시에 갔던 베를린은 근사했어요. 마치 2차대전이 멈춰
있는 것 같았죠. 분단의 경계가 머릿속으로 분명하게 들어왔어요.

차클   독일에서는 어떤 일들이 있었나요?

황   작곡가 윤이상 선생을 만났어요. 윤이상 선생은 서구의 음악, 특히 독
일의 음악을 한 단계 더 나아가게 했다고 평가를 받으시는 분입니다.
그리고 당대 살아 있는 5대 작곡가 중 한 사람이었어요. 윤이상 선생을
처음 만났을 때 자기는 공산주의자가 아니라고 그러는 겁니다. 그저 폐
쇄된 북한이 세계로 나오는 데 도움을 주고 싶을 뿐이라고 했어요. 인

차이나는 클라스

간의 마음으로 북을 들여다보려고 한 것이죠. 이런 생각은 서구지식의 상식입니다.

차클 선생님도 독일에 머물며 북한에 대해 관심을 갖게 되셨나요?

황 독일에 있으면서 북에 대해서 관심을 갖게 된 것은 다 마찬가지입니다. 가슴속에서 한쪽을 차단한 채 부자연스러움을 간직하며 사는 것은 지식인으로서 모멸감을 느끼게 해요. 더구나 저 같은 작가나 예술가들은 더욱 그래요. 해외로 나가자마다 금방 깨달았어요. 세계를 만난다는 것은 북한이라는 장애물을 통과하지 않으면 안 된다는 것을 말이죠.

차클 일본에서도 활동을 하셨었다고 들었습니다.

황 일본 간사이 지방에 강연을 하러 갔었습니다. 그곳에 동포단체들이 많았어요. 그런데 강연 중에 나는 남한 역사의 산물이고, 나는 남한에 귀속되어 있으니 이것은 나의 운명이라는 말을 한 적이 있었어요. 그러자 한 노인이 벌떡 일어나면서 남부 조국만 자기의 운명이고 북부 조국은 상관이 없느냐, 그렇게 한정된 자기 운명에 얽매인 채로 이 시대를 살아갈 것이냐고 말하더군요. 그러면서 당신은 작가 아니냐고 물었어요. 그때 제가 할 말을 잃었죠. 맞는 얘기였으니까요.

차클 그 말이 선생님을 북한으로 가게 만들었나요?

황 그렇죠. 작가라는 사람은 자신의 운명을 타개하면서 나아가야 하지 않는가, 라고 생각하게 되었죠. 그곳에서 제가 북을 발견하게 되었어요. 자아와 타자라는 것이 있잖아요. 그런데 북이 타자인가요? 또 다른 우리의 자아예요. 세계 속에서 보면 우리의 또 다른 자아인 것입니다. 그런 또 다른 자아에 대해서 말도 못 하고 그것을 숨기고, 숨겼다는 사실 때문에 굴욕감을 느끼며 살 수는 없었어요.

앞으로 우리는 무엇을 해야 하는가

"기억과 망각의 갈등이 있다고 생각해요. 우리가 잊지 말고, 기억하고, 진실을 밝혀내고, 용서하고, 같이 삽시다."

차클   독일에서 한국으로 돌아오셔서 북한으로 가기까지 어떤 일들이 있었나요?

황   한국으로 돌아와서 조사를 받았죠. 남산으로 끌려가서 구속 직전에 풀려나고 그러던 중에 1987년 6월 항쟁이 시작됐어요. 그럼 또 6월 항쟁에서 활동을 해야 하지 않겠어요? 그때는 모든 사람이 거리로 나왔었죠. 그때 제 나이가 40대 중반이었는데, 그땐 모두 돌 들고 서울역까지 뛰고 그랬어요. 그러다가 87년 대선에서 양 김이 서로 합치지 못하고 좌절하잖아요. 그 결과로 선출된 노태우 대통령은 7·7 선언을 했고요.

차클   7·7 선언은 어떤 내용인가요?

황   남북이 자유롭게 왕래하고 문화교류도 하자는 내용을 담았어요. 그리고 우리가 출발을 해야 된다, 라고 선언을 한 것이에요. 그런데 정치인들이 통일 문제를 놓고 정치적으로 농간을 부릴 수 있겠다는 생각에 민간 자주교류를 먼저 저질러버리기로 했어요. 그럼 누가 고양이 목에 방울을 달 것인가를 고민하던 중에 저와 문익환 목사가 같이 시작하기로 했습니다. 목사랑 작가는 간첩으로 못 만들 것이라고 생각한 거죠. 일부러 소문도 많이 냈어요.

차클　어떻게 소문을 내셨나요?

황　제가 북한 평양에 가보려고 한다고 소문을 냈죠. 누구나 북에 가야 되고, 교류해야 된다고 말하고 다녔어요. 그러다가 평양에 간다는 것이 결정되니까 막상 걱정이 되는 겁니다. 그래서 물귀신 작전으로 정치권을 끌어들이기로 하죠. 김영삼과 김대중을 잘 아는 의원을 불러다가 사실은 우리가 평양에 가기로 했다고 말을 했습니다. 깜짝 놀라더라고요. 그러곤 저는 일본으로 나갔습니다.

차클　일본에서 북한으로 가신 건가요?

황　일본 사회당 위원장인 도이 다카코가 저를 북한에 소개한 것처럼 상황을 만들었죠. 그리고 기념사진을 찍고서 중국을 거쳐 북한으로 가게 됩니다.

차클　북한에 갈 때 심경은 어떠셨나요?

황　내 목적은 방북 기행문을 쓰고 사람들에게 널리 알리는 것이었어요. 떨리기보다는 묘했죠. 그런 기분이 오랫동안 지속됐어요. 어디를 가나 누군가가 내 행동이나 말을 지켜보고 있는 것 같은 느낌이 들었어요. 마치 영화에 출연한 배우처럼 늘 카메라가 의식되는 거예요. 분명 초대 손님으로 갔는데 나 혼자 행동한 적이 없어요. 억류되어 있던 것이나 마찬가지였습니다.

북한에서 특별히 기억나는 것이 있으신가요?

황 첫날 밤에 자는데 모든 것이 우리나라와 똑같은 겁니다. 산에서 소쩍새가 소쩍소쩍 하고 울고, 멀리서 개도 짖더군요. 이건 그냥 우리 동네라는 생각이 들었어요. 그리고 바로 저기 숙소 아래로 내려가면 우리나라와 똑같은 풍경이 있다는 생각에 잠을 못 이뤘죠. 그리고 아침에 동이 훤하게 트는데 그때도 조선의 똑같은 산하가 펼쳐졌어요. 그게 그렇게 인상적이었죠.

차클 김일성 주석과의 만남은 어땠나요?

황 공식적으로 대여섯 번을 만나고, 비공식적으로도 그 정도 만났어요. 북한 사람들 중에서 어느 누구도 그렇게 많이 만난 사람이 없을 겁니다. 그런데 처음 만났을 때에는 부족장 같은 느낌을 받았어요. 그리고 머리가 굉장히 비상하고 기억력도 좋았어요. 어떤 지역에 있는 인민들의 이름을 다 외우고 있는 거예요. 그러다가도 적에 대해 이야기하거나 나쁜 것에 대해 이야기할 때는 파충류처럼 차가운 느낌을 받았죠. 그때 생각했어요. 수십여 년 동안 권력투쟁을 하며 살아왔으니, 수많은 정적들을 상대했던 몰인정함 같은 것들이 느껴진다고요.

차클 대화의 분위기는 좋았나요?

황 처음에 내가 어색해할 것 같은지 북한 작가를 한 명 데리고 왔어요. 처음 김일성을 만나기 전에 호위총국에서 교육을 시키더군요. 단답식으로 말하고 묻는 말에만 답해야 한다고요. 말을 자르거나 끼어들어서도 안 된다고 했어요. 그런데 막상 만나러 가는 순간, 다 잊어버린 거예요. 그러고는 밥을 먹기 시작하는데 김일성이 나에게만 말하기가 좀 멋쩍었던지 북한 작가에게 나이가 몇이냐고 물어봤어요. 그랬더니 그 작가가 갑자기 벌떡 일어서서 대답을 하는 거예요. 저도 놀랐어요. 그러니까 김일성이 김이 샜는지 다음부터 나에게만 질문을 하더라고요. 그런데 제가 사전에 교육받은 것도 다 잊어버리고 편하게 말을 했더니 전부 저를 노려보더군요. 누가 감히 김일성 앞에서 그러겠어요.

차클   주로 어떤 대화를 하셨나요?

황   북한을 돌아봤으니 자기들 사회의 문제가 무엇인 것 같냐고 묻더군요. 그래서 저는 관절이 없는 것 같다고 말했죠. 관절이라는 것은 당 주변 단체들의 자유재량권을 상징한 거였어요. 민주주의의 원칙과도 같은 것이죠. 북한은 지방에서 어떤 일이 벌어지면 당 중앙까지 그 소식이 전해져야 하는 나라예요. 그러면 당 중앙은 과부하에 걸리겠죠. 그것을 해결하려면 재량권을 줘야 합니다. 각 지역에서 당 중앙으로 보내야 할 것들을 각자 끝낼 수 있도록 하는 것이죠. 그런데 김일성 본인도 알고 있었어요. 관료주의 때문에 일이 잘 굴러가지 않는다는 걸 알고 있었어요. 그런데도 물샐 틈 없는 통제가 이뤄지는 모습이 너무 절망적으로 다가왔죠.

차클   방북을 마치고 돌아오셔서는 무사하셨나요?

황   한국으로 돌아와서 한바탕했죠. 그런데 1심에서 굉장히 '싸게' 나왔어요. 징역 6년을 받았습니다. 그렇게 감옥에 가 있는데 남북 정상회담을 하기로 했다는 발표가 난 거예요. 그러니까 면회 오는 사람들이 모두들 이렇게 될 줄 알았냐고 물어보기도 했어요. 저도 곧 나가겠거니 해서 제 물건들을 함께 갇혀 있던 학생들에게 나눠주고 있었는데, 그만 김일성이 죽었어요. 정상회담을 앞두고 심장마비로 죽어버렸죠.

차클   정확하게 어떤 죄로 형을 살게 되신 건가요?

황   안기부에 잡혀 있으면 법정 구속 기일이 21일이에요. 22일째에는 법원으로 넘어가야 합니다. 그런데 한 15일쯤 됐을 때 수사관 중 한 사

람이 저에게 오더니 뭘 써야 한다면서 곤란해하는 거예요. 그래서 제가 봤더니 전민련의 간부들 인물평을 써야 하는 것이었어요. 마침 제가 미국에 있을 때 재야 인사들의 평이 국내 언론에 난 걸 본 기억이 나서 몇 사람에 대해서 그대로 썼어요. 그랬더니 그게 재판에 증거로 나온 겁니다. 그러고는 제가 북한에서 기밀을 누설했다는 식으로 몰아가더군요. 제가 그것들은 잡지에 실린 것들이고 확인을 해주지 않았느냐고 물었더니, 다 알려진 사실이라도 북한에 이로우면 기밀이 된다는 판례를 들먹이더라고요. 그래서 제가 기밀누설죄로 간첩이나 다름없다고 결론이 나게 된 겁니다.

차클 수감생활은 어떠셨나요?

황 감옥생활을 하면서 느낀 것을 정리한 게 있습니다. 첫째, 일상을 배우게 된다는 것이에요. 그곳에서는 일상을 재편성하게 돼요. 저 같은 경우는 바깥에서 소설도 쓰고, 제 마음대로 하고 싶은 것도 하고, 가고 싶은 곳도 가고 롤러코스터 같은 인생을 살았지만, 이제부터 아무것도 하지 말고 있어야 한다는 거예요. 이게 제일 견디기 힘든 겁니다. 그리

고 제가 거기서 배웠던 일상은 바깥에서 겪는 소시민적 일상이 아닙니다. 아주 치열한 일상을 살게 돼요. 하다못해 김치를 썰어 먹거나 과일이라도 깎으려면 칼이 필요한데, 칼을 주나요? 그럼 칼을 만들어야 돼요. 그래서 운동장에서 운동할 때마다 쇠붙이 같은 것을 찾으러 다니는 겁니다. 캔 뚜껑 같은 것들을 찾아요. 그렇게 쇠붙이를 찾으면 신발 깔창에 숨겨서 갖고 들어와요. 그것을 시멘트에 가는 데 한 열흘이 걸리면 그런 일상이 열흘을 가는 겁니다. 그렇게 일상이 흘러가요.

차클　일반인으로서는 쉽게 경험할 수 없는 생활이네요.

황　어떻게 보면 굉장히 관념적인 장소입니다. 징역 자체가 그렇게 사람을 무너뜨리는 거예요. 관념적으로 생활을 앗아가요. 또 고유명사들이 사라집니다. 그런데 저는 작가니까 겁이 나잖아요. 그래서 한글사전을 사서 보면서 쪽지에 단어를 베끼고 그랬어요. 그런데 저에게 집필권을 주라고 앰네스티나 팬클럽, 작가협회 등에서 그렇게 탄원을 해도 집필권을 주지 않았어요. 그게 가장 큰 고통이고 고문이었어요.

차클　그럼 진혀 글을 쓰시 못하셨나요?

황	작가가 말을 잃어버리면 자기가 분열되는 증상이 와요. 그래서 황석영과 또 다른 황석영을 만들어서 둘이서 대화를 하도록 시키죠. 혼자 중얼중얼하는 거예요. 그 버릇이 지금도 있어요. 혼자 일하고 있다 보면 저 혼자 뭐라고 그런다고 그래요. 그때 제가 깨달았어요. 수감생활하면서 책을 본다고 하는 것들이나 다른 무엇을 한다는 것들이 다 소용없다는 것을 깨달았어요. 독서라는 것도 소통을 하면서 이루어져야 하는 겁니다. 독방에 앉아서 책만 읽으면 관념의 기둥만 남아요. 문화예술의 세계라는 것은 디테일의 세계거든요. 생활의 디테일, 그것이 바로 문화예술이 서식하는 장소인데, 혼자 앉아서 책만 보고 사색만 해서는 될 일이 아니에요. 그래서 옥중 후유증의 대표적인 예가 감옥을 나오면 생활한복 맞춰 입고 신비주의나 철학 사색가로 변하는 겁니다.
차클	그럼 감옥에서 소통을 시도하셨다는 얘기인가요?
황	다시 예술가로, 디테일의 세계로 돌아가야 하는데, 그러려면 소통하고 섞여야 했어요. 그래서 사람들과 섞여서 놀기로 했죠. 그래서 5년을 살고 나왔을 때 다행스럽게도 감옥 후유증이 없었어요. 다만 백화점이나 전철에서 골치가 아파서 비틀거린 것 정도밖에 없었어요. 그래도 한두 달은 그렇게 후유증이 있더라고요.
차클	수감생활 동안 선생님을 정치적으로 이용하려는 움직임은 없었나요?
황	물론 있었죠. 안기부 대전지부에서 말쑥하게 양복을 차려입은 사내들이 왔었죠. 그들이 제게 김대중에 대한 비판적인 책을 쓰면 즉각 석방할 수 있도록 하겠다고 했어요. 그래서 제가 웃었습니다. 한 1년쯤 살았을 때 진작 왔으면 혹시 써줬을지 모르겠지만, 지금 살 만큼 살고 여기에 재미를 붙이고 있는데 제가 쓰겠냐고 했어요(웃음). 전 소설 외에는 안 쓴다고 했죠.

차클	마지막으로, 선생님에게 광주는 어떤 의미인가요?
황	감옥을 나와서 나를 기다려준 오랜 벗들에게 이렇게 말했어요. 내가 이제야 귀국 신고를 한다고. 그렇게 세상 속으로 나왔고, 광주로부터 비롯된 여정이 끝났어요. 가만히 생각해보면, 제가 4·19의 죽음, 5·18의 죽음, 베트남에서의 죽음 등을 이야기했잖아요? 결국 근대의 터널 앞에는 기억과 망각의 갈등이 있다고 생각해요. 그리고 기억하라고 말하는 쪽, 망각하라고 말하는 쪽 이렇게 나뉘어요. 샤머니즘 세계에서는 기억의 끝까지 밀어붙여서 죽은 자와 산 자를 불러내서 그 둘을 붙여놓고 진실을 밝힙니다. 그것을 해원이라고 해요. 그리고서 용서를 하는 거예요. 그다음에는 같이 사는 거예요. 상생이죠. 우리 사회도 이래야 하지 않을까요? 우리 근대사의 비극적 정점이 광주였고, 그 덕분에 이 정도의 사회 시스템과 제도를 갖추었고 민주적으로 성숙해질 수 있었어요. 하지만 비극은 남아 있죠. 2017년 5·18 기념식에서 항쟁 당시에 태어난 분이 광주에서 돌아가신 아버지에게 쓴 편지를 읽고 문재인 대통령이 가서 안아주는 장면을 보는데 얼마나 눈물을 흘렸는지 몰라요. 너무 당연한 일인데, 당연히 이랬어야 하는 일인데, 그래서 많이 울었습니다. 그러니까 우리가 잊지 말고, 기억하고, 진실을 밝혀내고, 용서하고, 같이 삽시다.

<차이나는 클라스>를 만들어가는 사람들

제작

기획	신예리
책임 연출	송원섭
연출	이상현, 송광호, 김선희, 조치호, 윤해양
작가	서자영, 민경은, 방소이, 박혜성, 김현주, 김동희, 신하람, 황효서
조연출	한지혜, 차예슬, 엄지수, 김수경, 박지수

출연

연사
(~ 2018년 6월)
유시민, 김형철, 김종대, 장하성, 이국운, 박준영, 전상진, 김상근, 문정인, 정재승, 폴 김, 한명기, 황석영, 조영태, 고미숙, 이정모, 유홍준, 박미랑, 이진우, 이나영, 오찬호, 조한혜정, 이명현, 김병기, 조정구, 정재서, 김준혁, 신의철, 김호, 최열, 김덕수, 호사카 유지, 현기영, 김헌, 정석, 박윤덕, 박현모, 김승주, 이유미, 조영남

패널
홍진경, 오상진, 덕원, 지숙, 딘딘, 강지영, 이용주, 최서윤

불통不通**의 시대, 교양을 넘어 생존을 위한 질문을 던져라**

차이나는 클라스

국가·법·리더·역사 편

초판 1쇄 2018년 7월 8일
　　9쇄 2021년 6월 25일

지은이 JTBC 〈차이나는 클라스〉 제작팀

발행인 이상언
제작총괄 이정아
편집장 조한별

진행 김승규
디자인 [★]규

발행처 중앙일보에스(주)
주소 (04513) 서울시 중구 서소문로 100(서소문동)
등록 2008년 1월 25일 제2014-000178호
문의 jbooks@joongang.co.kr
홈페이지 jbooks.joins.com
네이버 포스트 post.naver.com/joongangbooks
인스타그램 @j__books

ⓒ JTBC, 2018

ISBN 978-89-278-0946-3　03110

중앙북스는 중앙일보에스(주)의 단행본 출판 브랜드입니다.